Nele Maya Fahnenbruck, Johanna Meyer-Lenz (Hg.)
Fluchtpunkt Hamburg

Histoire | Band 124

Nele Maya Fahnenbruck, Johanna Meyer-Lenz (Hg.)

Fluchtpunkt Hamburg

Zur Geschichte von Flucht und Migration in Hamburg von der Frühen Neuzeit bis zur Gegenwart

[transcript]

Veröffentlicht mit der Unterstützung der Hamburgischen Wissenschaftlichen Stiftung und der Stiftung Gedenken und Frieden.

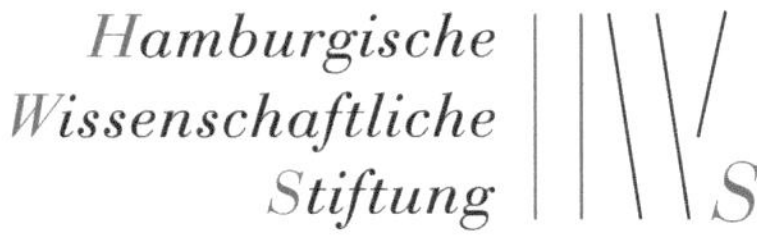

transcript Verlag | Hermannstraße 26 | D-33602 Bielefeld | live@transcript-verlag.de

Bibliografische Information der Deutschen Nationalbibliothek
Die Deutsche Nationalbibliothek verzeichnet diese Publikation in der Deutschen Nationalbibliografie; detaillierte bibliografische Daten sind im Internet über http://dnb.d-nb.de abrufbar.

Umschlaggestaltung: Maria Arndt, Bielefeld
Umschlagabbildung: koco / photocase.de
Lektorat & Satz: Katrin Herbon, Bonn
Druck: docupoint GmbH, Magdeburg
Print-ISBN 978-3-8376-4089-2
PDF-ISBN 978-3-8394-4089-6

Gedruckt auf alterungsbeständigem Papier mit chlorfrei gebleichtem Zellstoff.
Besuchen Sie uns im Internet: *http://www.transcript-verlag.de*
Bitte fordern Sie unser Gesamtverzeichnis und andere Broschüren an unter: *info@transcript-verlag.de*

Inhalt

Vorwort | 7

Einleitung | 11

MEDIEN

Zwischen Aufklärung und vertonter Ikone. Nordwestdeutsche Radioprogramme über Flucht und Vertreibung der Deutschen
Alina Laura Tiews | 25

Erzählen einer Gegenöffentlichkeit. Hamburger Filmproduktionen und ihre Migrationsdiskurse
Astrid Henning-Mohr | 41

Die Berichterstattung des Hamburger Abendblatt über die Flüchtlingskrise
Oliver Schirg | 55

BIOGRAFIEN

Deutscher, Jude, Amerikaner. Der Hamburger Reeder Arnold Bernstein zwischen den Welten
Björn Siegel | 73

Die Entlausung. Mary Antin unterwegs ins gelobte Land
Monica Rüthers | 89

Wilhelm Ernst Beckmann (1909-1965). Holzbildhauer, Hamburger und Sozialdemokrat findet Asyl in Island
Lilja Schopka-Brasch | 105

Ein anderes Exil. Alice Ekert-Rotholz und der »Ferne Osten«
Björn Laser | 117

Transnationale Migration

Portugiesische Hamburger und Hamburger Portugiesen. Zur Migration von Kaufleuten im 17. Jahrhundert
Jorun Poettering | 135

»Das Exil hat, wie alle Lagen des menschlichen Lebens, sein Gutes«. Französische Revolutionsemigranten in Hamburg und Altona
Friedemann Pestel | 157

Hamburg in der Perzeption heimwehkranker Migranten des frühen 19. Jahrhunderts
Claudia Schnurmann | 177

»Mit dem Kopf in der Türkei, mit dem Fuß in der BRD«. Zugänge zur Geschichte politischer Flüchtlinge aus der Türkei im Hamburg der 1980er Jahre
David Templin | 197

Einschnitte

Jüdische Ärzte aus Hamburg auf der Flucht ins Exil, in den Untergrund oder in den Tod, 1933-1945
Rebecca Schwoch | 215

Das flüchtige Wohnen? (Wohn-)Alltag von Geflüchteten in Hamburg im Spannungsfeld zwischen Regelwerk und Wohnpraktiken
Maja Momić | 229

Defying Banned Memory. Flight and Migration in the Shadow of National Socialism
Julie Lindahl | 245

Autorinnen und Autoren | 257

Vorwort

NELE MAYA FAHNENBRUCK

Der Hamburger Hafen prägt nicht nur das Titelblatt des vorliegenden Sammelbandes »Fluchtpunkt Hamburg«[1], sondern repräsentiert in vielerlei Hinsicht historisch wie gegenwärtig Schnittmengen der hier vereinten Beiträge: Er ist Ankunfts- und Abfahrtsort, bildet eine Trennlinie zwischen zwei oder mehreren Welten, steht für einen freiwillig gewählten oder gewaltsam erzwungenen Abschiedsort. Er ist Sehnsuchtsort auf ein neues Leben ebenso wie Ort des Ankommens, Portfolio einer Rück- oder Vorschau auf das Leben – Fluchtpunkt. Nicht zuletzt hat der Hamburger Hafen von der Altstadt über die Alster hin zur Elbe selbst eine Migrationsgeschichte vorzuweisen.

Der vorliegende Sammelband will zu dem aktuellen und viel diskutierten Thema der Migration neue Perspektiven auf die Geschichte der Migration in Hamburg eröffnen.[2] Ausgangspunkt war die Auseinandersetzung mit der Vielzahl von

---

1 »Fluchtpunkt Hamburg« ist zugleich der Name einer Hilfsstelle der Evangelisch-Lutherischen Kirche Nordelbien in Hamburg (http://www.fluchtpunkt-hh.de vom 01.02.2018). Zwischen ihr und dem Entstehungskontext des vorliegenden Sammelbandes besteht jedoch keine Verbindung.

2 Zur Charakterisierung des neuen Forschungsfeldes siehe die zusammenfassende Studie über neue Forschungsprojekte auf dem Gebiet durch das Verbundprojekt Flucht: Forschung und Transfer in einer Datenbank, deren erste Auswertung vorliegt (vgl. Kleist, J. Olaf: Flucht und Flüchtlingsforschung in Deutschland, Policy Brief 01, März 2017, in: Bestandsaufnahme und Vorschläge zur zukünftigen Gestaltung, https://flucht-forschung-transfer.de/wp-content/uploads/2017/05/FFT-PB1-Kleist-Flucht-und-Flu%CC%88chtlingsforschung-in-Deutschland.pdf vom 01.02.2018). Eine Datenbank und Informationen zur Migration in Hamburg stellt das Projekt Vernetzung Flucht Migration Hamburg zur Verfügung (http://www.vernetzung-migration-hamburg.de/index.php?id=148 vom 01.02.2018).

Geflüchteten, die ab Herbst 2015 in Deutschland eintrafen und die bundesrepublikanische Gesellschaft unmittelbar und in kürzester Zeit mit der Herausforderung der Aufnahme von fast einer Million Geflüchteter aus den Krisengebieten wie Syrien, dem Irak und Afghanistan konfrontierte.

Die sogenannte Flüchtlingskrise des Jahres 2015 und Hamburgs Rolle als zentrale norddeutsche Metropole, die geflüchtete Menschen aufnimmt, bildeten den Anlass für den *Volksbund Deutsche Kriegsgräberfürsorge e.V.*, Landesverband Hamburg und den *Forschungsverbund zur Kulturgeschichte Hamburgs* (FKGHH), sich intensiv dem Thema Migration in Hamburg zu widmen und in vertiefender historischer Dimension zur Versachlichung der Diskussion beizutragen. So entstand die Idee, eine öffentliche Veranstaltung ins Leben zu rufen, bei der sich Interessierte, Laien und Experten aus unterschiedlichen wissenschaftlichen Disziplinen und nichtwissenschaftlichen öffentlichen und privaten Institutionen und Bereichen zusammenfinden konnten. Aus der Kooperation der beiden Einrichtungen ging eine gemeinsame Vorlesungsreihe hervor, in der verschiedene Vertreter von Disziplinen der Kultur- und Geisteswissenschaften sowie Personen aus nichtwissenschaftlichen Bereichen wie Journalismus und Literatur miteinander diskutierten. Alle haben dazu beigetragen, Flucht- und Migrationsbewegungen der Stadt- und Kulturgeschichte Hamburgs aus unterschiedlichen Blickwinkeln zu betrachten.

»Migration in Hamburg: Flucht und Exil von der Frühen Neuzeit bis zur Gegenwart« begann als Ringvorlesung des allgemeinen Vorlesungswesens der Universität Hamburg in der vom Forschungsverbund seit nunmehr zehn Jahren etablierten Reihe »Andocken« zum Sommersemester im April 2016 und wurde über zwei Semester hinweg bis zum Ende des Wintersemesters 2016/17 mit 27 öffentlichen Vorlesungsbeiträgen an der Universität Hamburg durchgeführt. Die Vorträge wurden durch das Mitschnittverfahren *Lecture2go* aufgenommen und sind online auf der Website der Universität Hamburg abrufbar.[3]

Das Themen- und Epochenspektrum war vielfältig und umfasste einen Zeitraum von vier Jahrhunderten. Ein zentraler Aspekt galt der Frage, inwieweit kulturelle Praktiken, die sowohl in den Alltag wie auch in die politischen, gesellschaftlichen, wirtschaftlichen und kulturellen Dimensionen hineinwirken, auf der Themenachse ‚Flucht' wirksam werden können. Diese Betrachtungsweise schließt von der individuellen Dimension bis zur städtisch-urbanen Gesellschaft und ihrer medialen Öffentlichkeit die Diversität der gesellschaftlichen Gruppen ein. Das thematisch und methodisch breite Spektrum reichte von den religiös und

3 Vgl. https://lecture2go.uni-hamburg.de/l2go/-/get/l/4785 sowie https://lecture2go.uni-hamburg.de/l2go/-/get/l/4701 vom 01.02.2018.

politisch motivierten Migrationen des 17. und 18. Jahrhunderts über die Auswandererbewegung nach Nord- und Südamerika ab Mitte des 19. Jahrhunderts, über Flucht und Deportationen aus, nach und über Hamburg im Nationalsozialismus, bis zur Integration von Geflüchteten in der Nachkriegszeit, von Immigranten aus der Türkei bis hin zu gegenwärtigen Flüchtlingsbewegungen aus Krisengebieten wie Syrien, der Balkanregion, Afrika oder Afghanistan.

Für den vorliegenden Sammelband haben die kooperierenden Institutionen, hier durch die Herausgeberinnen vertreten, eine Auswahl der Beiträge getroffen, die einerseits das breite Themenspektrum der Vorlesungsreihe und andererseits den ganz eigenen Zuschnitt durch die Kooperation – wissenschafts- und praxisnahe Akteure in der historisch-politischen Bildungsarbeit – wiedergibt. Thematisch und methodisch sind die 14 Beiträge in vier Themenbereiche untergliedert: *Medien, Biografien, Transnationale Migration* und *Einschnitte*.

Das erste Themencluster stellt Beiträge zur historischen und aktuellen Rolle der *Medien* in der Vermittlung und Darstellung von Migrations- und Integrationsprozessen vor. Die Autoren blicken am Beispiel der Medien Hörfunk, Spielfilm und Tageszeitung auf ihr jeweiliges Sujet. Dabei werden im weitesten Sinne die Wechselwirkungen zwischen Forschungsgegenstand, Topoi, Darstellungsformen und Berichterstattungen detailliert betrachtet.

Der Themenbereich *Biografien* widmet sich unterschiedlichen Konfigurationen der biografischen Dimension der Migrationsgeschichte, die die verschiedenen Bezüge von Reiseerfahrungen, Herkunfts- und Ankunftskulturen und der eigenen Verarbeitungsperspektive in jeweils zeitlich unterschiedlichen Segmenten zwischen 1911 und der Nachkriegszeit darstellt. Dabei rückt Migration, ob erzwungen oder selbst gewählt, als theoretischer Reflexionsrahmen über Formen und Praktiken des migrantischen Lebens in den Fokus. Zugleich eint die hier vorgestellten Biografien auch der (auto-)biografische Selbstbezug der Porträtierten. So wird das Generieren der migrantischen Erfahrungen in Form einer biografischen Narration des Lebens zwischen unterschiedlichen politischen, sozialen, ja, kulturellen Kontexten zur existenziellen Deutung des eigenen, von Migration geprägten Lebens. Entsprechend beschäftigen sich die Beiträge mit den jeweils unterschiedlichen Formen des autobiografischen und/oder fiktiven Erzählens seiner Protagonisten.

Das Leben zwischen zwei Welten – oder das »doppelte Leben«, wie es der Soziologe Alejandro Portes beschreibt – steht im Themenbereich *Transnationale Migration* im Mittelpunkt. Es werden transnationale Aktivitäten von Hamburger Kaufleuten zu Beginn des 18. Jahrhunderts und die Agency politischer Flüchtlinge aus der Türkei in den 1980er Jahren ebenso betrachtet wie die französische Revolutionsmigration nach Hamburg um 1800 und die soziokulturellen Praktiken und Netzwerke transnationaler Migration.

Einschnitte, das letzte übergreifende Thema, fasst Beiträge zum Thema Fluchterfahrung in einer persönlichen, das Individuum selbst tief berührenden Erfahrungsdimension zusammen. Es zeigen sich in der Darstellung der jeweils individuellen Praxis und der Konstruktion des eigenen Lebens(-endes) die Auseinandersetzung mit dem »Fremden«, dem »Anderen«, dem »bedrohlichen Außen« in einer Situation sich verengender Optionen. So werden etwa für jüdische Ärzte im Nationalsozialismus in Hamburg drei modellhafte Formen der individuellen Agency (Flucht, Exil, Tod) vorgestellt. Am Beispiel einer Familiengeschichte, die auf mehreren Kontinenten stattfindet, werden die generationellen Einschnitte und die Folgen von Täterschaft im Nationalsozialismus und Flucht nach Südamerika thematisiert. Analysiert werden zudem subversive Wohnpraktiken von Geflüchteten in Unterkünften im Hamburg der Jetztzeit.

Alle Beiträge sind weitestgehend in ihrer jeweiligen Form belassen worden, sodass der Darstellungsstil und Sprachgebrauch der Beitragenden überwiegend unverändert geblieben ist. In allen Beiträgen wurde aus Gründen der besseren Lesbarkeit die männliche Schreibweise gewählt, dies ist jedoch explizit nicht geschlechtsspezifisch gemeint.

Den Autoren danken wir für ihre Beiträge, die sie unentgeltlich zu leisten bereit waren. Außerdem möchten wir uns bei all denen bedanken, die uns bei der Realisierung dieses Sammelbandes geholfen und unterstützt haben, allen voran den Mitstreitern im Volksbund Hamburg und im Forschungsverbund zur Kulturgeschichte Hamburgs. Sie haben die Organisation und Durchführung der Ringvorlesungen mit Rat und Tat begleitet, waren sowohl bei der Vorbereitung als auch bei verschiedenen Planungsabläufen wie Moderation und Diskussion, Redaktion und wissenschaftliche Beratung wichtige Ansprechpartner. Besonders danken wir Prof. Dr. Franklin Kopitzsch, Dr. Ralf Erik Werner, Prof. Dr. Norbert Fischer und Dr. Mirko Nottscheid. Wir danken auch Daniela Steinke, Universität Hamburg, Zentrum für Weiterbildung, Allgemeines Vorlesungswesen, Weiterbildendes Studium.

Unser Dank gilt zuletzt und besonders den Einrichtungen, die die Durchführung der Ringvorlesung und schließlich die Drucklegung dieses Bandes durch ihre großzügige Spende ermöglicht haben: Wir danken dem *Volksbund Deutsche Kriegsgräberfürsorge e. V.* Landesverband Hamburg, der *Stiftung Gedenken und Frieden*, der *Hamburgischen Wissenschaftlichen Stiftung* und dem *Verein zur Förderung des Kontaktstudiums für ältere Erwachsene der Universität Hamburg e. V.*

Auch danken wir Katrin Herbon, die diesen Band lektoriert hat, für ihre kompetente und professionelle redaktionelle Arbeit und ihre freundlichen wie nachdrücklichen Hinweise.

Einleitung: Migration, Transnationalismus und Gender

Ein Beitrag zur Forschungsdiskussion

JOHANNA MEYER-LENZ

»Fluchtpunkt Hamburg« reiht sich in historischer Perspektive und Bezugnahme auf die Transnationalismusforschung ein in die Betrachtung von Migration und Hafen-, Handels- und Metropolregion Hamburg. Migration in transnationale Räume ist ein bestimmender Faktor in der Geschichte Hamburgs, umgekehrt ist Hamburg ein wirkmächtiger Akteur transnationaler Migration. So ist der Aufstieg Hamburgs in der Industrialisierung des 19. Jahrhunderts zu einer weltweit führenden Handels- und Hafenmetropole vor dem Ersten Weltkrieg auf das engste mit den »proletarischen Massenwanderungen« aus Europa nach Übersee, in erster Linie auf der transatlantischen Route in die USA, verbunden.[1] Wachstum und Reichtum, Spannungen und Problemlagen der wachsenden urbanen Metropole standen in einem unmittelbaren Wechselverhältnis zu den Konjunkturen des Auswanderungsgeschäftes über Hamburg und Bremen. Über diese beiden norddeutschen Hansestädte wanderten bis zum Beginn des Ersten Weltkrieges ungefähr 5,3 Millionen Menschen aus, wobei beide Städte und ihre das Auswanderergeschäft beherrschenden Reedereien – der *Bremer Lloyd* und die *Hamburg-Amerika-Linie* – einen fast gleichen Anteil an der Auswanderung hatten.[2]

1 Der Begriff der »proletarischen Massenwanderungen« wurde geprägt von dem Migrationsforscher Klaus J. Bade (Bade, Klaus J.: Europa in Bewegung. Migration vom späten 18. Jahrhunderts bis zur Gegenwart, München 2002; rezensiert von Mathias Beer, Tübingen, in: traverse 2005/1, Zeitschrift für Geschichte. Revue d'Histoire, 12. Jahrgang, Transnationalismus und Migration, S. 177-179).

2 Vgl. die Darstellung der Entwicklung Hamburgs zur Welthafenstadt im Zuge der Industrialisierung des 19. Jahrhunderts und der beschleunigten Globalisierung zwischen

Im »Zeitalter der Katastrophe«[3] bestimmten von 1918 bis 1950 »Flucht, Vertreibung und Zwangsarbeit«[4] die Auswanderungen aus Europa. In den 1950er Jahren setzte die Arbeitsmigration ein – insbesondere auch in die Bundesrepublik Deutschland.[5] Die Richtung der Wanderungsbewegungen änderte sich. Europa wurde seitdem zunehmend zum Fluchtpunkt von Einwanderungsbewegungen, die – mit dem Höhepunkt der sogenannten Flüchtlingskrise von 2015 – eine besondere Herausforderung für Europa darstellt. Hamburg war in all diese Migrationsbewegungen involviert. Doch auch in den Jahrhunderten, die der nationalen Staatenbildung vorausgingen, war die Freie und Hansestadt Hamburg Flucht- und Ausgangspunkt vielfacher Formen von Migration.

Die globale Migrationsbewegung des 20. Jahrhunderts hat auch die Geschichtsschreibung vor neue Herausforderungen gestellt.[6] Indem sich die deutsche Geschichtswissenschaft seit etwa der Mitte der 1980er Jahre dem Phänomen der Globalisierung zuwandte, geriet auch die Migrationsforschung in den Fokus der Aufmerksamkeit, wandte man sich – vermehrt seit 1989 – dem Zerfall der alten Ordnung und der Neuordnung der transnationalen räumlichen Bezüge und des damit verbundenen »politischen, wirtschaftlichen, sozialen und kulturellen

---

1880 und 1930 in Amenda, Lars: »Welthafenstadt. Globalisierung, Migration und Alltagskultur in Hamburg 1880 bis 1930«, in: Dirk Hempel/Ingrid Schröder (Hg.), Andocken. Hamburgs Kulturgeschichte 1848 bis 1933, Hamburg 2012, S. 396-408. Zu den Auswandererzahlen siehe ebd., S. 398f. Zu dem Zusammenhang von Reedereientwicklung und Auswanderung in Hamburg und Bremen vgl. Meyer-Lenz, Johanna: Schiffbaukunst und Werftarbeit in Hamburg 1838-1896. Arbeit und Gewerkschaftsorganisation im industrialisierten Schiffbau des 19. Jahrhunderts, Frankfurt a.M. u.a. 1995, S. 60-65 und S. 101-113.

3 »Die Jahrzehnte vom Ausbruch des ersten Weltkriegs bis zu den Nachwirkungen des zweiten waren ein Zeitalter der Katastrophe für diese Gesellschaft.« (Hobsbawm, Eric: Das Zeitalter der Extreme. Weltgeschichte des 20. Jahrhunderts, München 2010, S. 21). Die englische Originalausgabe erschien 1994 bei Michael Joseph, London, die deutsche Erstausgabe 1995.

4 Vgl. Mathias Beer; Klaus J. Bade: Europa in Bewegung, S. 179.

5 Vgl. dazu die Beiträge im vorliegenden Band von David Templin und Astrid Henning-Mohr.

6 Zum Überblick über die Genese des Forschungsfeldes und die Struktur der Forschungsdiskussion vgl. Middell, Matthias: »Transnationalisierung und Globalgeschichte«, in: traverse 2005/1, Zeitschrift für Geschichte. Revue d'Histoire, 12. Jg., Transnationalismus und Migration, S. 119-148, hier S. 27-29.

Handelns«[7] zu. Gleichzeitig gerieten die vielfältigen Akteure in der Migration sowohl in den »Bruchzonen« der Globalisierung als auch in den »vergewisserte[n] Räume[n]«[8] in den Blick.

Für dieses internationale Phänomen wurden seit Beginn der 1990er Jahre in der Folge der Diskussion der *Postmoderne*, des *Postkolonialismus* und des *Cultural Turn* Formen des historiografischen Schreibens über Migration entwickelt, die spätestens seit dem Beginn des zweiten Millenniums unter dem Begriff des Transnationalismus zusammengefasst werden.

Mit der »Vorsilbe ›trans‹ wird ›auf die Bewegung durch einen Raum oder über Grenzen hinweg‹ hingewiesen, ebenso ›auf den Wandel eines gegebenen Zustandes [...].«[9] Diese doppelte Prozesshaftigkeit des Phänomens Transnationalismus rückt zum einen »die veränderte Wahrnehmung und Bedeutung von Grenzen, Nationalstaaten und Territorien im Prozess deren Überschreitung durch MigrantInnen, Ströme von Ideen und materiellen Gütern ins Zentrum, ebenso wie jene in diesem Prozess einem Wandel unterliegen.«[10] Somit stellen die bisher als statisch konzipierten »Konzepte der Grenzen, Nationalstaaten, Territorien und damit verbundenen Lebensweisen [...] im Zeitalter der Globalisierung keine Selbstverständlichkeit mehr dar.«[11]

In der vorliegenden Publikation wird die Migration als ein Themenfeld im Rahmen der neuen Historiografie des Transnationalismus mit dem geografischen Bezug auf die Hansestadt Hamburg im Laufe von drei Jahrhunderten betrachtet. Damit wird das bisher »in der Migrationsforschung vorherrschende binäre Modell von ›Emigration‹ und ›Immigration‹, von ›push‹- und ›pull‹-Faktoren« zugunsten eines Modells der »länderübergreifenden Praktiken von Migrant/innen« favorisiert und der Schwerpunkt der Betrachtung auf den Beitrag der Migration »zur Entwicklung transnationaler Gemeinschaften oder zur Formierung transna-

---

7 Ebd., S. 21.

8 Ebd.

9 Lüthi, Barbara/Zeugin, Bettina/David, Thomas: »Transnationalismus – eine Herausforderung für nationalstaatliche Perspektiven in den Kulturwissenschaften?«, in: traverse 2005/1, Zeitschrift für Geschichte. Revue d'Histoire, 12. Jg., Transnationalismus und Migration, S. 7-12, hier S. 7.

10 Ebd., S. 7.

11 Ebd.

tionaler Räume« verschoben.[12] Diese Sichtweise stellt die Migranten als Akteure[13] in den Mittelpunkt, deren Handeln dadurch gekennzeichnet ist, dass sie sich »oft mit mehreren Nationalstaaten oder Kommunitäten identifizieren oder mit verschiedenen interagieren, ihre Aktivitäten folglich zur Entwicklung transnationaler Gemeinschaften oder zur Formierung transnationaler Räume beitragen.«[14]

Migration wird hier dem Sprachgebrauch von Bade folgend als Sammelbegriff für verschiedene transnationale und nationale Wanderungsbewegungen benutzt. Bade fasst darunter alle »Wanderungsbewegungen in, aus und nach Europa« seit dem 18. Jahrhundert zusammen, die er anhand von ausgewählten strukturellen Merkmalen weiter untergliedert.[15] Die Mehrzahl der hier vorgestellten Beiträge setzt sich mit Themen zur Migration des 19. und 20. Jahrhunderts auseinander. Während *Claudia Schnurmann* und *Monica Rüthers* Themenfelder in der Zeit der großen Auswanderung nach Amerika im 19. und Anfang des 20. Jahrhunderts aufgreifen, konzentrieren sich andere Beiträge auf die Zeit nach dem Ersten Weltkrieg, sowohl auf die Fluchtbewegungen, ausgelöst durch Vertreibungen und Verfolgungen zwischen den beiden Weltkriegen, während des Zweiten Weltkrieges wie in der unmittelbaren Nachkriegszeit (*Alina Laura Tiews*, *Lilja Schopka-Brasch*, *Björn Siegel*, *Björn Laser*, *Rebecca Schwoch*). *Astrid Henning-Mohr* und *David Templin* widmen sich der Einwanderung seit dem letzten Drittel des 20. Jahrhunderts. Sie zeigen die Stadt Hamburg sowohl als Akteurin wie auch als und Schauplatz der medialen, filmischen und politischen Darstellung der Migration.

Die Beiträge von *Oliver Schirg* und *Maja Momić* betrachten die Situation der Migration in Hamburg seit der sogenannten Flüchtlingskrise von 2015 aus zwei sehr unterschiedlichen Perspektiven – *Oliver Schirg* als Journalist und verantwortlicher Redakteur für die lokale Berichterstattung der größten Hamburger Tageszeitung und *Maja Momić* unter dem Aspekt urbaner und sozialer Transformationen des Wohnens als Aushandlungs- und Gestaltungsprozess. Das Thema Wohnen stellt zudem einen thematischen Schnittpunkt der beiden Beiträge dar und

12 Beide Zitate in: Lüthi, Barbara: Transnationale Migration. Eine vielversprechende Perspektive?, http://hsozkult.geschichte.hu-berlin.de/index.asp?id=880&view=pdf&pn=forum&type=diskussionen vom 01.02.2018. Der Forschungsbericht gibt eine strukturierte Übersicht über den Forschungsstand und die Forschungsliteratur.

13 Die männliche Form schließt die weibliche ein.

14 Glick-Schiller, Nina/Basch, Linda/Blanc-Szanton, Cristina: »From Immigrant to Transmigrant: Theorizing Transnational Migration«, Anthropological Quarterly 68/1 (1995), S. 48.

15 Vgl. die zusammenfassende Darstellung in der Rezension der Studie von Klaus J. Bade bei Mathias Beer, K.J. Bade: Europa in Bewegung, S. 177-178.

lässt sich als Teil des Interdiskurses zur transnationalen Migration, der in der Zusammenschau aller Beiträge entsteht, lesen. *Oliver Schirg* zeichnet darüber hinaus die Eckwerte guten Journalismus nach und gibt einen Einblick in die Herausforderungen an Journalisten und Zeitungsmacher, diese angesichts verschiedenster und gegensätzlichster Interessen in Politik und Stadt in der journalistischen Praxis zu verwirklichen. Insofern gibt der Beitrag keinen systematischen historischen Überblick über die Schwerpunktsetzung von Präsentationen von Themen zur sogenannten Flüchtlingskrise in 2015 und 2016[16], sondern legt einen Schwerpunkt auf das professionelle Selbstverständnis eines guten Journalismus, das am Beispiel der Berichterstattung zum Thema der Unterkunft von Flüchtlingen oder des geplanten Baus von Flüchtlingsunterkünften erläutert wird. Die angegebenen Fußnoten und Verweise erlauben dem Leser, sich selbst über die Berichterstattung ein Bild zu machen.

Julie Lindahl widmet sich in ihrem Essay der schmerzhaften Auseinandersetzung innerhalb der eigenen nach Südamerika emigrierten Familie. Zentral ist die Person des Großvaters, ein hochrangiger nationalsozialistischer Täter, der sich seiner Verantwortung durch die Flucht aus der Bundesrepublik Deutschland entzieht. Die Familie erlebt eine mehrfache Wanderungsbewegung; der transnationale Raum und die transnationale Lebensform dient zugleich eine Strategie, die Vergangenheit zu leugnen. Der offiziellen und zurechtgelegten, die Wahrheit verheimlichenden Familiengeschichte der Migration wird in einem langen Prozess der Suche der Enkelin die ›richtige‹ Geschichte entgegengehalten, das ›falsche‹ Familiennarrativ als Lüge dekonstruiert.

Der Beitrag von *Friedemann Pestel* thematisiert Flüchtlinge in Hamburg während der Sattelzeit um 1800, dem Zeitalter der Herausbildung der Nationalstaaten, während *Jorun Poettering* die transnational geprägten Lebensweisen zweier Gruppen, Hamburger Kaufleute in Portugal und portugiesischer Juden in Hamburg, zu Beginn des 17. Jahrhunderts analysiert und vergleicht.

In der Diskussion um die Tragweite des Konzeptes von Transnationalität und Globalisierung stellen die Konzepte der Neuordnung von Räumen (Neusegmentierung) und der neuen Verständigungsformen der Menschen (Konnektivität) Schlüsselkategorien dar. Globale Migration hat insofern einen großen Anteil an der Neusegmentierung, weil sie ein Netz von grenzüberschreitenden Diasporasituationen spannt, die dadurch gekennzeichnet sind, dass die »soziale und identitäre Verankerung« mit dem Herkunftsland erhalten bleibt und die vervielfachen

16 Als Beispiel für die historische Analyse des Agendasettings in den Medien zur Flüchtlingskrise 2015/16 vgl. Hemmelmann, Petra/Wegner, Susanne: »Flüchtlingsdebatte im Spiegel von Medien und Parteien«, in: Communicatio Socialis, 49 (2016) 1, S. 21-38.

Netzwerke der Emigranten »die ganz unterschiedliche Plätze auf der Erde miteinander verbinden.«[17] »Neue soziale Räume entstehen auf diese Weise, die nicht identisch sind mit den physischen Räumen, die durch klare staatliche Grenzen umrissen sind.«[18] Gleichzeitig bleibt die

> »Kenntnis des weiteren Territoriums jenes Landes, in das man eingewandert ist, [...] geringer und weniger relevant als die soziale Beherrschung eines Pfadgewirrs, auf dem die Familienangehörigen zwischen verschiedenen Orten in diversen Ländern wechseln, ihren Lebensunterhalt bestreiten, ihre Karrieren planen und absolvieren und ihre Bedürfnisse nach Identifikation befriedigen.«[19]

Als eine typische Konstellation der Neusegmentierung durch den »Zerfall der multiethnischen und multinationalen Strukturen«[20] und der »überkommenen und gewohnten territorialen Muster« werden »Bruchzonen der Globalisierung« als Räume, »die weder in ihrer Ausdehnung und Begrenzung, noch in der Integration ihrer Bewohner durch Herrschaftsstrukturen und Identifikationsprozesse stabil sind,« hervorgehoben.[21] Sie sind gekennzeichnet durch den örtlich konzentrierten Gegensatz, das Aufeinanderstoßen von »Zentrum und Peripherie«, verschiedenen »Territorialitätsregime[n]« wie »transnationale Netzwerke, Nationalstaaten, Archipel globaler Verflechtungen und virtuelle Überschreitungen klassischer Territorialstrukturen«[22]. Solche Bruchzonen führen zu einer »viel direkteren Erfahrung der globalen Differenz« vor der eigenen Haustür. Sie sind als konkrete »Bruchstellen zwischen den Nobelvierteln und der Banlieu[e]« in den »Metropolen des Westens«[23] erfahrbar.

Das Leben in einer so gekennzeichneten »Bruchzone« bildet die Voraussetzung für den Erfahrungshintergrund junger türkischer und italienischer Migranten in Hamburg, die die Gattung des jungen Migrantenfilmes mit Hamburg als Hauptschauplatz und mit der Fokussierung auf die autonom handelnden Protagonisten als einen revolutionären Bruch mit der traditionellen filmischen Darstellung von Migranten darstellt. *Astrid Henning-Mohr* zeichnet dies anhand der Filmsprache Fatih Akins und Yükzel Yavuz' nach, indem sie gleichzeitig auf die Bezüge zum

---

17 M. Middell: Transnationalisierung und Globalgeschichte, S. 29.

18 Ebd.

19 Ebd.

20 Ebd., S. 20.

21 Ebd., S. 21.

22 Ebd.

23 Ebd.

filmischen Genre der europäischen *Hood Movies* und des amerikanischen Gangsterfilms des ausgehenden 20. Jahrhunderts verweist. In der filmischen Darstellung werden weitere Bruchlinien in Hamburg sichtbar – so das Ghetto mit ständigen Möglichkeiten des Ortswechsels als flexibler Raum des Rückzugs zum Überleben für Migranten ohne Aufenthaltsstatus. Filmische Darstellung ist so gesehen ein Beitrag zur Herstellung eines Diskurses zur Migration und geeignetes Objekt der transnationalen Migrationsforschung, um den »Konstruktionscharakter« der »Kulturen, Gesellschaften, Zivilisationen [...] und ihre grundsätzliche Durchlässigkeit für die Wirkung des Kontakts und des Austauschs«[24] zu untersuchen. »Ihren Fluchtpunkt«, so Matthias Middell, findet die

> »Auflösung stabiler Vorstellungen von Entitäten historischer Forschung in der Idee laufend erneuerter Verräumlichung sozialer und kultureller Beziehungen, die zu einem *jeu d'échelles*, einem Spiel mit den Maßstäben und Untersuchungsebenen bei den Akteuren führt, das der Forscher nachzuvollziehen habe, anstatt seine eigenen normativen Vorstellungen vom optimalen Ergebnis der Verräumlichung anzulegen.«[25]

Diese Figur oder Konfiguration der Verräumlichung eignet sich besonders für die Analyse der biografischen Darstellung von Protagonisten, Migranten wie der Hamburger Reeder Arnold Bernstein, der Holzbildhauer Wilhelm Ernst Beckmann und die Schriftstellerin Alice Ekert-Rotholz, die Hamburg, den Mittelpunkt ihres Lebens und Wirkens, verließen, um auf der Flucht vor den Nationalsozialisten ein Leben im Exil zu beginnen. Die erzwungene Migration markiert eine persönliche biografische Bruchstelle, da die bedrohte physische Existenz von dem Wohlwollen der aufnehmenden Nationalstaaten, ihrem Verhältnis zum Nationalsozialismus in der Zeit des Zweiten Weltkrieges, ihren staatlichen und diplomatischen Regelungen und Einschränkungen oder Großzügigkeiten abhängig war.

Drei Lebenskonfigurationen mit unterschiedlichsten Ausgangsbedingungen werden historisch nicht nur in ihrer *Konnektivität* beschrieben, das heißt der Aufnahme und Verarbeitung der vorgefundenen »fremden« Kulturen differenziert.[26] Die biografische Darstellung konturiert auch die räumlichen und

---

24 Ebd., S. 36.

25 Ebd.

26 Konnektivität: Interaktionen im Zuge der kulturellen Begegnung und gegenseitige Rezeptionsprozesse von der Auslese bestimmter Elemente bis zur Ablehnung oder Verleugnung der Internalisierung bestimmter kultureller Elemente. Frage des Imports der »fremden« in die eigene Kultur (ebd., S. 36f.). Welche Innovationen werden

sozialen Kontexte des verlassenen wie des neu erreichten Ortes. Sie beschreibt ausgesprochen differenziert die politische, soziale, kulturelle und wirtschaftliche Situation, die die Migranten im Laufe der Zeit als sich verändernde erfahren und mit der sie sich aktiv auseinandersetzen. Alle drei Protagonisten konstruieren in ihren Briefen, Autobiografien und Romanen ihre Eigensicht in der Verarbeitung. Ebenso werden die unterschiedlichen Interpretationen der neuen kulturellen Codes und/oder ihre Aneignung beschrieben und damit eine geografische und räumliche Spannweite von Thailand über die USA nach Israel, Island und Großbritannien erreicht, um nur einige Stationen zu nennen. In diesen transnationalen Räumen wird eine hohe kulturelle und politische Differenz entfaltet. Die einzelnen Protagonisten bringen gänzlich unterschiedliche Produktionen des eigensinnigen interkulturellen Diskurses hervor.

Im Rahmen einer transnationalen Migrationsgeschichtsschreibung verspricht die Wiederentdeckung von Alice Ekert-Rotholz (*Björn Laser*) als Exilschriftstellerin einen großen Erkenntnisgewinn. Ebenso kann die Biografie des Holzbildhauers Wilhelm Ernst Beckmann (*Lilja Schopka-Brasch*) und seine außergewöhnliche Exilerfahrung zu einer neuen Aufmerksamkeit gegenüber dieser Geschichte im Exil führen, die zugleich ein hier bisher wenig bekanntes Kapitel der isländischen Zeitgeschichte berührt. Ebenso liest sich die Biografie von *Björn Siegel* über den Reeder Arnold Bernstein als eine vielfach – durch politische Verfolgung, Weltwirtschaftskrise, Arisierung, Verhaftung und Verurteilung – gebrochene und mehrfach unterbrochene Suche nach einer neuen Identität, die Spuren der alten integriert.

Der Beitrag von *Rebecca Schwoch* stellt die existenzielle Situation von jüdischen Ärzten in den Mittelpunkt, die in der zunehmenden extremen depravierenden Verfolgungssituation des nationalsozialistischen Antisemitismus mit ständig sich verengenden Möglichkeiten des Entkommens und des Überlebens in Hamburg schicksalhafte Entscheidungen treffen. Strukturgeschichte, Verfolgungsgeschichte und Biografiegeschichte gehen hier eine Verbindung ein. Hier eröffnet sich der Horizont einer Agency in einer Situation, die mit der *Neusegmentierung* der Welt durch Nationalsozialismus und Kriegssituation extrem arm an Alternativen ist.

Middell resümiert, dass »eine eineindeutige Bestimmung von transnationaler Geschichte [...] nicht erwartet werden [...] kann.« Sie ist »vielmehr das Produkt der Interaktion verschiedener, untereinander durchlässiger communities und der in diesem Prozess mobilisierten Diskurstraditionen und methodischen

aufgenommen und wie umgearbeitet und welche »sind entscheidend für Souveränität und Autonomie« (ebd., S. 36).

Prioritäten.«[27] Vor diesem Hintergrund lassen sich die Konfigurationen der Migrationen von Hamburger Kaufleuten nach Portugal und portugiesischer Juden nach Hamburg, die *Jorun Poettering* unter sozialen, strukturellen, juristischen und politischen Aspekten, die insbesondere das Bürgerrecht mit seinen Ausschließungs- und Einschließungsmechanismen für Juden in Hamburg und umgekehrt für Kaufleute in Portugal einschließt, analysiert, als ungemein dichte Beschreibung der Migration in europäischen Territorialstaaten der Neuzeit zu Beginn des 17. Jahrhunderts lesen. Kontrastiv dazu stellt der Historiker *David Templin* die Geschichte des Exils von türkischen, politisch verfolgten Migranten der 1980er Jahre in Hamburg zum ersten Mal in dieser Form vor.

Relativ spät näherten sich die Forschungsfelder Migration und Gender einander an. Der Gap zwischen Genderforschung und Migrationsforschung hat sich in den letzten 15 Jahren vermindert. Stattdessen ist eine vielstimmige Diskussion zwischen den verschiedensten Disziplinen und Arbeitsbereichen der Gender- und Migrationsforschung entstanden. In der 2017 erschienenen Einführung in das Forschungsfeld »Gender, Migration, Transnationalisierung« wird der historische, konzeptionelle, theoretische und inhaltliche Rahmen dieses neuen interdisziplinären Projekts vorgestellt und auf die Schwierigkeiten einer gemeinsamen konzeptionellen Grundlage hingewiesen.[28] Dazu zählt auch die immer noch starke Dominanz

»eines bipolaren differenztheoretischen Paradigmas […], die vor allem die weibliche Migrantin als die jeweils *Andere, Abweichende*, in der Hierarchie Untergeordnete, betrachtet. Dies hat dazu geführt, dass die Einwanderung von Frauen in der Migrationsforschung als *Genderspezifik* thematisiert wird, während sie in der Genderforschung als *Ethnizitätsspezifik* erscheint.«[29]

Um das Problem einer zu stark einengenden Kategorisierung zu vermeiden, wird auf die Konzeption des *Doing Gender* zurückgegriffen, die die beiden amerikanischen Interaktionstheoretiker und Ethnomethodologen Harold Garfinkel und Erving Goffman in den 1960er Jahren in den USA entwickelten. Geschlechteridentität wird »im Alltag inszeniert […] und diese Herstellung ist nur dann erfolgreich, wenn sie ständig wiederholt und als männlich bzw. weiblich *erkannt* wird. *Doing*

27 Ebd., S. 43.

28 Vgl. Lutz, Helma/Amelina, Anna: Gender, Migration, Transnationalisierung. Eine intersektionelle Einführung, Bielefeld 2017.

29 Vgl. ebd., S. 29.

Gender, d.h. das *Doing* von Männlichkeit bzw. Weiblichkeit ist demnach eine *Herstellungsleistung*, die konform den Anforderungen an Alltagshandeln folgt.«

In seiner Theorie des *Geschlechterarrangements* von 1994 fügte Goffman als wesentliche Regulierungsinstanz die Gesellschaft mit ihren »institutionalisierten Rahmenbedingungen hinzu, die das *Doing Gender* vorstrukturieren und steuern [...].«[30] Neben diesem sozialkonstruktivistischen Ansatz, der eine außerordentliche Flexibilität in der Beobachtung und Beschreibung des kontingenten *Doing Gender* transnational zulässt, können die Leistungen des Konzeptes der *Intersektionalität* hervorgehoben werden: Es erlaubt, Geschlecht mit anderen Merkmalen zu kombinieren, um zu einer flexiblen Analyse der verschiedenen Konstituenten von Ungleichheit zu gelangen, ohne eine Kategorie a priori zu favorisieren. So wird eine Analyse von verschiedensten Prozessen, mit jeweils unterschiedlichen Wertungen und Interaktionen der einzelnen Merkmale relativ unkompliziert möglich – neben Geschlecht können auch »Klasse, Race/Ethnizität [...] weitere soziale Platzanweiser«[31] untersucht werden.

Die Intersektionalitätsanalyse stammt aus der anglo-amerikanischen Genderforschung und hat ihren Ursprung in der US-amerikanischen schwarzen Bürgerrechtsbewegung, die aus feministischer Perspektive zu Beginn der 1980er Jahre entworfen wurde.[32] Ebenso wie *Doing Gender* wird auch das Konstruktionsmerkmal *Doing Ethnicity* ein flexibles Instrument zur Beschreibung von Dimensionen der Ungleichheit.[33]

Die hier vorgestellten Beiträge nehmen nicht immer explizit auf die wissenschaftliche Debatte im Schnittpunkt von Gender-, Migrations- und Transnationalismusforschung Bezug. Dennoch eröffnen sich vor dem Hintergrund der skizzierten neuen Ansätze den Lesenden viele Möglichkeiten der Verknüpfung des sozialkonstruktivistischen Ansatzes von *Doing Gender* und *Doing Ethnicity* mit den zum Teil sehr dichten biografischen Beschreibungen, die implizit eine große Bandbreite von Handlungsoptionen, aber auch Handlungseinschränkungen innerhalb der Dimensionen unter der Perspektive von Intersektionalität vorstellen. Die Dimensionen von Männlichkeit und Unternehmertum eröffnete Arnold Bernstein transnationale Geschäftsverbindungen, ermöglichte gestalterisches Planen und die Verwirklichung ungewöhnlicher Geschäftsideen. Der steilen beruflichen Karriere

30 Ebd., S. 17. Dort auch die vorhergehenden Zitate.

31 Ebd., S. 24. Eine ausführliche Vorstellung und Diskussion des Konzeptes der Intersektionalität als Analysekategorie findet sich auf S. 22-24.

32 Vgl. Davis, Angela: Women, Race and Class, London/New York 1981.

33 Vgl. H. Lutz/A. Amelina: Gender, Migration, Transnationalisierung, S. 22 und S. 155.

nach oben folgte aber auch ein jäher Abstieg, als die antisemitische Verfolgung einsetzte und das Vermögen enteignet wurde. Auch die Autobiografie von Mary Antin eignet sich hervorragend – neben der hier gewählten Perspektive des einübenden Blickes auf Segregations- und Ausleseprozesse (*Monica Rüthers*) – zu einer Untersuchung im Rahmen von Intersektionalität, wobei die Zugehörigkeit zum weiblichen Geschlecht nur eine Dimension neben anderen Merkmalen wie Religion, Klasse, Status der Migrantin darstellt. Es ist sicherlich interessant, ihre Konstellationen und Bedeutungsverschiebungen im Laufe der Biografie zu verfolgen.

Auch die Beiträge zum Themenfeld *Transnationale Migration* nehmen eine unterschiedliche Positionierung hinsichtlich der Schnittpunkte von Transnationalismus, Geschlecht und Migration vor. Während der Beitrag von *Claudia Schnurmann* explizit Männlichkeit, Zugehörigkeit zum Hamburger Bürgertum und Emotionalisierung am Thema des männlichen Heimwehs von Hamburgern in den USA in unterschiedlichsten Ausformungen entfaltet, wird Weiblichkeit implizit als emotional und komplementär konstruiert. Sie garantiert Harmonisierung und den sozialen Zusammenhalt der Familie im Hause. Die gehobene soziale Position der Briefeschreiber, Söhne der wohlhabenden Mittel- und Oberschichten Hamburgs, verweist als intersektionale Dimension auf die Bedeutung des Status, der Männern das Erleben und Zurschaustellen von Emotionen ausdrücklich zubilligt. Es ist damit weiteren Forschungen vorbehalten, die Sicht auf die männlichen Akteure der verschiedenen Migrationsbewegungen Hamburg-Portugal oder Hamburg-Türkei durch das *Doing Gender* unter Einbeziehung des weiblichen Geschlechtes im Hinblick auf eine umfassendere Darstellung des Geschlechterverhältnisses zu erweitern.

Medien

Zwischen Aufklärung und vertonter Ikone

Nordwestdeutsche Radioprogramme über Flucht und Vertreibung der Deutschen

ALINA LAURA TIEWS

Abstract: Im November 1954 strahlte der Nordwestdeutsche Rundfunk (NWDR) das Hörspiel »Der Treck aus dem Osten« des Hamburger Autors Henning Sengstack aus. Das Stück erzählt von der Flucht einer Familie aus Ostpreußen am Ende des Zweiten Weltkriegs. Der Aufsatz begreift dieses Hörspiel als ein radiofones Dokudrama und zeigt, wie es Topoi des Themas Flucht und Vertreibung konturierte, die bis heute im medialen Diskurs fortleben. Hierzu wird die Radiosendung in ihren medien- und ereignishistorischen Kontext eingeordnet und mit Mitteln der Sound History analysiert. Die historische Perspektive zeigt die Sonderrolle von Sengstacks Hörspiel im zeitgenössischen Programm über Flüchtlinge in Norddeutschland auf – übrige Radiosendungen des NWDR und des Norddeutschen Rundfunk (NDR) behandelten die Aufnahme oder die Herkunft von Flüchtlingen, aber kaum die Flucht selbst. Insgesamt geht der Beitrag eine dringende Forschungslücke in den Geschichtswissenschaften an: das integrative und erinnerungsbildende Potenzial des Mediums Radio nach Migrationsprozessen.

EINLEITUNG

Nach 1945 kamen rund drei Millionen Fremde nach Hamburg und Nordwestdeutschland. Jedes Dorf, jede Gemeinde und auch die große Stadt Hamburg zählten plötzlich etliche Flüchtlinge, die alles verloren hatten und ganz von vorn beginnen mussten. Es waren Deutsche aus Osteuropa, die infolge des von Deutschland verursachten Krieges ein neues Zuhause im Westen suchen mussten. Die

Ursachen wie die räumlichen und zeitlichen Verläufe ihrer Flucht und Vertreibung[1] waren vielfältig. Zuerst waren es mit der Front näher rückende Soldaten, nach Kriegsende selbsternannte Milizen und im Anschluss an das Potsdamer Abkommen die neuen Regierungen der osteuropäischen Staaten, die die Menschen zur Flucht zwangen und aus ihren Siedlungsgebieten in Ostpreußen, Pommern, Schlesien oder auch der Tschechoslowakei vertrieben.

Zeitgleich mit der Bevölkerungsverschiebung setzte eine andere gravierende Veränderung ein, die den Nordwesten nachhaltig prägte: die Gründung des öffentlich-rechtlichen Rundfunks. Als die Alliierten Deutschland nach 1945 besetzten, übernahmen und reformierten sie auch die Rundfunksender. Es begannen die sogenannten *Radio Years*, in denen der Rundfunk wie kein anderes Massenmedium die öffentliche Kommunikation prägte. Die Briten führten in ihrer nordwestlichen Zone ein staatsfernes Rundfunksystem nach dem Vorbild der British Broadcasting Corporation (BBC) ein, das auf den demokratischen Prinzipien von *Checks and Balances* basierte. Sie gründeten damit den öffentlich-rechtlichen Rundfunk in Deutschland. In Hamburg starteten britische Offiziere im Mai 1945 den Sender Radio Hamburg. Schon bald übergaben sie den Rundfunk zurück in deutsche Hände, wobei sie die neuen Mitarbeiter[2] sorgsam auswählten und ausbildeten.[3] Eine neue Generation von Rundfunkjournalisten baute nun den ersten deutschen Nachkriegssender auf: den Nordwestdeutschen Rundfunk (NWDR).

Wie griffen diese zwei Entwicklungen – die veränderte soziale Lage durch die Ankunft von Millionen Flüchtlingen und Vertriebenen und die veränderte Medienumgebung durch die Gründung des öffentlich-rechtlichen Rundfunks – inein-

---

1 Aus der Vielzahl der Begriffe für die deutschen Flüchtlinge und Vertriebenen nach 1945 und ihre Erfahrungen werden hier die Sammelbegriffe »Flucht und Vertreibung« sowie »Flüchtlinge und Vertriebene« verwendet, da sie die wissenschaftlich etablierten sind. Die Begriffe werden im Bewusstsein ihrer Multiperspektivität und der vielfältigen Schicksale, Identitäten und Zeitläufe genutzt, die sie umfassen (vgl. Beer, Mathias: Flucht und Vertreibung der Deutschen. Voraussetzungen, Verlauf, Folgen. München: Beck 2011, S. 13-19).

2 Mit Nennung der männlichen Funktionsbezeichnung ist, sofern nicht anders gekennzeichnet, immer auch die weibliche Form mitgemeint.

3 Vgl. Wagner, Hans-Ulrich: »Repatriated Germans and ›British Spirit‹. The Transfer of Public Service Broadcasting to Northern Post-War Germany (1945-1950)«, in: Media History 4 (2015), S. 443-458; Schwarzkopf, Dietrich: »Ausbildung und Vertrauensbildung. Die Rundfunkschule des Nordwestdeutschen Rundfunks«, in: Hans-Ulrich Wagner (Hg.), Die Geschichte des Nordwestdeutschen Rundfunks, Bd. 2, Hamburg: Hoffmann und Campe 2008, S. 32-48.

ander? Während der NWDR[4] und die Flüchtlingsintegration[5] jeweils für sich genommen sehr gut erforscht sind, blieben ihre Wechselwirkungen bislang unbearbeitet.[6] Dabei ist der Zusammenhang zwischen dem Radio als wichtigstem Medium der Zeit und »Deutschlands Problem Nr. 1«[7], ausgelöst durch die Aufnahme von Millionen Flüchtlingen und Vertriebenen, augenfällig. Hier setzt der Beitrag an und beginnt mit der Schließung der Forschungslücke.

Eingeordnet in den institutionen- und programmhistorischen Kontext stellt der Artikel die Berichterstattung des NWDR und seines Nachfolgers, des Norddeutschen Rundfunk (NDR), über die deutschen Flüchtlinge und Vertriebenen in der Zeit ihrer ersten Ankunftsjahre vor. Er fragt, wie die Programme die zeitgenössische Kommunikation über Flucht, Vertreibung und Integration mitgestalteten. Dazu ist die Überlieferung des NDR systematisch ausgewertet worden. Mindestens 76 Sendungen zum Thema sind für die Jahre zwischen 1945 und 1960 nachgewiesen. Sie bilden die empirische Grundlage dieses Beitrags.[8] Ein Hörspiel gerät bei der Betrachtung in den Fokus: »Der Treck aus dem Osten« von Henning Sengstack aus dem Jahr 1954. Es besitzt besonderes erinnerungsbildendes

---

4 Vgl. von Rüden, Peter/Wagner, Hans-Ulrich (Hg.): Die Geschichte des Nordwestdeutschen Rundfunks, 2 Bde., Hamburg: Hoffmann und Campe 2005/2008. Für Quellen zur Rundfunkgeschichte Norddeutschlands siehe außerdem den »Online-Wegweiser« des Hans-Bredow-Instituts, https://www.hans-bredow-institut.de/webfm_send/1038 vom 01.02.2018.

5 Vgl. u.a. Glensk, Evelyn: Die Flüchtlinge kommen. Ankunft und Aufnahme in Hamburg nach Kriegsende, Hamburg: Ergebnisse-Verlag 1998; Hoffmann, Dierk/Krauss, Marita/Schwartz, Michael (Hg.): Vertriebene in Deutschland. Interdisziplinäre Ergebnisse und Forschungsperspektiven, München: Oldenbourg 2000; Krauss, Marita (Hg.): Integrationen. Vertriebene in den deutschen Ländern nach 1945, Göttingen: Vandenhoeck & Ruprecht 2008; M. Beer: Flucht und Vertreibung.

6 Vgl. Röger, Maren: »Ereignis- und Erinnerungsgeschichte von ›Flucht und Vertreibung‹. Ein Literaturbericht«, in: Zeitschrift für Geschichtswissenschaft (ZfG) 1 (2014), S. 49-64.

7 In: »Das Parlament«, 12.03.1952, zitiert nach: Beer, Mathias: »Flüchtlinge und Vertriebene in den Westzonen und der Bundesrepublik Deutschland«, in: Petra Rösgen (Red.): Flucht, Vertreibung, Integration. Begleitbuch zur Ausstellung im Haus der Geschichte der Bundesrepublik Deutschland, Bielefeld: Kerber 2006, S. 108-123. Vgl. Kossert, Andreas: Kalte Heimat. Die Geschichte der deutschen Vertriebenen nach 1945, München: Siedler 2008, S. 87-138.

8 Zählung ohne die Kölner Sendereihe »Alte und Neue Heimat« (vgl. dazu Anm. 27).

Potenzial und kann, wie der Beitrag mit Mitteln der *Sound History*[9] analytisch nachweisen wird, als radiofones Dokudrama gelten.

Quellenkritisch sei ergänzt: Was heute in Rundfunkarchiven zu finden ist – auch die 76 NWDR/NDR-Sendungen über Flüchtlinge und Vertriebene –, ist nicht alles, was zeitgenössisch gesendet wurde. Die Quellenüberlieferung in den öffentlich-rechtlichen Rundfunkanstalten ist uneinheitlich und lückenhaft.[10] Gerade Tondokumente begann man erst in jüngerer Zeit systematisch zu sammeln. Aus den ersten zwei Nachkriegsjahrzehnten ist wenig Audiomaterial erhalten. Das Bewusstsein für seinen Archivwert war noch nicht ausgeprägt und aus logistischen und finanziellen Gründen war man auf die Wiederverwertung vieler Bänder angewiesen. So finden sich Hinweise auf frühe Sendungen oft nur im Schriftgut. Doch auch wenn die Rundfunkquellen unvollständig sind, bieten sie vielfältige und tiefe Einblicke ins zeitgenössische Programm. Aus eigenem Interesse sichern die Rundfunkanstalten aufwendige Eigenproduktionen, Übertragungen großer politischer Ereignisse und in typischen Stichproben auch kleinere Beiträge wie Kommentare oder Interviews. Im Abgleich mit der Überlieferung anderer Rundfunkanstalten zum Thema Flucht und Vertreibung kann das Audiomaterial und Schriftgut des NDR letztlich als durchweg repräsentativ eingestuft werden.[11]

HAMBURGER RUNDFUNK DER NACHKRIEGSZEIT

Das Sendegebiet des NWDR umfasste neben Hamburg die Gebiete der neu gegründeten Länder Schleswig-Holstein, Niedersachsen und Nordrhein-Westfalen.

---

9 Vgl. Missfelder, Jan-Friedrich: »Der Klang der Geschichte. Begriffe, Traditionen und Methoden der Sound History«, in: Geschichte in Wissenschaft und Unterricht (GWU) 11/12 (2015), S. 633-649; Morat, Daniel/Blanck, Thomas: »Geschichte hören. Zum quellenkritischen Umgang mit historischen Tondokumenten«, in: J.-F. Missfelder: Der Klang der Geschichte, S. 703-726.

10 Vgl. Behmer, Markus/Bernard, Birgit/Hasselbring, Bettina (Hg.): Das Gedächtnis des Rundfunks. Die Archive der öffentlich-rechtlichen Sender und ihre Bedeutung für die Forschung, Wiesbaden 2014.

11 Diese Studie ist Teil des am Hans-Bredow-Institut durchgeführten Forschungsprojekts »Ankunft im Radio. Flucht und Vertreibung in west- und ostdeutschen Hörfunkprogrammen«, für das die Überlieferung aller öffentlich-rechtlichen Rundfunkanstalten für die Jahre 1945 bis 1961 systematisch überprüft wurde (siehe die Projektdarstellung online unter https://www.hans-bredow-institut.de/de/projekte/ankunft-im-radio-flucht-und-vertreibung-im-hoerfunkprogrammen vom 01.02.2018).

Bremen erhielt mit Radio Bremen eine eigene Anstalt. Die NWDR-Zentrale lag in Hamburg, ihre Außenstelle in Köln. Bis zum Jahresende1955 lenkten diese beiden Standorte die Geschicke des NWDR in einem »produktiven Wetteifer«[12], dann trennten sich die Studios. Der NWDR splittete sich auf in den Westdeutschen Rundfunk (WDR) und den NDR. Letzterer versorgte nun Schleswig-Holstein, Hamburg und Niedersachsen mit seinem Programm.

Da sich das Fernsehen in den 1950er Jahren noch nicht flächendeckend durchgesetzt hatte, nahm das Radio eine Schlüsselrolle im zeitgenössischen Medienensemble ein. 1952 waren schon mehr als zehn Millionen Radiogeräte in Westdeutschland angemeldet, die Zahl der angemeldeten Fernsehgeräte lag selbst 1954 noch bei unter 12.000. Erst 1958 stieg die Zahl der angemeldeten Fernsehgeräte auf über eine Million. Aber zur selben Zeit waren schon beinahe 15-mal so viele Radios angemeldet.[13] Folglich gestaltete der Hörfunk die gesellschaftliche Kommunikation ganz entscheidend mit. »1951 hörten in der Bundesrepublik 80 Prozent, 1956 93 Prozent der erwachsenen Bevölkerung Radio.«[14]

Durchschnittlich hörten die Bundesbürger an Werktagen für zwei bis zweieinhalb Stunden Radio.[15] Wie alle anderen öffentlich-rechtlichen Rundfunkanstalten auch, versorgten NWDR und NDR eine breite Öffentlichkeit und sendeten somit ein Vollprogramm. Nachrichten, politische Kommentare, Unterhaltungssendungen und Musik wechselten sich ab, begleitet von Vertiefungsangeboten wie Features und Hörspielen. Im linearen Programm richteten sich einzelne Sendungen auch an bestimmte Zielgruppen. Programmgestalter vergaben entsprechende Sendeplätze. So brachten die Schulfunk- oder Frauenfunk-Redaktionen Sendungen am Vormittag, im Abendprogramm hingegen bot man Hörspiele oder Unterhaltungssendungen. Informationssendungen sollten »überparteilich, aber nicht unpolitisch sein«[16]. Deshalb berichteten Journalisten über aktuelle Probleme und

12 Wagner, Hans-Ulrich: »Produktiver Wetteifer: Das Funkhaus Köln«, in: P. v. Rügen/H.-U. Wagner, Die Geschichte des Nordwestdeutschen Rundfunks, Bd. 1, S. 223-241.

13 Vgl. Kiefer, Marie Luise: »Hörfunk- und Fernsehnutzung«, in: Jürgen Wilke (Hg.): Mediengeschichte der Bundesrepublik Deutschland, Bd. 361, Bonn: Bundeszentrale für politische Bildung 1999, S. 426-446, hier S. 429 und S. 431.

14 Ebd.

15 Vgl. ebd.

16 Fuge, Janina/Hilgert, Christoph: »Aktuell und überparteilich, aber nicht unpolitisch. Informationssendungen und politische Programmangebote im Hörfunk des NWDR«, in: H.-U. Wagner, Die Geschichte des Nordwestdeutschen Rundfunks, Bd. 2, S. 105-149.

hinterfragten sie in Reportagen oder Diskussionsrunden. Diese »Berichterstattung des NWDR über das politische Geschehen lebte demokratische Diskurskultur vor«[17].

FLÜCHTLINGE IM LAND – FLÜCHTLINGE IM RADIO

Zu den tagespolitischen Herausforderungen, die die Programmmacher beim NWDR und NDR thematisierten, gehörte auch die Aufnahme von insgesamt etwa 100.000 Flüchtlingen und Vertriebenen in Hamburg und rund 2,8 Millionen in Schleswig-Holstein und Niedersachsen. Mit dem Zuzug der Fremden prallten Welten aufeinander. Die Alteingesessenen mussten lernen zu teilen, selbst wenn der Krieg auch ihnen vieles genommen hatte. Die Neuankömmlinge mussten sich anpassen und versuchen, den Verlust von Eigentum und gesellschaftlicher Stellung zu verarbeiten. Alt- und Neubürger mussten gemeinsam ein neues Miteinander aushandeln und schrittweise lernen, Verständnis für die Herkunft und die Erlebnisse der jeweils anderen aufzubringen. Neben weiteren Akteuren vermittelte und strukturierte der Rundfunk diesen Prozess gesellschaftlicher Selbstverständigung. In großer Zahl und Vielfalt berichteten NWDR und NDR über die Lage der Flüchtlinge und Vertriebenen. Politische Redaktionen trugen zu dieser Aufklärung ebenso bei wie Kultur- und Hörspielabteilungen.

Bereits seit 1946 waren im NWDR Reportagen aus Flüchtlingslagern[18] und zu Aspekten der Flüchtlingsintegration zu hören.[19] Oftmals gaben Journalisten den

17 Ebd., S. 113.

18 Beispiele sind: NDR: S015372002, »Reportage aus einem Bremer Schullandheim, das als Kinderheim für elternlose Flüchtlingskinder eingerichtet wurde«, NWDR Hamburg, o.D.1946; NDR: F834411002, »Reportage aus dem Flüchtlingslager Berne bei Bremen«, Walter Roller, NWDR Hamburg, o.D.1946; NDR: 8001396000, »In Flüchtlingslagern erstickt die Bildung«, Feature, Rolf Heinrich Wecken, NWDR Hamburg, 25.06.1952; NDR: 6902016000, »Wie soll ich dich empfangen ... Weihnachten in einem Flüchtlingslager«, Lesung, Gerhard Zwerenz, NDR, 25.12.1960.

19 Beispiele sind: NDR: 8000167000, »Kirche und Umsiedlung«, Ernst A. Stolte, NWDR Hamburg, 25.09.1952; NDR: F828592100, »›Ihr Nachbar ist in Not‹. Armut in der BRD«, Henri Regnier, Rüdiger Proske, Ilse Elsner, NWDR Hamburg, 06.05.1953; NDR: F830392000, »11 Jahre, 6 Monate und 2 Tage«, Feature, Rolf Heinrich Wecken, NDR, 23.10.1956; NDR: 8000223000, »250.000 Umsiedler«, Ingrid Friederichsen, NWDR Hamburg, 17.06.1953. Vgl. Tiews, Alina Laura: 1945. Flüchtlinge in Norddeutschland. Ein Beitrag zur »NDR Chronik«, 05.12.2016, http://www.ndr.de/der_ndr/

Flüchtlingen und Vertriebenen selbst das Wort.[20] Sie schilderten den Hörern ihre Erfahrungen ganz unmittelbar und erhielten Mitsprache – eine wichtige Kraft für ihr Ankommen und Einleben.[21] Tatsächlich präsentierten die Reporter viele Flüchtlinge bewusst als positive Integrationsbeispiele, indem sie von beruflichen Erfolgen berichteten. Auch Interviews mit Vertriebenenpolitikern aller Couleur waren im Programm des NWDR und NDR zu hören, beispielsweise mit Waldemar Kraft[22], Linus Kather[23] oder Theodor Oberländer[24]. Vertriebenenveranstaltungen oder vertriebenenpolitisch relevante Ereignisse wurden gleichfalls übertragen.[25] Außerdem gab es politische Diskussionsrunden zu Themen der Vertrieben-

---

unternehmen/geschichte/1945-Fluechtlinge-in-Norddeutschland-,fluchtnorddeutschland100.html vom 01.02.2018.

20 Beispiele sind: NDR: 8000081000, »Treckvereinigung in Süderbrarup gegründet«, Interview, Ernst A. Stolte, NWDR Hamburg, 31.10.1951; NDR: 8000084000, »Tagung des schleswig-holsteinischen Landesverbandes der vertriebenen Deutschen«, Interview, NWDR Hamburg, 10.11.1951; NDR: 8000103000, »Vertriebener als Buchhändler auf dem Land«, Interview, Ingrid Friederichsen, NWDR Hamburg, 19.12.1951; NDR: 8000138000, »Sudetendeutscher Instrumentenbauer in Heide«, Interview, N. Laitzbach-Jansen, NWDR Hamburg, 18.06.1952.

21 Vgl. Seuferling, Philipp: »›To arrive means being able to tell‹. Memory Cultures and Narratives of Historical Migration in German Media in 1991-1994 and 2015-2017«, in: Tobias Linné (Hg.): Excellent MSc Dissertations 2017. Media and Communication Studies, Lund: Lund University Press 2018 (im Erscheinen).

22 Beispiele sind: NDR: 8012445000 und F827530000, »Interview mit Waldemar Kraft«, Albin Stuebs, NWDR Hamburg, 04.07.1950; NDR: F828477000, »Interview mit Waldemar Kraft«, Burkhard Nadolny, NWDR Hamburg, 15.09.1952.

23 NDR: 8000070000, »Dr. Kather zur Umsiedlungspolitik«, Statement, NWDR Hamburg, 10.10.1951.

24 Beispiele sind: NDR: F828665000, »Interview mit Theodor Oberländer«, Sven Hasselblatt, NWDR Hamburg, 10.06.1954; NDR: 8000350000, »Interview mit Bundesminister Oberländer«, Thomas Viktor Adolph, NWDR Hamburg, 07.10.1955.

25 NDR: F827524000, »Ausschnitte aus einer Ansprache von Hans Lukaschek«, Rede, NWDR Hamburg, 21.05.1950; NDR: 8000084000, »Tagung des schleswig-holsteinischen Landesverbandes der vertriebenen Deutschen«, Interview, NWDR Hamburg, 10.11.1951; NDR: 8000513000, »BHE-Parteitag 1958«, Rede, NDR, 02.06.1958; NDR: 8000545000, »Landtag: Dr. Alfred Gille – Gesamtdeutscher Block BHE«, Statement, Thomas Viktor Adolph, NDR, 03.11.1958.

en.[26] Dies alles beförderte den pluralistischen politischen Diskurs. Denn nicht alle Positionen der Vertriebenenfunktionäre waren populär, aber sie fanden Ausdruck im Rundfunk und waren Teil kontroverser Debatten.

Eine besondere Rolle für die Kommunikation der Vertriebenenthemen spielte die Sendereihe »Alte und Neue Heimat« des NWDR und WDR in Köln, die über den Programmaustausch vielfach auch in Hamburg gesendet wurde.[27] Wilhelm Matzel, der aus Schlesien stammte und für den Rundfunksender »Schlesische Funkstunde« gearbeitet hatte, wurde nach dem Krieg beim NWDR und WDR Leiter der Nachrichtenabteilung und Experte für Vertriebenenfragen. Anfang der 1950er Jahre entwickelte er die Sendereihe »Alte und Neue Heimat«. Sie nahm sich des gesamten Spektrums der Vertriebenenthemen an.

Sehr intensiv widmeten sich NWDR und NDR der Kultur und Geschichte der Vertriebenen. Anekdoten, Lesungen und Humoristisches aus deren Herkunftsregionen gehörten fest zum Angebot, besonders in den 1950er Jahren. Vorgetragen wurde oft im heimischen Dialekt oder zumindest dialektal gefärbt.[28] Damit machte der Rundfunk den Flüchtlingen und Vertriebenen ein besonderes kommunikatives Angebot, sich an Heimatklänge zu erinnern und ihre sprachliche Identität zu pflegen. Den Ansässigen übersetzte man die ungewohnten Laute, sodass die neuen Mitbürger ihnen vertraut wurden.

---

26 Vgl. Staatsarchiv der Freien und Hansestadt Hamburg [StAHH] 621-1 1208, Produktionsunterlagen zur Sendung »Politisches Forum«, hier die Sendungen vom 02.07.1951 (»Umsiedlung oder Treck«) und vom 28.11.1951 (»Lastenausgleich – wie?«).

27 Vgl. die Sendereihe für den Sendezeitraum von 1953 bis 1961 in HA WDR 2825-2851. Die Sendereihe musste aufgrund ihres Umfangs und weil sie in Köln konzipiert wurde aus dieser Studie ausgeklammert werden. Der Fokus hier liegt auf der Hamburger Programmgestaltung. So ist in den genannten 76 beim NDR nachweisbaren Sendungen über Flucht und Vertreibung die Sendereihe »Alte und Neue Heimat« bewusst nicht enthalten, obwohl sie thematisch relevant ist.

28 Beispiele sind: NDR: 8001368000, »Ostpreußische Anekdoten«, Lesung, Waldemar Kuckuck, NWDR Hamburg, 27.08.1951; NDR: F831871001 und F831871002, »Kindheitserinnerungen und Anekdoten«, erzählt im baltischen, pommerischen und kaschubischen Dialekt, Walter Hilpert, NWDR Hamburg, 04.09.1952; NDR: 6900113000, »Kindheit in Schlesien. Lesung von Horst Lange«, Harald Eggebrecht, NWDR Hamburg, 29.09.1952; NDR: F828562003 und F828562001, »Dialekte auf Ostpreußisch – Richtsätze auf Ostpreußisch«, Gespräch, Walter Hilpert, NWDR Hamburg, 27.02.1953; NDR: 6901474000, »Ostpreußen lacht – Marion Lindt erzählt ostpreußische Anekdoten«, Lesung, Marion Lindt, Wilhelm Asche, NDR, 04.11.1958.

Meist wurden in den Sendungen die Herkunftsregionen der Flüchtlinge und Vertriebenen als deutsches Kulturgut vorgestellt. Nicht selten griffen sie damit den in der Bundesrepublik seinerzeit stark antikommunistisch gefärbten Diskurs des Kalten Krieges auf. Auch Hörspiele und Hörbilder kommunizierten die Bräuche und Landschaften der Vertriebenen in diesem Tenor. Beispiele des NWDR und NDR sind die folgenden Sendungen: »700 Jahre Königsberg« (1955) von Hugo Linck und Karl Girnus[29], »Weihnachtsglocken aus der alten Heimat« (1955)[30] und die achtteilige Sendereihe »Wiedersehen mit Schlesien«[31]. Das Hörspiel »Heimkehr. Geschichte eines Lebens« (1955) von Peter Hirche[32] hingegen ging differenzierter vor und erkannte die polnische Gegenwart in den Herkunftsgebieten der Vertriebenen im Prinzip an.

Eine Sendung hebt sich von den Programmen des NWDR und NDR über Flucht und Vertreibung ab: das Hörspiel »Der Treck aus dem Osten« von Henning Sengstack, aufgenommen unter der Regie von Hans Tügel.[33] Das Studio Köln des NWDR sendete es am 30. November 1954 um 9.00 Uhr morgens in der Schulfunk-Reihe »Geschichte miterleben«.[34] In dem halbstündigen Hörspiel erzählt die fiktive junge Berlinerin Maria von der Flucht aus Ostpreußen. Maria wird im Sommer 1944 nach Ostpreußen evakuiert und wohnt dort auf dem Hof von Hermann und Elsa Nuscha, die sie ostpreußisch »Marjellchen« nennen. Im Winter rückt die Ostfront näher. Ängstlich verfolgen Marjellchen und die Nuschas den Verlauf und geraten in Streit mit dem Ortsgruppenführer, ob die Lage eine Flucht rechtfertige oder nicht. Notgedrungen warten sie mit dem Aufbruch bis zur letzten Minute.

---

29 NDR: F828731000, »700 Jahre Königsberg«, Hugo Linck, Karl Girnus, NWDR Hamburg, 17.05.1955.

30 NDR: F839194000, »Weihnachtsglocken aus der alten Heimat: Ostpreußen, Westpreußen, Danzig, Pommern, Schlesien«, Bericht, Walter Hilpert, NWDR Hamburg, 24.12.1955.

31 NDR: F810570100, F810570200, F810570300, F810570400, F810570500, F810570600, F810570700 und F810570800: »Wiedersehen mit Schlesien«, 1.-8. Folge, Georg Zivier, NDR, 14.03.1958, 21.03.1958, 28.03.1958, 01.04.1958, 08.04.1958, 14.04.1958, 22.04.1958, 28.04.1958.

32 NDR: F829925000, »Heimkehr. Geschichte eines Lebens«, Peter Hirche, NWDR Hamburg, 07.04.1955.

33 Vgl. einen Auszug in: Tiews, Alina Laura/Wagner, Hans-Ulrich (Hg.): Flucht und Vertreibung im Rundfunk. Tondokumente aus den Jahren 1945 bis 1960, Hamburg: Hans-Bredow-Institut 2017, Ton 12.

34 Vgl. StAHH 621-1/144 1796, NWDR Funkhaus Hamburg, Abt. Schulfunk, Programmnachweis 30.11.1954, 9.00-10.30 Uhr.

Die wichtigsten Habseligkeiten auf Wagen und Pferd verstaut, erlebt Marjellchen den »Treck aus dem Osten«.

Das Hörspiel zeichnet aus, dass es von der direkten Fluchterfahrung Deutscher aus Osteuropa handelt. Von den mindestens 76 Sendungen, die sich in den Ton- und Schriftquellen des NDR finden lassen, behandelt keine andere Sendung die Flucht an sich. Zudem ist die Form, in der das Stück Flucht thematisiert, entscheidend: Es emotionalisiert und dramatisiert die historische Überlieferung. Es will die Chance nicht nur des Verstehens von, sondern auch des Einfühlens in historische Zusammenhänge bieten. So gesehen, ist »Der Treck aus dem Osten« ein radiofones Dokudrama.

»Der Treck aus dem Osten«: Radiofones Dokudrama über Flucht

Üblicherweise bezeichnet der Begriff »Dokudrama« seit den 1980er Jahren Filme über historische Themen, die eine Mischung aus Fakt und Fiktion sind.[35] Sie inszenieren so naturalistisch wie möglich historische Lebenswelten, konstruieren dabei jedoch künstliche Welten, die sie als historische Wirklichkeiten verkaufen. Zu Recht spricht der Filmhistoriker Matthias Steinle deshalb von einer »Grenzüberschreitung« und einem »Risiko«, denn Dokudramen machen ihre Fiktion nicht kenntlich, sondern geben sie als Fakten aus und erzeugen so gefährlich geschlossene Geschichtsbilder.[36] In Deutschland sind es seit der Jahrtausendwende vermehrt Spielfilme über Zeitgeschichte mit einem besonders starken Authentizitätsversprechen, die als Dokudramen gelten. Ein eben solches »Hybrid« zwischen historischer »Aufklärung« und »sinnlicher Attraktion«[37] ist das Hörspiel »Der Treck aus dem Osten«. Auch wenn der Genrebegriff noch nicht existierte, als das Hörspiel entstand, wird nachträglich deutlich, wie sehr die Sendung von Henning Sengstack und Hans Tügel dem Dokudrama gleicht und wie sie zur medialen Erinnerung an Flucht und Vertreibung beitragen konnte.

Genau wie im Dokudrama bestimmt auch bei »Der Treck aus dem Osten« die Chronologie der realen historischen Ereignisse den Handlungsverlauf, nicht die

35 Vgl. Steinle, Matthias: »Geschichte im Film. Zum Umgang mit den Zeichen der Vergangenheit im Dokudrama der Gegenwart«, in: Sylvia Paletschek/Barbara Korte (Hg.): History goes Pop. Zur Repräsentation von Geschichte in populären Medien und Genres, Bielefeld: transcript 2009, S. 147-165, hier S. 149ff.

36 Ebd., S. 149.

37 Ebd.

fiktionale Story. Diese ist vielmehr der großen Geschichtserzählung untergeordnet und dient einer tieferen Erlebbarmachung der Vergangenheit, darauf deutet nicht zuletzt der Sendekontext in der Schulfunk-Reihe »Geschichte miterleben« hin. Die Berichte von Marjellchen sind Illustrationen der historischen Flucht aus Ostpreußen, keine Charakterstudien. Das Näherrücken der Front, ein Konflikt mit dem Ortsgruppenführer und letztlich die unzähligen abgeschrittenen Kilometer – solche historisch belegten Ereignisse motivieren das Handeln der Personen im Hörspiel, sind aber keine innerlich begründeten Motive. Tatsächlich weisen die aktuellen Fernseh-Dokudramen »Die Flucht« (Kai Wessel, 2007) und die »Die Gustloff« (Joseph Vilsmaier, 2008), die den Mediendiskurs über Flucht und Vertreibung der Deutschen in den 2000er Jahren stark prägen[38], frappierende Ähnlichkeit mit »Der Treck aus dem Osten« auf. Diese Filme inszenierten die heterogene Vergangenheit von Flucht und Vertreibung eindimensional als Flucht aus Ostpreußen: Sie tradierten die Ikone des Flüchtlingstrecks.

Die Ikone des Flüchtlingstrecks ist visuell gekennzeichnet durch einen »schier endlosen Zug von Menschen«[39] durch Schnee und Eis. Er besteht aus Frauen, Kindern und älteren Männern, »ausreichend winterlich gekleidet«[40], was die winterliche Atmosphäre im Bild unterstützt. Auf von Pferden und Menschen gezogenen Plan- und Handwagen führen die Flüchtlinge ihre Habe mit sich. Solche Bilder waren zum Zeitpunkt der Flucht aus Ostpreußen im Winter 1944/45 in zahlreichen NS-Wochenschauen im Kino zu sehen. Die Reporter wollten das Fluchtgeschehen an der Ostfront als geordnet und friedlich abbilden. So sollten die Bilder den Durchhaltewillen der deutschen Bevölkerung stärken und folgten damit einem klaren propagandistischen Auftrag.[41] Nach dem Krieg wurde in etlichen Trümmerfilmen die Wochenschaubilder des Trecks unreflektiert aufgegriffen und in ihre fiktionalen Filmhandlungen eingebaut.[42] Die Spielfilme verliehen ihnen neue Glaubwürdigkeit und trugen zur Symbolkraft der Bilder bei – ungeachtet der

38 Vgl. Röger, Maren: Flucht, Vertreibung und Umsiedlung. Mediale Erinnerungen und Debatten in Deutschland und Polen seit 1989. Marburg: Herder-Institut 2011.

39 Paul, Gerhard: »Der Flüchtlingstreck. Bilder von Flucht und Vertreibung als europäische lieux de mémoires«, in: ders. (Hg.): Das Jahrhundert der Bilder, Bd. 1, Bonn: Bundeszentrale für politische Bildung 2009, S. 667-673, hier S. 668.

40 Ebd.

41 Vgl. ebd., S. 668f.

42 Vgl. Tiews, Alina Laura: Fluchtpunkt Film. Integrationen von Flüchtlingen und Vertriebenen durch den deutschen Nachkriegsfilm 1945-1990, Berlin: be.bra wissenschaft verlag 2017, S. 48-86.

multiperspektivischen »Chiffre«[43], als die Flucht und Vertreibung tatsächlich begriffen werden müssen. Nur eine Minderheit der Flüchtlinge und Vertriebenen erlebten den winterlichen Treck aus Ostpreußen, die Mehrheit verließ ihre Heimat mit der Bahn. Die Ausweisungen zogen sich über Jahre hin, fanden also nicht nur im Winter statt.

Das Hörspiel »Der Treck aus dem Osten« von 1954 weist dieselben Merkmale wie die Ikone auf, allerdings in akustischer Qualität. Schon der Titel weist darauf hin. Er beinhaltet das Schlagwort »Treck« – ein klarer Verweis auf die seinerzeit noch lebhaft in Erinnerung befindlichen Filmbilder der Kriegs- und ersten Nachkriegsjahre. In den Quellen ist zwar nicht mehr nachweisbar, wodurch das Hörspiel des Autors Henning Sengstack beeinflusst wurde. Sengstack verstarb im Jahr 1980[44], Nachfahren sind nicht auffindbar und es ist keinerlei Begleitdokumentation zu »Der Treck aus dem Osten« erhalten geblieben.[45] Doch Sengstack hatte sich eingehender mit der Geschichte der Vertriebenen befasst: 1955 lieferte er für den NWDR-Schulfunk eine weitere Sendung zum Thema.[46] Daher ist davon auszugehen, dass Sengstack die Filmbilder des Flüchtlingstrecks kannte. Umso nachdenklicher stimmt, wie wenig er sich von ihnen distanzierte, sondern die Ikone gleichsam vertonte.

Zwar benennt das Hörspiel »Der Treck aus dem Osten« einmal die mehrheitliche Erfahrung einer Flucht mit der Eisenbahn, doch lediglich als nüchterne Randinformation am Ende des Stücks.[47] Die Haupthandlung zielt auf den Flüchtlingstreck durch Schnee und Eis und entspricht ganz der Ikone: »Ich sehe sie noch vor mir, diese Straßen. Straßen voller hoffnungsvoller Menschen. Straßen, an deren Wegrand verendete Pferde lagen, tote Kühe und Kälber. Wagen hinter Wagen, eine endlose Kette – so zogen die Trecks über die Straßen. Die Menschen nebenher.«[48] Wie die Bildikone beschwört auch das Hörspiel die Vorstellung des scheinbar endlosen, linearen Menschenzuges herauf. Bezeichnend ist, dass hier sogar

43 M. Beer: Flucht und Vertreibung, S. 13.

44 StAHH 332-5 13388 1061, Hamburg, Sterbeurkunde Nr. 1061 (Henning Sengstack).

45 Recherchen im NDR-Pressearchiv brachten negative Ergebnisse, E-Mail von Sönke Treu, NDR-Ansprechpartner Wissenschaft und Forschung, an die Autorin vom 07.09.2017.

46 Vgl. StAHH 621-1/144 1982, »Vertriebene finden eine neue Heimat«, Henning Sengstack, gesendet im NWDR-Schulfunk »Geschichte« am 06.05.1955.

47 StAHH 621-1/144 1628, Henning Sengstack, Manuskript »Der Treck aus dem Osten (1945)«, 15.09./30.11.1954, S. 18.

48 Ebd., S. 14.

von »hoffnungsvolle[n] Menschen«[49] die Rede ist. Die Botschaft der Wochenschau wird somit direkt übernommen. Andererseits beschreibt die Erzählerin – es ist Marjellchen selbst – das auf dem Weg verendete Vieh und eröffnet damit auch einen Kontrast.

Mit sogenannten *Sound Cues*, akustischen Signalen, kreiert das Hörspiel die gewünschte Klangkulisse, die die Ikone unterstreicht. So sind im Skript mehrfach »Pferdegetrappel«, »Wagenrollen« und »Peitschenknallen« als Geräusche genannt. »Hin und wieder heult der Wind«[50]. Wiederholt schildert Marjellchen besonders lautmalerisch das Geschehen, etwa wenn es heißt: »Langsam rumpelte unser Treck zum Dorf hinaus«[51], »Ein eisiger Wind heulte über uns hinweg« oder »Das Rad knallte auf den hartgefrorenen Weg, sprang noch einmal hoch, rollte und blieb im Straßengraben liegen.«[52] Diese Formulierungen sind sinnlich eindrücklich. Sie erschaffen Bilder vor dem inneren Auge, zielen aber ebenso auf lautliche Authentizität und entsprechen damit ideal den medialen Eigenschaften des Radios.

So sehr die gestalterischen Mittel in »Der Treck aus dem Osten« die Ikone des Flüchtlingstrecks reproduzieren, so weicht das Stück in inhaltlicher Hinsicht doch ebenso ab: Die eigentlichen Erlebnisse auf dem Treck deutet das Hörspiel anders als die Filmbilder. Im Hörspiel begleitet der Hörer die Familie Nuscha auf einem gefährlichen Weg und bekommt das Chaos und die Angst vorgeführt. Hier ist die Flucht aus Ostpreußen nicht der geordnete Zug optimistischer ›Volksgenossen‹, wie es die Wochenschau bei Kriegsende suggerierte, sondern tatsächlich eine Flucht: hektisch, verzweifelt und voller Not. Marjellchen erzählt:

> »Ja, und wir hatten uns den Treck ganz anders vorgestellt. […] Erst ging es auch ganz gut. Aber je näher wir der Weichselbrücke kamen, um so langsamer kamen wir voran. Hier stauten sich die Trecks, und wir kamen manchmal einen ganzen Tag lang nicht von der Stelle. Die Straßen waren zu schmal. Sie waren verstopft. Oft wurden die von der Feldpolizei aufgehalten. Motorisierte Wehrmachtskolonnen mußten vorbeigelassen werden. Es war ein heilloses Durcheinander. Die Front rückte immer näher. Die Angst saß uns im Nacken.«[53]

---

49 Ebd. Die Bezeichnung war bewusst gewählt. Im Manuskript stand zunächst »Strassen voller Menschen ohne Hoffnung«. Dies ist handschriftlich korrigiert worden zu: »Strassen voller hoffnungsvoller Menschen.«

50 Vgl. ebd., S. 9-13.

51 Ebd., S. 9.

52 Ebd., S. 12.

53 Ebd.

Sehr konkret ist von Problemen und Nöten die Rede, die den Nuschas die Flucht erschweren und so die erzählerische Spannung erhöhen. Brücken sind gesperrt oder gesprengt, Straßen werden durch Militär oder andere Trecks blockiert. Aufgrund eines Streits mit ihrem Nachbarn geraten die Nuschas in einen Gewissenskonflikt: Ein Wagenrad des Nachbarn ist gebrochen. Die Nuschas sind unentschlossen, ob sie ihm oder lieber sich selbst helfen sollen. Bald darauf geht das Futter für die Pferde aus, es ist auch nirgends neues zu erhalten. Die Nuschas wissen nicht, wie sie weiterziehen sollen. Sie müssen alles Gepäck abwerfen, um den Pferden die Last so leicht wie möglich zu machen. Schließlich ist die Familie gezwungen, sich zu trennen. Während die Frauen mit der Bahn entkommen, bleibt der Vater beim Treck und den Pferden.

Mutter Nuscha klagt weinend: »Ich kann nicht mehr. Ich will auch nicht mehr. Es ist besser, wir verrecken hier auf der Straße. Soll der Russe doch machen mit uns, was er will.«[54] Nicht nur wird hier erneut Verzweiflung und Not auf dem Treck artikuliert, es kommt eine weitere Dimension des Hörspiels zum Ausdruck: die stereotype und nationale Erinnerung der eigenen Opfergeschichte. Das Stück steht damit im Kontext seiner Zeit – den 1950er Jahren in der Bundesrepublik –, in der die Erinnerung an Flucht und Vertreibung von nationalen Gefühlen dominiert wurde. Der mediale Diskurs war geprägt von deutschen Leidensgeschichten; andere Narrative, etwa von schuldhafter Verstrickung in das nationalsozialistische Regime oder Opfergeschichten von Russen oder Polen, fanden keinen Anschluss.[55] Auch die Ikone des Flüchtlingstrecks prägte diese diskursive Engführung.

Seit den 1980er Jahren, mit einem besonderen Boom in den 2000er Jahren, erlebte die Ikone des Flüchtlingstrecks und damit auch die Nationalisierung des Gedenkens eine Renaissance. Nicht zuletzt prägten Dokudramen im Fernsehen diese Entwicklung.[56] Doch aus langfristiger Perspektive gesehen, legten nicht nur Filmbilder die Erinnerungstopoi von Flucht und Vertreibung als Flucht auf dem Treck durch Schnee und Eis fest, auch das Hörspiel »Der Treck aus dem Osten« trug seinen Anteil dazu bei.

54 Ebd., S. 14.

55 Vgl. Classen, Christoph: Back to the fifties? Die NS-Vergangenheit als nationaler Opfermythos im frühen Fernsehen der Bundesrepublik, in: Zeitgeschichte-online, März 2004, http://www.zeitgeschichte-online.de/thema/back-fifties vom 01.02.2018.

56 Vgl. A.L. Tiews: Fluchtpunkt Film, S. 262-273 und S. 326; M. Röger: Flucht, Vertreibung und Umsiedlung.

RESÜMEE

Einerseits vielfältig, sachlich und überparteilich, andererseits polarisierend, zuspitzend und typisierend – das waren die Radioprogramme des NWDR und des NDR über Flucht und Vertreibung der Deutschen zwischen 1945 und 1960. Während Informationssendungen, Features und Interviews zur politischen und historischen Aufklärung beitrugen, lieferten die Kultursendungen ein anderes Bild. Sie transportierten teils stereotype Feindbilder und stärkten nationale Deutungen der Vergangenheit.

Wer das Hörspiel »Der Treck aus dem Osten« genauer untersucht, stellt sogar fest, dass dieses radiofone Dokudrama die Ikone des Flüchtlingstrecks aus NS-Wochenschauen gleichsam vertonte und zur Verengung des Gesprächs über das komplexe Phänomen Flucht und Vertreibung als Flucht aus Ostpreußen beitrug. Maßgeblich hierfür war nicht zuletzt die Platzierung des Stücks im Schulfunk mit dem expliziten Auftrag der Geschichtsvermittlung. Die Ikone des Flüchtlingstrecks wurde somit nicht etwa nur visuell oder audiovisuell vermittelt, wie die Forschung bislang annahm, sondern auch das auditive Medium Hörfunk trug zu ihrer Konstruktion bei.

Insgesamt überwiegt für die Programme des NWDR und NDR über Flucht und Vertreibung jedoch der Eindruck der Vielfalt. Darin zeigt sich ihr öffentlich-rechtlicher Produktionskontext, politischen Pluralismus verpflichtet. Nicht nur kamen verschiedene Akteure im Radio zu Wort (besonders wichtig: die Vertriebenen selbst), der Rundfunk bot ebenso verschiedene Formate an, um sich die Themen anzueignen. Die Mischung aus erzählerischen wie journalistischen Beiträgen bot unterschiedlichen Hörergruppen Zugang und ermöglichte ihnen emotionales wie rationales, politisches und historisches Verstehen. Das erinnerungs- und gemeinschaftsbildende Potenzial des Mediums Radio für Migrationsprozesse wird im Programm des NWDR und NDR über deutsche Flüchtlinge und Vertriebene folglich eindrücklich erkennbar – genauer gesagt: hörbar.

Erzählen einer Gegenöffentlichkeit

Hamburger Filmproduktionen und ihre Migrationsdiskurse

ASTRID HENNING-MOHR

Abstract: Migrationsfilme haben ein besonderes Problem. Ihnen wird im Allgemeinen ein Verweis auf eine außerfilmische Realität unterstellt. Akzeptiert man bei anderen Genres eine Fiktionalität, so unterstellt die populäre und wissenschaftliche Auseinandersetzung einem Migrationsfilm meistens eine Echtheit, so als würde eine »Fallakte« dokumentiert. Dass künstlerische Sprechakte der migrantischen Regisseure viel mehr sind als ein Dokument, das beschreibt »so und so sind die Migranten«, will dieser Artikel aufzeigen. Dabei tragen die Sprechakte durchaus dazu bei, neue Identitäten des Migrantisch-Seins zu denken, zu sehen oder zu implementieren. Doch vor dem gilt es erst einmal zu beleuchten, welche Wirklichkeitsfiktionen in den Filmen verhandelt werden, in denen Migranten selbst sprechen.

EINLEITUNG

Als die Hip-Hop-Gruppe Advanced Chemistry 1995 den Song »Fremd im eigenen Land« veröffentlicht, verdichtet sich in diesem schnoddrigen Rap eine jahrzehntelange Erfahrung der Migranten und ihrer Kinder, wonach öffentliches Sprechen stets ein Erzählen *über* sie war und sie dem nun auf selbstbewusste Art entgegentreten würden. Die politischen und gesellschaftlichen Auseinandersetzungen um die Asylrechtsänderung 1993 und die begleitenden rassistischen Übergriffe werden in Zeitungen, Feuilletons, Broschüren und Ähnlichem durch vielfältige Berichte *über* Migranten, deren Leben oder durch Fallbeispiele des wirtschaftlichen Nutzens der Migranten für die deutsche Wirtschaftsnation flankiert und zeigen damit das dichotome Verhältnis zu »den Deutschen«.

Und so sind es raue, herbe und durchaus laute Töne, welche der Literat Feridun Zaimoglu (Kanak Sprak 1995) oder der junge Filmemacher Fatih Akin (GETÜRKT 1996, KURZ UND SCHMERZLOS 1998) dem jahrzehntelangen Sprechen der Deutschen *über* die Ausländer entgegen schmettern. In ihren künstlerischen Produktionen werden zum ersten Mal Selbstbehauptungen der Migranten öffentlich wahrgenommen, eben weil sie (anders als die oft leisen, meist literarischen und fast lyrischen Äußerungen der älteren Migranten) das Sprechen über sie, die dargestellte Homogenität aller Nichtdeutschen und die Betonung des Anpassungswillens nicht mehr hinnehmen.

Es stellt sich nun die Frage, ob tatsächlich erst die lauten Misstöne vom »Rande der Gesellschaft« Unliebsames über Migration und die Identitäten der Migranten erzählten oder ob »das deutsche« Ohr nur bisher nicht hingehört hatte beziehungsweise nur das heraushörte, was es über Migranten bestätigt haben wollte. Literarische, filmische oder andere künstlerische Felder bieten Migranten eine Plattform, die ihnen ein Sprechen über sich selbst jenseits hegemonialer und akzeptierter Aussagen erlauben. Hier werden Aussagen verhandelt, die sich zwischen populistischen Zuschreibungen als »Außenseiter« oder »perfekt integrierter Migrant« ansiedeln, kurzum: Es steht nicht weniger als die Logik des Ausländerdiskurses zur Disposition. Diese Logik ist ihrerseits nicht weniger als – so bezeichnet es Foucault – die »regulierte Praxis, die jeweils festlegt, was und von wem in welchem Zusammenhang und in welcher materiellen Form geäußert werden kann: Die Macht, die der Diskurs besitzt, trennt das Sagbare vom Nicht-Sagbaren.«[1] Wie das Ganze an den Hamburger Migrationsfilmproduktionen abzulesen ist, soll in diesem Beitrag gezeigt werden.

DAS DEBÜT DES STORYTELLERS FATIH AKIN: GETÜRKT

Anfang bis Mitte der 1990er Jahre, quasi im Schatten der neuen rassistischen Ausschreitungen nach der deutschen Vereinigung, beginnt in Hamburg und Berlin eine junge Generation von Regisseuren, alternative Sichtweisen auf das Thema Migration anzubieten. Deniz Göktürk bezeichnet diese Filme als »World Cinema«. Sie bilden ein transnationales Genre und unterscheiden sich zum einen von den bis zu diesem Zeitpunkt vorherrschenden Erzählungen deutscher Regisseure, indem sie die »herkömmlichen geographischen, nationalen, kulturellen und filmischen Grenzen sprengen, [...] [und] die Brisanz von Themen wie Mobilität

---

1 Magiros, Angelika: Foucaults Beiträge zur Rassismustheorie, Hamburg: Argument Verlag 1995, S. 153.

und Diversität zum Ausdruck (bringen) [...]«.[2] Darüber hinaus hätten sie einen neuen Sprechakt entwickelt, der sich nicht mehr innerhalb kultureller Zuschreibungen bewege, sondern stattdessen transnationale Netzwerke betrete und performe.

Im 1996 erschienenen Kurzfilm GETÜRKT von Fatih Akin zeichnet sich bereits eine neue Erzählweise ab, in welcher Komik und Tragik, universelle Lebensfragen und migrantische Erfahrungen eng beieinanderliegen. Hier wird zum ersten Mal von einer türkischen Diaspora erzählt, deren Wiedererkennungseffekt gerade durch die gemeinsamen Migrationserfahrungen entsteht. Er dient dann als schutzstiftende Gemeinsamkeit bei sozialen Diskrepanzen: »Du kommst aus Hamburg?«[3]. Diese scheinbare Gemeinsamkeit der türkischen Migranten wird jedoch im Laufe der Handlung gebrochen. Denn über die Erfahrung einer räumlichen Migration hinaus zeigen sich die Figuren in ihrer Heterogenität und kontrastieren sie mit dem Bild der bis dahin nicht hinterfragten türkischen Einheitsgemeinde. Stehen die Figuren der Migrationsfilme bis dahin noch sinnbildlich für ihre türkische Herkunft im Allgemeinen, so differenziert Akin sie hier zum ersten Mal und stellt sich dabei in eine Linie mit dem literarischen migrantischen Neusprech eines Feridun Zaimoglu, der mit seinen 24 Erzählungen vom Rande der Gesellschaft mit der Homogenität einer migrantischen Einheit bricht und von den sozialen, politischen, kulturellen und ideellen Vielfältigkeiten ihrer vorgeblich Angehörigen schreibt.

Akins Figuren befinden sich weniger im Kampf mit den autochthonen Deutschen und ihrem Umgang mit den Migranten, es sind die Migranten selbst, die sich innerhalb ihrer räumlichen und zeitlichen Bewegung zwischen Türkei und BRD mit unterschiedlichen Interessen und Rollen konfrontieren. So muss die Hauptfigur Musa sich schließlich gegen einen ebenso türkischen Türsteher behaupten, sich dem Generationszwist mit seiner Mutter stellen und als zukünftiger Geschäftspartner vor dem Urlaubskleingangster Ilami bestehen Akin nutzt die Überzeichnung der Komik, um mit Stereotypen und kulturellen Zuschreibungen zu spielen.[4]

Hervorstechend in dieser neuen Form der Erzählung ist neben der Komik und dem Spiel mit den Stereotypen vor allem die Pfiffigkeit, die Lebenskunst: Musa

---

2 Treiblmayer, Christopher: »›Ein Mann ist ein Mann, und ein Loch ist ein Loch‹. Männlichkeit, Homosexualität und Migration in Kutluğ Atamans ›Lola und Billidikid‹«, in: Bettina Dennerlein/Elke Frietsch (Hg.), Identitäten in Bewegung. Migration im Film, Bielefeld: transcript 2011, S. 191-225.

3 GETÜRKT (D 1996, R: Fatih Akin), 0:00-0:30 und 1:50-2:39.

4 Ebd., 2:52-3:20.

versteht es, den verschiedenen Dilemmata aus dem Weg zu gehen. Als sein Betrug ob des Dopes auffliegt, Ilami ihm wieder die Pistole vors Gesicht hält, schlägt Musa ihm einen Deal vor – mit den Grassamen den Marihuanamarkt in Şile abzudecken. Es sind also weniger vorgestellte türkische Gemeinsamkeiten, welche den einzelnen Migranten entweder in eine Zwangslage stürzen oder aus ihm heraushelfen, sondern individuelle Entscheidungen und Fähigkeiten. Akin zeigt eindrucksvoll das Verhandlungsspiel, welches der einzelne Migrant permanent eingeht, um bestehen zu können. Identität ist keine Maschine, die – auf Tour gebracht – in eine Richtung läuft, sondern sie wird zum Verhandlungsraum.[5]

UNTERBRECHUNG DER ZIRKULATION VOM KRIMINELLEN AUSLÄNDER: YÜKZEL YAVUZ' KLEINE FREIHEIT

Der Film KLEINE FREIHEIT aus dem Jahre 2003 ist ein Türöffner für eine neue Erzählung im migrantischen Diskurs. Widmet er sich doch als erster in epischer Breite dem Thema der Illegalisierung von Flüchtlingen. Yavuz gelingt es gerade durch die Übertragung des illegalen Aufenthaltsstatus auf die Kinder und Jugendlichen, die Trostlosigkeit und Traurigkeit der Illegalität zu erzählen und dabei gleichzeitig die Lebensfreude zweier junger Menschen einzubringen, die ihr Leben innerhalb dieser strukturellen Angst verbringen müssen und dadurch nie zu gleichen Lebensperspektiven wie ihre Altersgenossen mit gesichertem Aufenthaltsstatus finden können.

Eine weitere neue Aussage in der Rhetorik über den Migranten ist der kriminelle Ausländer. Es wird in die Logik und *Bedingungen* seiner Kriminalität eingeführt. Die Hauptfigur Chernor dealt und sein Freund Baran bedroht Polizisten mit der Waffe – eben weil sie selbst verlassen und bedroht sind. Es ist demnach die Aussonderung, der ungesicherte Status, welcher die Kriminalität der Jungen schafft. Chernor muss seinem ungesicherten Aufenthalt ein Ende setzen, nicht weil er will, sondern weil sein Bleiben nicht gesichert ist: »Ich muss hier weg, deshalb braucht ich die Kohle.«[6]

In diesem Sprechen über die Ordnung der Kriminalität der jungen Migranten erhält das Ghetto auch erstmals seine spezielle Rolle in der Logik der Migration: Das Ghetto ist urbaner Ort der Migranten, eine Stadt an sich.[7] Es ist *male-focussed.*

---

5 Heidenreich, Nanna: V/Erkennungsdienste, das Kino und die Perspektive der Migration, Bielefeld: transcript 2015, S. 20.

6 KLEINE FREIHEIT (D 2003, R: Yüksel Yavuz), 39:00-40:39.

7 N. Heidenreich: V/Erkennungsdienste, S. 90.

Auch wenn das Ghetto durchaus als Ort der Aussonderung erzählt wird und seine Einwohner eher ein Verlassen als ein Verharren als Lebensperspektive anstreben, so ist das migrantische Ghetto anders als das jüdische Ghetto der letzten Jahrhunderte ein Ort der Bewegung und der Urbanität. Yavuz nimmt diese semantische Einordnung filmisch vorweg, indem er Baran mit einer kleinen Handkamera ausstattet. Weite Teile des Filmgeschehens werden aus seiner Perspektive für den Zuschauer ersichtlich. Schnelle Bewegungen und verwackelte Bilder zeugen von der ständigen Bewegung des jungen Migranten und – auch dies ist ein Novum – der Illegalisierte, der Ausländer eignet sich die Stadt durch seine Sicht (durch die Kamera) an. Deutsche spielen nur außerhalb des Bildes eine Rolle und erhalten erst im Showdown eine Funktion – nämlich als Bedrohung durch die Zivil- und Abschiebepolizisten. Ohne die Figur des obdachlosen, deutschen Kapitäns (gespielt vom Hamburger Urgestein Thomas Ebermann) unterschlagen zu wollen, weist Guiterrez Rodriguez doch richtig darauf hin, dass die Transkulturation minorisierter Gruppen immer ein Prozess ist, den die Angehörigen dieser Gruppen mit anderen minorisierten eingehen. Die Kontaktaufnahme der Migrantenkinder zur autochthonen Gesellschaft vollzieht sich unter den Bedingungen ihrer Papierlosigkeit und damit in prekären Verhältnissen. Der transkulturelle Prozess ist damit einer, der sich im Grunde jenseits der Mehrheitsgesellschaft vollzieht und unter den Bedingungen der Prekarität seine spezifische Ausformung findet.[8]

Am Ende ziehen der Raum und all die Wiedererkennungsorte im Schnelldurchlauf an Baran vorbei, als er zur Polizeistation Davidwache rennt. Dort stoppt die Bewegung, die Musik setzt aus, man sieht durch die Handkamera, die auf dem Dach des Autos liegt, nur ein Auge Barans und hört seinen raschen Atem. Die Davidwache hat dabei nicht nur Wiedererkennungswert (wenn der Zuschauer sich im Symbolfeld des Ghettofilms und des Krimis auskennt) – sie steht als Symbol für die staatliche Ordnung auf dem Kiez, einem Raum, der an sich durch permanentes Unterlaufen staatlicher Ordnung gekennzeichnet ist. Wenn Baran nach seinem Sprint durch den Kiez die Orte des Ghettos an sich vorbeiziehen lässt, dann ist das Anhalten und der Schwenk der Handkamera auf die Davidwache beredt: Denn nicht der Ausländer ist im populären Diskurs kriminell, weil er Ausländer ist; und weil er kriminell ist, ist er Ausländer, sondern die Bedingungen des Staates, in diesem Fall die Abschiebung Chernors, halten die Bewegungen Barans an und kristallisieren im konkreten symbolischen Ort der staatlichen Ordnungsexekutive. Das hier eingeführte Ghetto als Bewegungsraum des Migrantischen per se

8 Guiterrez Rodriguez, Encarnacion: Transculturation in German and Spanish Migrant and Diasporic Cinema. On Constrained Spaces and Minor Intimacies in *Princess* and *A Little Bit of Freedom*, New York: Palgrave Macmillan UK 2010, S. 120.

steht also nicht für sich, sondern erhält seine unhintergehbare Dichotomie aus der Präsenz der Ordnung über die Migranten und deren Agens.

Das neue, das nicht-jüdische, sondern migrantische Ghetto ist damit kein statisches, sondern eines der Bewegung. Er – der kriminalisierte Migrant – kann sich der Ordnung, die ihn kriminalisiert, nur dadurch entziehen, dass er sich ständig bewegt, die Ordnung des Raumes verändert, infrage stellt und die semantische Bedeutung der Orte verändert – wie das Baran hier mit der Davidwache macht. Das exponierte Stilmittel der Handkamera unterstreicht diese Bedeutung der Bewegung im migrantischen Ghetto, der Kiez (St. Pauli) – für Sesshafte ein Zustand, ein Postkartenmotiv, ein Symbol – ist hier ständig in Bewegung und erteilt damit dem Weg einen Vorrang vor dem Status. Diese Bewegung ist aber auch gleichzeitig eine neue Erzählung hinsichtlich des Opferstatus der Migrantenkinder: Auch wenn die ökonomischen und juristischen Bedingungen sie unter permanenter Bewegung halten, öffnet Yavuz mit seinen Protagonisten zum ersten Mal die Figur des »selbstbewussten Kanaken«, dessen Movement in den Räumen begrenzt und bedroht ist, der sich aber nicht mehr passiv in diese Rolle fügt.

IDENTITÄT IM RAUM ZWISCHEN ERZÄHLUNG UND GENERATION: SOLINO VON FATIH AKIN

Fatih Akin hatte bereits in seinen ersten Kurzfilmen mit der Zuwendung zum Genre des klassischen Gangsterkinos und der Verwendung stilistischer Mittel des Film Noir bewiesen[9], dass sich die neuen Geschichten der Migranten mit den europäischen und nordamerikanischen Traditionen mischen lassen. Die Handlungen, Motive und Entwicklungen seiner Figuren fungieren innerhalb der Farbpalette europäischer und nordamerikanischer kultureller Grundfragestellungen, nur werden sie eben aus Sicht der Migrantenkinder erzählt:

> »Viele werden sagen, was macht der Akin jetzt für'n Scheiß, so trivialen Schwachsinn, reine Kunstfiguren und so weiter [...] Dazu kann ich nur sagen: Die Sonne gehört mir genauso wie die Nacht, die Komödie gehört mir genauso wie das Drama, das Lachen genauso wie das Weinen und das Deutsche genauso wie das Türkische.«[10]

9 Hake, Sabine: Film in Deutschland. Geschichte und Geschichten seit 1896, Reinbek bei Hamburg: Rowohlt Verlag 2004, S. 333.

10 Akin, Fatih: Im Clinch. Die Geschichte meiner Filme, Reinbek bei Hamburg: Rowohlt Verlag 2011, S. 69.

SOLINO ist die Geschichte einer italienischen Einwandererfamilie, die im Ruhrgebiet die erste Pizzeria eröffnet. Das Familienepos spielt auf drei Zeitebenen (1964, 1974 und 1984). Der Film steht beispielgebend für einen Diskurs, in dem alles Reden darüber, dass die BRD kein Einwanderungsland sei, ad absurdum geführt wird. Damit stellt Akin die deutsche Meistererzählung der Migrationsgeschichte bloß, die eine Kurzzeitigkeit und eine Vorläufigkeit der Migration erzählte. Mit dem Fokus auf das deutsch-türkischen Anwerbeabkommen von 1961, dem Außerachtlassen des deutsch-italienischen Abkommens von 1955 und der Migrationen seit dem Ende des 19. Jahrhunderts ist die Geschichte, die *über* die Migration nach Deutschland erzählt wird, stärker vom politischen Wunsch geprägt, Deutschland sei kein Einwanderungsland, als dass es die Bewegungen der Migranten tatsächlich aufgreift: »Migrationsgeschichte ist in Deutschland zuallererst und weiterhin eine noch zu erzählende Geschichte.«[11]

Insofern stellen jene Filme, in denen die Geschichte der Migration in Deutschland von Migranten selbst erzählt wird, immer einen Gegenentwurf zur Meistererzählung der autochthonen deutschen Geschichtsschreibung selbst dar. Astrid Erll betont ausdrücklich, dass der Film zum Medium der Erinnerung avanciert und dabei keineswegs ein statisches Medium sei, sondern als Symbol und Sozialfeld diese Erinnerung im Zusammenspiel zwischen Rezeption und filmischer Anrufung, also innerhalb von Sozialsystemen beeinflusse.[12] Indem sich Fatih Akin der Erzählung der deutschen Migrationsgeschichte annimmt, mischt er sich (bewusst oder unbewusst) in das kollektive Gedächtnis der Bundesrepublik ein. Aufgrund der fehlenden oder brüchigen offiziellen Geschichtsschreibung der Migration nach Deutschland, die stets nur aus der administrativen Sicht deutscher Akteure geschildert wird, ist es kaum verwunderlich, dass dem Schreiben einer Migrationsgeschichte aus Sicht der Migranten und ihrer Kinder zuerst ein Erzählen, eine mündliche Überlieferung vorausgehen musste, die sich an den Erfahrungsübertragungen innerhalb der familiären Generationsfolge entlanghangelt. Migrationsgeschichte ist daher die Geschichte der Genealogien, der Generationen, ihrer kulturellen Wissens- und Erinnerungsübertragungen und ihrer Brüche und Neuzusammensetzungen.

Die genealogische Erzählung von SOLINO entwickelt sich entlang einer Identitätsausbildung und berichtet von Herkunft und Ankunft über den Generationskonflikt der ersten und zweiten Migrationsgeneration bis hin zur Ankunft beider Generationen im Leben beziehungsweise dem jeweiligen Ankunftsland. Das Spiel

11 N. Heidenreich: V/Erkennungsdienste, S. 83.

12 Erll, Astrid u.a.: Film und kulturelle Erinnerung. Plurimediale Konstellationen, Berlin: de Gruyter 2008, S. 3.

mit diesen klassischen Eckpunkten ist in diesem Falle aber entweder ein Charakteristikum Akins oder aber seinem Credo geschuldet, sich seiner filmischen Stoffe eben nicht über eine Migrationserzählung, sondern durch die Brille, den Fokus oder die Erfahrung der Migration zu nähern. So findet sich in SOLINO innerhalb des recht klassischen Identitätsprozesses eine spannende Verkehrung, Auflösung und Vermischung der Eckdaten einer klassischen Herkunfts-/Ankunftsgeschichte: Die Semantik von Vaterland und Muttersprache wird bei SOLINO ins Schwingen gebracht, da das Ankommen des einen Bruders in Deutschland eng damit zusammenhängt, dass er in der Nähe bleibt und in die Fußstapfen seines Vaters tritt. Das Ankunftsland BRD ist damit gleichzusetzen mit dem *Vaterland*. Der andere Bruder, der seiner Mutter nach Italien folgt und dort seine große Liebe findet, erfährt seine Ankunft im eigentlichen Herkunftsland der Familie somit sprichwörtlich als *Mutterland*. Die Natürlichkeit von Herkunft und Ankunft anhand des Geburtsortes abzuleiten, wird in diesem Erzählstrang hinfällig. Akin erweitert dieses Spiel mit einer Dekonstruktion des Wortes Muttersprache. Gigi muss als junger Mann in Italien wieder italienisch lernen, ist also der Sprache seiner Mutter nicht mächtig.[13]

Deutlich wird, dass es nicht nur eine Geschichte des kollektiven Gedächtnisses gibt, sondern viele Geschichten. SOLINO ist die Geschichte einer auseinandergebrochenen Ehe; die Geschichte vom Sich-Verstecken der ersten Generation, bis sie daran erkranken; die Geschichte von Begegnungen und die eines Generationskonfliktes: Akin zeichnet die Emotionalität des Generationskonfliktes als Identitätsprozess und setzt sowohl bei der Narration und der Musik als auch bei den Symbolen auf wiedererkennbare Elemente des bundesdeutschen Generationskonfliktes der 1970er Jahre. Nach eigenen Angaben setzt Akin mit der Erzählung dieser jugendlichen Selbstfindung entlang von Räuschen, Sexualität, Musik, bekifften Autofahrten und der Besetzung der beiden Brüder von deutschen Schauspielern darauf, zu verdeutlichen, wie intensiv emotional die Eindeutschung der zweiten Einwanderergeneration vollzogen wurde.[14] Das bedeutet: Aus der genealogischen Zuschreibung an Migranten, wonach es vor der Tradition der Eltern kein Entrinnen gäbe, bricht dieser Film aus, da sich erstens die beiden Geschwister unterschiedlich entwickeln, sie des Weiteren an die 68er-Generation Westdeutschlands andocken und drittens einer der beiden Brüder in Italien bei der Mutter bleibt, weil der Bruder (und nicht die Eltern) ihn im Stich lässt.

Vor allem ist SOLINO aber eine Geschichte über die Vielfältigkeit der Träume von Migranten der ersten und der zweiten Generation – von geplatzten, in Angriff genommenen, erkämpften, verlorenen und auf Umwege geratenen und durch neue

---

13 SOLINO (D 2002, R: Fatih Akin), 1:37:29-1:37:56.

14 F. Akin: Im Clinch, S. 98.

ersetzte Träume. Der Vater träumt vom Aufstieg und vom Ansehen seiner Person und seiner Familie, Giancarlo träumt davon, dass es »einmal um ihn ginge«[15], Rosa träumt vom Zuhause und will es sich mit dem Restaurant nach Duisburg holen. Und Gigi? Gigi träumt vom »Feuer und Leidenschaft«, vom Filmemachen, das ihm durch seinen Bruder verunmöglicht wird. Als weder Giancarlos noch Gigis Traum in Erfüllung geht, erobern sie sich neue Träume.[16] Für Gigi wird der Film schlussendlich nicht Zweck sondern Mittel, um die Leidenschaft und das Feuer zu finden – er »gewinnt« durch ihn Ada zurück, und sie baut mit ihm das Kino in Solino auf. Und so ist Gigis Rückkehr nach Italien keineswegs eine Absage an seine Träume – die Remigration schafft eine neue Grundlage, »sein Leben zu leben«, wie die Mutter ihm das wünscht.

SIE WOLLEN NACH OBEN. CHIKO VON ÖZGÜR YILDIRIM

Während Akins Filme eine räumliche Aneignung transnationaler Art erzählen, etablieren die *Hood Movies* der 2000er Jahre mit ihrer offensichtlichen intertextuellen Referenz auf den transatlantischen Hip-Hop das Ghetto als migrantischen Raum per se. In Özgür Yildirims Film CHIKO aus dem Jahre 2008 wird das Prinzip der klassischen Tragödie auf das Leben der Migranten im Ghetto übertragen, deren Wunsch und Bestreben, dem Ghetto zu entfliehen, tragisch enden muss.

Typische Protagonisten der *Hood Movies* sind (meist männliche) Angehörige der sogenannten dritten Migrationsgeneration, welche die kulturellen Normen und Lebensentwürfe ihrer Eltern kaum mehr teilen, geschweige denn, sich mit ihnen identifizieren. Ihre Suche nach Orientierung ist kein Spagat zwischen den Kulturen, sondern vielmehr ein Versuch, die westliche Prägung und deren Lebensentwürfe anzunehmen und sich als Ausgestoßene zu dieser Wertvorstellung zu verhalten. Insofern verdichtet CHIKO einen durchaus westlichen Lebensentwurf, nämlich den des monetären Aufstiegs und der Anerkennung mittels Reichtum, welcher dem elternlosen Jungen aus Hamburg-Wilhelmsburg verwehrt bleibt, wenn er nicht kriminell werden will. Lindner[17] hat die Wendegeneration der DDR-Deutschen einmal die unberatene Generation genannt und damit darauf verwiesen,

15 SOLINO (D 2002, R: Fatih Akin), 1:32:30ff.

16 Ebd., 1:26:35-1:28:00.

17 Lindner, Bernd: »Die Generation der Unberatenen: Zur Generationenfolge in der DDR und ihren strukturellen Konsequenzen für die Nachwendezeit«, in: Annegret Schüle u.a. (Hg.): Die DDR aus generationengeschichtlicher Perspektive: Eine Inventur. Leipzig: Leipziger Universitätsverlag 2006, S. 93-112.

dass hier eine Alterskohorte in einem unglaublich kurzen Zeitraum auf keinerlei Beratungsressourcen ihrer Elterngeneration zurückgreifen konnte. Berufsbilder, Lebensentwürfe, Wohnsituationen und Liebesverhältnisse – alles war über Nacht nicht mehr durch die Erfahrungen der Eltern erklärbar.

Chiko und seine Freunde unterliegen demselben Dilemma. Chiko und sein Freund Tibet finanzieren ihren bescheidenen Lebensunterhalt durch kleinere Drogen-Dealereien, bis sie bei einem Großdealer (Brownie) unter Vertrag genommen werden. Als Tibet sich der Anweisung Brownies widersetzt, nicht mehr auf der Straße zu dealen, nimmt das Drama seinen Lauf. Denn Tibet wird von Brownie verstümmelt und schwört Rache. Rache, die eigentlich Chiko für ihn ausüben soll, der sich stattdessen jedoch auf größere Geschäfte mit Brownie einlässt und zu dessen rechter Hand aufsteigt. Währen Chiko dadurch dem Ghetto entkommen ist, Reichtum und Hedonismus sein Leben strukturieren, lebt Tibet weiterhin mit seiner Mutter in ärmlichen Verhältnissen und muss hilflos zusehen, wie seine Mutter an einer Nierendysfunktion leidet. Tibet misslingt ein Mordanschlag an Brownie und Chiko muss sich nun entscheiden, auf wessen Seite er steht – doch die selbstgewählte Fraternisierung mit dem Geschäftsgebaren eines Drogenbosses holt ihn ein.

Im Film wissen die Eltern nicht, was ihre Kinder machen, sie tauchen, bis auf die Mutter Tibets nicht auf und selbst diese ist schon allein qua ihrer Nierendysfunktion ohnmächtig und kommt letztendlich durch die Verstrickungen Tibets und Chikos zu Tode. Hatte Yavuz am Ende seines Filmes KLEINE FREIHEIT die Verbindung der sogenannten dritten Einwanderergeneration zu ihrer Familie für abgerissen erklärt, so zeigt Özgür Yildirim durch Symbole und musikalische Anlehnungen an eine weitere »Generation der Unberatenen« in Westeuropa 1960, was ein solcher Riss für die Kinder dieser Generation bedeutet.[18]

Ein weiteres typisches Element des *Hood Movies* CHIKO ist das »Ankommen« in der Gesellschaft, das zugleich Reichtum bedeutet.[19] Bilder, Musik und Symbole nehmen Anleihen beim transatlantischen Hip-Hop, sie werden zu Insignien der Maskulinität und des Reichtums. Dazu kommt US-amerikanische Musik. Anders aber als in den gängigen Hip-Hop-Videos zeigt Yildirim neben diesem Lebensentwurf – inszeniert durch rasante Musik, schnelle Schnitte und leuchtende Farben – auch die Seite des Verlierens. Auf die von Chikos Reichtum folgt im direkten Anschluss eine Szene von Tibet, dem Verlierer dieses Kartells. Sie wird symbolisiert durch düstere Farben und getragene arabische Musik und ist völlig. Chikos Antrieb des »Ich will nach oben« bedeutet also auch, sich von der Bescheidenheit

18 CHIKO (D 2008, R: Özgur Yildirim), 48:00ff.

19 Ebd., 55:00-60:00.

der Vätergeneration zu lösen, sich von den Erzählungen vom Bewahren der Kultur zu verabschieden. Ältere türkische Männer tauchen daher auch nur als Stafetten auf, als Kleinhändler oder graue, brave, verschwommene und nicht zu unterscheidende Masse. Auch Reminiszenzen an das Herkunftsland der Väter existieren nicht, weder in Farben und Reisen noch in Erinnerungsrückblenden. Denn Chiko und seine Freunde sind angekommen, sie sind nicht zwischen Herkunfts- und Ankunftsland, sie sind nicht auf der Reise. Das wird auch dadurch unterstrichen, dass die türkischen Sprachszenen nicht mehr untertitelt werden, zu selbstverständlich ist die Zweisprachigkeit geworden.

Hamburg ist hier deshalb auch ein Ort der vielen Unterschlüpfe, Durchgänge, Hallen, Lager, Unterführungen und Hinterhöfe. Hier spielt sich das Angekommensein der dritten Generation im Untergrund ab, in den Eingeweiden der Stadt. Die Hochhäuser Wilhelmsburgs sind stets im Hintergrund und verweisen immer wieder auf den Ghettocharakter des migrantischen Raumes. Anders als bei Akin, dessen Figuren sich ständig in einem Dazwischen bewegen, haben hier die Kamerafahrten und Landschaftsaufnahmen nichts von einem Roadmovie. Sie, die Migranten, migrieren nicht, sie stecken fest im Ghetto: Das Ghetto ist in diesen Hood Movies Symbol für den urbanen Raum selbst, für die Behausung des Migranten an sich. Wenn Chiko sich nach Räumen außerhalb des Ghettos streckt, dann ist das auch der Versuch, das Migrantisch-Sein zu verlassen. Insofern behält sich die Kain-und-Abel-Szene am Schluss des Filmes zwei Interpretationsmöglichkeiten vor, die beide jenes Ausbrechen aus der migrantischen Community verunmöglichen. Entweder zeigt diese Schlussszene, dass Chiko eben nicht aus dem Milieu ausbrechen kann, ohne den Freund zu verraten und hinter sich zu lassen, oder sie zeigt, dass selbst der Ausbruchsversuch stets bestraft werden wird.

Es wird von einer Wir-Identität der dritten Generation erzählt, die sich als nicht an die Elterngeneration gebunden erlebt und deren Lösungsversuche innerhalb des kollektiven Wir mit einem Verlust einhergehen. Dass dieses kollektive Wir eine migrantische Community meint, die den bürgerlichen Kulturen des Sesshaften gegenübersteht, darauf hat schon Marx richtig hingewiesen.[20] Insofern ist ein Film wie CHIKO nicht nur eine Erzählung über eine neue Identität der unberatenen Migrantenkinder, er wirft das Spiegelbild auch auf den deutschen Rezipienten zurück, dessen dichotome Ordnungsposition die unausweichliche Verknüpfung von Ausländer und Kriminalität zur Aufrechterhaltung der eigenen Ordnung benötigt. Ähnlich wie in KLEINE FREIHEIT wird offenbar, dass Transkulturalität aufgrund dieser Bedingungen keine erfolgreiche Integration sein kann, da der mi-

20 Marx, Karl: Abschweifung über produktive Arbeit, abgedruckt in Cargo 18, Juni-August 2013, S. 46.

grantische Lebensentwurf Chikos nur mithilfe und im Prozess mit anderen Migranten vollzogen werden kann. Die Verunmöglichung eines Aufstiegs in die bürgerlichen deutschen Vorstellungswelten ist insofern auch immer Antwort auf Erfahrungen, wonach die ökonomischen Bedingungen, in denen Transkulturation geschieht, eine Integration in die Gesellschaft außerhalb des Ghettos verhindern.[21]

FAZIT

Warum misslingt der Versuch so oft, mit einem »deutschen« Blick das *Speaking of the Subalterns* zu übersetzen? Heidenreich macht dafür hauptsächlich die Kontinuität des rassistischen Diskurses verantwortlich, dessen oberflächlicher Bruch mit dem Sagbaren den semantischen Kern, den Inhalt, das Bewusstsein und die Bedeutung nicht verändert. Ihre Untersuchung weist nach, dass beispielsweise der Signifikat »Rasse« oder »der Ausländer« durchaus im hegemonialen Sprechen als diskriminierend eingestuft wird, gleichzeitig jedoch die Inhalte, die Zuschreibungen und Bestimmungen in der bundesdeutschen Geschichte nie wirklich flächendeckend auf den Prüfstein gebracht wurden.[22] Soziales Engagement durch die Filme der autochthonen Deutschen und von ihren wissenschaftlichen Rezipienten führten dabei nicht selten zur Rekonstruktion von Ungleichheit und Andersartigkeit. Frantz Fanons Kritik, die Kämpfe der unterdrückten Schwarzen würden selbst von ihren europäischen Unterstützerinnen lediglich im Interesse des weißen Europäers genutzt, ist noch immer aktuell. Und so reißt auch die eingangs erwähnte Gleichstellung der Herkunft des Regisseurs und der bildlichen Darstellung nicht ab, die verbindende Linie, nach der ein »migrantischer« Film scheinbar immer das Leben der Migranten abbilden soll. In der Rezeption des Films soll dieses migrantische Bild dann die eigenen Vorstellungen bestätigen.

Der große Jubel der deutschen Presse über den neuen Migrationsfilm als neuen deutschen Film blieb eine Seifenblase. Das deutsche Kino ist beileibe nicht »türkisch« geworden. Dennoch bleiben die Filme mit Bezug auf das neue migrantische Verständnis eine Angelegenheit der Kulturschaffenden, die nicht unterschätzt werden sollte. Als Erinnerungsmedium zwischen kulturellem Gedächtnis und Projektion einer möglichen Zukunft verfügen sie über ein Mehr: »Sie partizipieren an der Herstellung eines kulturellen Bilderrepertoires und damit auch an dessen Überschreibung, Neubespielung, Umformatierung, und sie ermöglichen

21 Abel, Julia: »Erzählte Identität. Mündliches Erzählen in der neueren deutschen Migrationsliteratur«, in: Der Deutschunterricht 2/2005, S. 30-39, hier S. 30/2.

22 N. Heidenreich: V/Erkennungsdienste, S. 30ff.

eine andere als die *vorgeschriebene* Verschränkung von Denken und Wahrnehmen.«[23] Und das ist eine politisch-kulturelle Funktion, die man angesichts des populären Festhaltens am Bestehenden nicht genug würdigen kann (Walter Benjamin).

23 Ebd., S. 15, Hervorhebung im Original.

Die Berichterstattung des Hamburger Abendblatt über die Flüchtlingskrise

Oliver Schirg

Abstract: In der zweiten Hälfte des Jahres 2015 erreichte die weltweite Flüchtlingskrise Hamburg. Innerhalb weniger Wochen trafen mehrere Zehntausend Menschen in der Hansestadt ein und mussten untergebracht werden. Die Stadt war auf einen derartigen Ansturm nicht vorbereitet. Auf der einen Seite mussten Flüchtlinge bis weit in den Herbst hinein in Notunterkünften und Zelten untergebracht werden. Andererseits erlebte die Stadt eine einzigartige Hilfsbereitschaft ihrer Einwohner. Viele Ehrenamtliche kümmerten sich und sorgten dafür, dass das Hilfesystem nicht zusammenbrach. Das Hamburger Abendblatt ist die führende Zeitung in Hamburg und widmete der Flüchtlingskrise von Anfang große Aufmerksamkeit.[1] *Die Journalisten waren beides: unabhängige Beobachter und mitfühlende Mitbürger. Der Beitrag beschäftigt sich mit den Grundlagen der journalistischen Arbeit, dargestellt am Beispiel der Flüchtlingskrise, und beantwortet folgende Fragen: Welche Aufgabe hat die Zeitung? Wie erfolgt die Themenfindung? Welche Rolle spielt die redaktionsinterne Pluralität der Meinungen?*

1 Der vorliegende Beitrag beruht auf dem gekürzten, redaktionell überarbeiteten und mit Fußnoten zur Dokumentation versehenen Vortrag von Oliver Schirg vom 04.04.2016. Die redaktionelle Überarbeitung übernahm Johanna Meyer-Lenz. Der Vortrag wurde per Video aufgezeichnet und kann eingesehen werden auf https://lecture2go.uni-hamburg.de/l2go/-/get/v/19381 vom 01.02.2018.

GRUNDSÄTZE DES JOURNALISMUS

Seit ungefähr Mitte des Jahres 2015 widmet sich das Hamburger Abendblatt intensiv der Flüchtlingsthematik. Verschiedene Journalisten der lokalen Redaktion schrieben anfangs recht ausführlich dazu, inzwischen hat die Redaktion entschieden, dass sich einzelne Kollegen speziell und vorrangig dieses Themenfeldes annehmen. Hans Joachim Friedrich hat einmal auf die Frage nach den wichtigsten Erkenntnissen aus seiner journalistischen Tätigkeit sechs journalistische Grundsätze formuliert. Diese Maximen seien als Leitlinien des Beitrags zur Berichterstattung des Hamburger Abendblatt über die aktuelle Lage der Flüchtlinge in Hamburg vorangestellt.[2]

- Distanz halten
- der Sache vor der Emotion Vorrang geben
- dabei sein, ohne dazuzugehören
- sich nicht gemein machen mit einer Sache, auch nicht mit einer guten
- nicht in Betroffenheit versinken
- im Umgang mit Katastrophen cool bleiben, ohne kalt zu sein

Ein grundsätzlicher Gesichtspunkt besagt, dass Journalisten sehr deutlich zwischen sachlicher Berichterstattung und Kommentierung unterscheiden. Die Grundlage journalistischer Arbeit besteht darin – unabhängig davon, wie Journalisten selbst zu der Sache, über die sie schreiben, stehen und sie empfinden –, sich an die Tatsachen zu halten. Es geht darum, dabei zu sein, aber nicht dazuzugehören. Im Umgang mit der Flüchtlingsberichterstattung kann es immer wieder passieren, dass Emotionen sich vor die sachliche Berichterstattung schieben. Die Herausforderung für Journalisten besteht jedoch genau darin: Sie müssen ihre

2 Diese Beschreibung eines guten Journalisten gab Hanns Joachim Friedrich, als er die Grundhaltung seines Kollegen Charles Wheeler von der BBC beschrieb, die er selbst in den fünf Jahren der Zusammenarbeit mit ihm verinnerlicht hatte. »Zu den Maximen gehörte die Erkenntnis, daß ein seröser Journalist ›Distanz zum Gegenstand seiner Betrachtung‹ hält; daß er sich ›nicht gemein‹ macht mit einer Sache, ›auch nicht mit einer guten Sache‹, daß er nicht in lauten Jubel einstimmt oder in öffentlicher Betroffenheit versinkt; und daß er auch im Umgang mit Katastrophen ›cool‹ bleibt, ohne ›kalt‹ zu wirken. ›Immer dabeisein – nie dazugehören‹ […].« (Vgl. Hanns Joachim Friedrichs: Journalistenleben, München 1996, S. 66f., http://recherche-info.de/2011/02/28/du-sollst-dich-mit-keiner-falschen-quelle-gemein-machen-sei-sie-auch-noch-so-honorig-2/ vom 01.02.2018).

persönliche emotionale Lage außen vor lassen und sachlich berichten. Das gelingt nicht immer gleich gut. Entscheidend ist hier, nicht auf Empathie an sich zu verzichten, sondern entsprechend den Worten von Friedrichs »cool zu bleiben, aber nicht kalt zu sein«.

In der gesamten Diskussion zur Flüchtlingspolitik war ein weiterer Aspekt tragend: Die Redaktion hat ein bestimmtes Grundverständnis entwickelt, das sich von den Beteiligten aus der Politik, den Initiativen, der Wirtschaft unterschied. Sie wollte dem Journalismus Rechnung tragen, obwohl sie von Anfang auf dem Feld politischer Auseinandersetzungen operierte. Es kam also auf Folgendes an: Wenn man sich bei der Berichterstattung quasi »zwischen den Fronten« der Interessenvertreter befindet, ist es die journalistische Aufgabe, nicht parteilich zu schreiben, sondern die Realität der unterschiedlichen Interessen abzubilden. Ein Problem besteht allerdings darin, dass alle Beteiligten an den die Flüchtlinge betreffenden Fragen ihre Motive nicht offen aufdecken, sondern sie eher verschleiern. Darüber hinaus ist jeder Akteur der Ansicht, dass er das Richtige tut. Das stimmt so nicht. Für die journalistische Berichterstattung ist es daher vorrangig, Interessen und Empathie auseinanderzuhalten, den Schleier zu lüften. Dies sei im Folgenden an einem Beispiel erläutert.

BERICHTERSTATTUNG ZUM INTERESSENKONFLIKT AM BEISPIEL »WOHNUNGSBAU FÜR FLÜCHTLINGE?«

Die Stadtentwicklungssenatorin Dr. Dorothee Stapelfeld kündigte im November 2015 in einer Pressekonferenz an, dass die Stadt 5.600 Wohnungen beziehungsweise Flüchtlingsunterkünfte baut.[3] Diese Entscheidung stützte sich auf sehr weitgehende Ausnahmeregelungen des Bundestages und des Bundesrates des Baurechtes, um die Errichtung von Flüchtlingsunterkünften zügig in Angriff zu nehmen.[4] Der Hamburger Senat hatte aus seiner Sicht eine richtige und kluge Ent-

3 Vgl. dazu unter anderem den Online-Artikel von Lambrecht, Stephanie: »Bausenatorin (SPD) im Interview. Dürfen nur Flüchtlinge in die neuen Wohnungen, Frau Stapelfeldt?«, in: Hamburger Morgenpost vom 09.11.2015, (https://www.mopo.de/hamburg/bausenatorin--spd--im-interview-duerfen-nur-fluechtlinge-in-die-neuen-wohnungen--frau-stapelfeldt--23123556 vom 01.02.2018).

4 »Das ›Gesetz über Maßnahmen im Bauplanungsrecht zur Erleichterung der Unterbringung von Flüchtlingen‹ ist nach der erfolgten Verkündung im Bundesgesetzblatt (Nr. 53) am 25.11.2014 (BGBl. I S. 1748) einen Tag später und damit am 26. November 2014 in Kraft getreten. Das mit dem Gesetz novellierte BauGB hat für die Städte und

scheidung getroffen, die zusammengefasst besagt: Wir nutzen diese Ausnahmeregelung und bauen Flüchtlingsunterkünfte. Wir können sofort mit dem Bau beginnen und nach ein, zwei Jahren machen wir ein Planfeststellungsverfahren und ersetzen die Bezeichnung »Flüchtlingsunterkunft« durch die Bezeichnung »Sozialer Wohnungsbau«. Das Problem bestand darin, dass der Senat durch das Gesetz Wohnungsbau auf Flächen genehmigen konnte, wo dies untersagt war, zum Beispiel in naturgeschützten Gebieten. Die journalistische Herausforderung bestand nun darin, das an und für sich positiv zu bewertende Ziel – niemand kann dagegen sein, dass Flüchtlinge nicht mehr in Zelten oder in Baumärkten, sondern in Wohnungen wohnen –, den Einwänden der Gerichte gegenüberzustellen und über ihre Bedenken zu berichten. Ihre Aufgabe war also nicht, das Projekt des Senates positiv zu begleiten, sondern die Finger in die Wunde zu legen und zu zeigen, wo der Staat vielleicht gegen geltendes Recht verstößt.[5]

Die Glaubwürdigkeit eines Journalisten hängt davon ab, dass er von den Lesern als jemand wahrgenommen wird, der sich nicht instrumentalisieren lässt. Der Vorwurf der ›Lügenpresse‹ ist in Hamburg nicht so dramatisch und so deutlich erhoben worden wie in den ostdeutschen Bundesländern. Das liegt vielleicht daran, dass sich die hiesigen Zeitungen und Rundfunkanstalten viel stärker von der Politik distanzieren, also auch viel früher und kritischer mit diesem Thema umgegangen sind, als es in anderen Bundesländern der Fall war. Aber entscheidend ist Folgendes: Wenn ein Journalist nicht mehr glaubwürdig ist, wenn die Leser ihm nicht mehr abnehmen, dass er mehr oder weniger unabhängig berichtet, dann ist es um die Zeitung geschehen.

Es ist für Journalisten gelegentlich in der Tat durchaus angenehmer, eine schöne Geschichte aufzuschreiben. Doch wäre man – um auf ein Beispiel zurückzukommen – aus einer Veranstaltung mit den jungen Flüchtlingen herausgegangen und hätte mit lobenden Tönen geschrieben, wie hervorragend sich die Sachlage darstellt und dass einem das Herz aufgeht, so entspräche dies nicht einer professionellen journalistischen Berichterstattung. Diese muss nicht nur den Unter-

---

Gemeinden städtebaurechtliche Flexibilisierungen zur Unterbringung von Flüchtlingen und Asylbewerber geschaffen.« (Vgl. Deutscher Städte- und Gemeindebund: »Erleichterungen im Bauplanungsrecht zur Unterbringung von Flüchtlingen in Kraft getreten«, https://www.dstgb.de/dstgb/Homepage/Schwerpunkte/St%C3%A4dtebau/St%C3%A4dtebaurecht/Erleichterungen%20im%20Bauplanungsrecht%20zur%20Unterbringung%20von%20Fl%C3%BCchtlingen%20in%20Kraft/ vom 01.02.2018).

5 Vgl. Schirg, Oliver: »Das Jahr der Flüchtlinge«, in: Hamburger Abendblatt, Online-Ausgabe vom 29.12.2015, https://www.abendblatt.de/vermischtes/journal/thema/article206867441/Das-Jahr-der-Fluechtlinge.html vom 01.02.2018.

richt mit den jungen Flüchtlingen beschreiben, sie muss sich ebenfalls den sozialen und strukturellen Umständen und Daten widmen, zum Beispiel dass die Schüler knapp über dem Mindestlohn verdienen, dass sie keine finanzielle Sicherheit haben, dass die Lehrer sich von Zeitvertrag zu Zeitvertrag hangeln usw. Die sachliche Darstellung des Themas steht im Mittelpunkt, nicht die Frage, wie sich der Journalist emotional dazu stellt. Die Objektivität der Berichterstattung hat absoluten Vorrang.[6]

OBJEKTIVITÄT DER BERICHTERSTATTUNG

Das Thema Flüchtlinge und Flüchtlingspolitik beschäftigt das Hamburger Abendblatt seit Juni, Juli, August des Jahres 2015 in einem Umfang und in einer Art und Weise, wie es bis dahin noch nicht der Fall war. Doch wie erreicht man eine objektive Berichterstattung? Entscheidend ist, nicht aufzuhören, sich kritische Fragen zu stellen. Solche Fragen sind: Sehe ich das richtig? Verrenne ich mich da gerade? Genauso wichtig ist es, auf Argumente von Kollegen zu hören und Texte zu lesen, die den eigenen Standpunkt hinterfragen. Dies ist ein ausgesprochen notwendiges Element journalistischen Selbstverständnisses. Ebenso gehört die Bereitschaft dazu, die eigenen Texte von Kollegen gegenlesen zu lassen. Jungen Kollegen wird von Beginn an empfohlen, sich ein oder zwei Leute zu suchen, denen sie vertrauen, weil neben dem Gegenlesen auf Fehler etc. gerade die Kritik hilfreich und wichtig ist. Diese Kritik sollte in jedem Fall ernst genommen und der Text entsprechend geändert werden.

Das Hamburger Abendblatt ist eine Regionalzeitung. Sie ist vor drei Jahren von Springer an die Funke-Medien-Gruppe mit Sitz in Essen verkauft worden. In der Funke-Medien-Gruppe spezialisieren sich die Regionalzeitungen primär auf die regionale Berichterstattung, während die Zentralredaktion in Berlin die gesamte überregionale Berichterstattung übernimmt. In Hamburg konzentriert sich die Redaktion ausschließlich auf Hamburg und die Metropolregion Hamburg. In

---

6 Vgl. dazu unter anderem den Artikel von Schirg, Oliver: »Was Flüchtlinge in 320 Stunden im Deutschkurs lernen«, in: Hamburger Abendblatt vom 19.02.2016 (E-Paper), https://www.abendblatt.de/hamburg/article207063429/Was-Fluechtlinge-in-320-Stunden-im-Deutschkurs-lernen.html vom 01.02.2018; vgl. Meyer, Peter Ulrich/Mitukeit, Hanna-Lotte: »Flüchtlingsklassen sind in Hamburg sehr ungleich verteilt«, in: Hamburger Abendblatt 19.02.2016 (E-Paper), https://www.abendblatt.de/hamburg/article207063293/Fluechtlingsklassen-sind-in-Hamburg-sehr-ungleich-verteilt.html vom 01.02.2018.

der Berichterstattung über Flüchtlinge stehen dabei Themen der Unterbringung, der Integration, der Beschulung oder der ärztlichen Versorgung im Mittelpunkt. Mit dieser Art der Berichterstattung tritt das Hamburger Abendblatt gleichzeitig auch als Kontrollinstanz der politisch und wirtschaftlich Mächtigen auf. Diese Form der journalistischen Darstellung bringt gegenüber dem, was der Senat oder was eine Initiative macht, nicht grundsätzlich eine kritische Haltung zum Ausdruck, sondern entspricht der Aufgabe der Redaktion, den Akteuren und Institutionen, den Politikern und den Behörden auf die Finger zu schauen. Kritik an Fehlentscheidungen oder an Versäumnissen dieser Akteure entspringt nicht der persönlichen Haltung des Redakteurs zur Flüchtlingspolitik, sondern ist als Ausdruck des richtig verstandenen Berufsethos zu lesen. Es gehört zum journalistischen Alltag, unterschiedliche Sichtweisen und unterschiedliche Auffassungen zu haben, doch die sachliche Darstellung eines Konfliktes gehört zum redaktionellen Alltagsgeschäft. Das müssen Journalisten aushalten. Wer in die Küche geht, der muss die Hitze ertragen.

THEMEN UND THEMENFINDUNG: HAMBURG ALS ZIELORT

Angesichts der weltweiten Entwicklung der Migration zeigt sich für die Beobachter, dass Metropolen eine hohe Anziehungskraft für Flüchtlinge besitzen. Flüchtlinge zieht es dorthin, weil die Metropolen eine große wirtschaftliche Potenz aufweisen, das Jobangebot dort umfangreich ist, die Löhne, auch die niedrigen, als attraktiv gelten. Gleiches gilt für die soziale Infrastruktur: Schulen für die Kinder, Ärzte, Kindergärten etc. Darüber hinaus erwartet die Flüchtlinge in den Metropolen in der Regel eine größere Toleranz.[7] Auch Hamburg und seine Metropolregion gehören zu den von Flüchtlingen bevorzugt angesteuerten Zielen in Europa. Ein weiterer Grund ist, dass es in Metropolen sehr häufig schon eine eigene Community gibt. In Hamburg gibt es zum Beispiel seit Jahrzehnten eine große afghanische Community, inzwischen mehr als 10.000 Personen. Von ihr erhoffen sich Flüchtlinge aus Afghanistan Unterstützung und Hilfe. Im Januar und Februar 2016

7 Vgl. beispielhaft für viele Studien Raiser, Simon/Volkmann, Krister (Hg.): Die neue Welt der Städte: Metropolen in Zeiten der Globalisierung, Arbeitspapiere des Osteuropa Instituts der Freien Universität Berlin, Heft 48/2003; vgl. Schirg, Oliver/Popien, Matthias: »So verteilen sich die Einwanderer auf Hamburgs Bezirke«, in: Hamburger Abendblatt vom 22.05.2017, https://www.abendblatt.de/hamburg/kommunales/article210657633/So-verteilen-sich-die-Einwanderer-auf-Hamburgs-Bezirke.html vom 01.02.2018.

stammte in der Tat der größte Anteil der Flüchtlinge in Hamburg aus Afghanistan, der zweitgrößte aus Syrien. Die afghanischen Flüchtlinge wollten dauerhaft in Hamburg bleiben.

Agendasetting

Wie findet das Hamburger Abendblatt seine Themen für die tägliche Berichterstattung? Es gibt einen Unterschied zwischen kurzen, aktuellen Geschichten und langfristig geplanten Berichten. Dazwischen ereignen sich Verschiebungen. Bei der Berichterstattung über die Flüchtlinge und bei der Berichterstattung über die Zuwanderung standen die Daten und Ereignisse zunächst mehr oder weniger immer sehr kurzfristig zur Verfügung. Die Ereignisse geschahen schnell. Die Journalisten lebten zunächst von der »Hand in den Mund«. Dann wurde relativ rasch reagiert und ein eigenes Team für die Berichterstattung zusammengestellt. Die langfristig geplanten Beiträge, entstanden erst später. Kollegen erstellten sie nach einem längerfristigen Planvorlauf.[8]

Redaktionelle Entscheidungen und Tagesgeschehen

Der wichtigste Teil der Redaktionsarbeit im Hamburger Abendblatt sind tagesaktuelle Tätigkeiten. Wenn der Leiter des Lokalressorts Hamburg etwa morgens um 9.00 Uhr ins Büro kommt, dann weiß er an acht von zehn Tagen nicht, wie der Tag abläuft. Um 9.45 Uhr tagt im Lokalressort die erste Konferenz. Sie ist als Hauptressort für die Hamburger Berichterstattung für das Thema Flüchtlinge verantwortlich. Dort werden im Wesentlichen die Hauptbeiträge zu diesem Thema produziert. Es beginnt mit einer ersten Groborientierung. Jemand schlägt sein Thema vor, es wird mit den Kollegen diskutiert und ergänzt, vielleicht ändert sich noch einmal die Stoßrichtung. Mit dieser Grobplanung geht die Leitung des Lokalressorts um 10.45 Uhr in die große Konferenz aller Ressortleiter. Dort wird das gesamte Blatt geplant. Erst mit dem Ende dieser Konferenz – spätestens um 12.00 Uhr – weiß man, ob die eigene vorgeschlagene Geschichte die Geschichte des Tages werden könnte, wie umfangreich sie ist, ob noch zusätzliche Recherchen erforderlich sind. Es ist schon vorgekommen, dass um 18.00 Uhr etwas Wichtiges

8 Vgl. dazu den grundsätzlichen Beitrag »Journalistische Themensetzung« der Website »Beeinflussung der Medien-Agenda«, die im Rahmen der Vorlesung »Mediensoziologie« von Prof. Dr. Oliver Zöllner im Sommersemester 2011 an der Hochschule der Medien in Stuttgart entstanden ist (https://sites.google.com/site/medienagenda/Medien/3-2-Journalistische-Themensetzung vom 01.02.2018).

passiert ist und die gesamte bisherige Planung umgeworfen wurde. Auch wenn um 21.45 Uhr Redaktionsschluss ist, so lässt sich immer noch bis 23.30 Uhr – im schlimmsten Fall noch ungefähr bis Mitternacht – etwas an einer Zeitung verändern. Wirklich steht in der Zeitung nur das, was tatsächlich am nächsten Morgen gedruckt ist. Die Redaktion muss also immer in der Lage sein, ihre Mitglieder schnell auf ein neues Thema professionell einzustellen.

Themengeber

Themen werden nicht gesetzt. In der Regel schlägt ein Autor oder mehrere Autoren ein Thema vor, anschließend wird über die Auswahl diskutiert, bis eine Einigung gefunden wird. Reden, Meinungsaustausch, das Überdenken unterschiedlicher Sichten – das sind wesentliche Prüfsteine für die Themensetzung und -gestaltung. Manchmal gibt auch die Chefredaktion ein Thema für die Agenda vor. Eine weitere Möglichkeit zur Themenfindung bietet der übliche Weg über Pressekonferenzen, Veranstaltungen von Initiativen oder aus der Politik. Journalisten nahmen beispielsweise an der Anhörung des Stadtentwicklungsausschusses im Congress Center Hamburg (CCH) teil, bei der 1.000 Menschen zu Gast waren. Dadurch war das Thema des Beitrags bereits vorgegeben.

Das Problem der Themensetzung ist tatsächlich die Auswahl, angesichts der Fülle der täglich in der Redaktion eintreffenden Nachrichten und Informationen. Dazu zählen unter anderem Leserbriefe, E-Mails und immer noch viele handgeschriebene Briefe mit manchmal sehr interessanten Hinweisen. Diese lassen sich natürlich nicht eins zu eins ins Blatt übernehmen, der eine oder andere führt jedoch manchmal zu einer Geschichte, der es nachzugehen lohnt. Interessante Geschichten finden sich auch in Zeitungen, Zeitschriften mit Bezug zu Hamburg und Sendungen von Hamburger Rundfunkanstalten. Auch dort wird gelegentlich nachrecherchiert oder die Geschichte unter einer anderen Perspektive aufgegriffen. Zudem sind Journalisten ständig im Gespräch mit Politikern, Pressesprechern oder Behördenvertretern. Sie bekommen über viele Kanäle zahlreiche Informationen – manchmal offiziell, manchmal inoffiziell. Manchmal ist es aber auch so, dass eine Geschichte »tot« recherchiert ist und sich die anfängliche Hypothese am Ende der Recherche als nicht haltbar erweist.

INSTRUMENTE DER BERICHTERSTATTUNG

Die wichtigsten Genres zu kennen, ist für das Lesen und Verstehen von Beiträgen in der Zeitung eine wichtige Voraussetzung.

Nachricht und Sachbericht

Eine Nachricht oder ein Sachbericht ist eine sachliche Darstellung zu einem Sachverhalt und enthält keine emotionale Wertung oder Einlassung. Sie tritt sprachökonomisch gesehen ›entemotionalisiert‹ auf und konzentriert sich ausschließlich auf Tatsachen und Informationen. Im Idealfall lässt sich dem Text einer Nachricht nicht die Meinung des Autors entnehmen. Der Gehalt einer Nachricht tritt mit einfachen und verständlichen Worten zutage.

Interviews

In Interviews tritt der Autor als Stellvertreter des Lesers auf. Insbesondere in den Interviews mit Politikern ist es die Aufgabe des Autors, diese zum Argumentieren zu bringen, indem er selbst den kritischen und fragenden Part darstellt. Unabhängig davon, ob der Autor die Meinung des Politikers teilt, ist es nicht seine Aufgabe, im Interview zum Stichwortgeber zu werden. Stattdessen sollte er seinen Interviewpartner dazu bringen, seine Position zu beschreiben und zu erklären, zu argumentieren, seine Meinung zu begründen oder die Meinung des politischen Gegenübers zu widerlegen. Einem Interview kann man nicht ohne Weiteres die Haltung des Journalisten, die Haltung der Redaktion entnehmen.

Reportagen

Reportagen dienen zunächst der Information, der Erklärung von Zusammenhängen. Doch erlaubt die Reportage dem Journalisten, seinen Empfindungen und seinen persönlichen Eindrücken einen größeren Anteil im Text zu widmen. Auch hier steht der Journalist als Autor nicht im Mittelpunkt; primär sind es die Informationen. Die Reportage zählt daher zur besonderen und herausragenden Aufgabe für den Journalisten. Sie ist in der Regel auch umfangreicher als eine Nachricht oder ein sachlicher Bericht.

Kommentar

Einen Kommentar zu schreiben, bedeutet nicht – wie landläufig häufig angenommen wird –, einfach nur seine eigene Meinung darzustellen. In einem Kommentar geht es nicht darum, zu sagen, dass man etwas gut oder schlecht findet, sondern ein Kommentar ist ein Text, der im Wesentlichen die dargestellte These, die in die Form einer wertenden Beurteilung gekleidet ist, begründet. Wenn der Autor schreibt: »Zuwanderung ist gut für unser Land«, dann ist er verpflichtet, diese

Behauptung, die seine Meinung als Journalist zum Ausdruck bringt, im Folgenden zu belegen und die These als Schlussfolgerung zu formulieren: »Ergo, die Zuwanderung ist gut für unser Land«. Meinungspluralität ist für die Redaktion des Hamburger Abendblatt sehr wichtig. Da in der Redaktion Menschen mit unterschiedlichen Meinungen vertreten sind, die Dinge aus unterschiedlichen Perspektiven betrachten, fließen diese individuellen Positionen auch in die Kommentare ein. Es kann durchaus sein, dass der Ressortchef an einem Tag kommentiert und seine bestimmte Sicht auf ein Thema darlegt und an einem anderen Tag übernimmt diese Aufgabe ein anderer Mitarbeiter, der einen davon sehr unterschiedlichen Sichtwinkel vertritt. Das muss Zeitung aushalten und das hält zumindest das Hamburger Abendblatt aus.[9]

Bilder

Bilder haben bei der Flüchtlingsberichterstattung enorm an Bedeutung gewonnen. Viele Menschen erinnern sich sicher an das Bild mit dem toten Jungen am Mittelmeerstrand, der bei der Überfahrt ertrunken ist.[10] Dieses Bild hat ein unglaubliches Echo erzeugt. Es wirkte wie ein Wendepunkt und löste eine Welle von Hilfsbereitschaft aus, weil es eine allgemeine Botschaft transportierte: Man muss unabhängig von den Problemen im Zusammenhang mit der Flüchtlingsfrage diesen Menschen helfen. Insofern arbeiten Zeitungen natürlich sehr gerne mit Bildern. Sie vermitteln Direktheit und Authentizität, obwohl gerade Journalisten nur zu gut wissen, wie manipulativ Bilder – mehr noch als Texte – eingesetzt werden können. Deshalb soll an dieser Stelle unterstrichen werden, dass nicht immer davon auszugehen ist, dass das, was auf einem Bild zu sehen ist, auch wirklich passiert ist, weil beispielsweise der Beschnitt eines Bildes die Aussage verzerren kann.

Text und Bild liegen häufig thematisch sehr nahe zusammen, wenn das Bild den Sachverhalt beispielsweise zusätzlich illustriert. Häufig steht der Blattmacher – Journalist, der am Tag Dienst hat, Beiträge verteilt, Seiten plant, Bilder auswählt, Überschriften fertigt oder Texte gegenliest – vor der Situation, einen

9 Vgl. Prantl, Heribert: »Wenn wir die Flüchtlinge wären. Wie jeder von uns Merkels ›Wir schaffen das‹ umsetzen kann«, in: Hamburger Abendblatt vom 05.09.2016 (E-Paper), https://www.abendblatt.de/meinung/article208183085/Wenn-wir-die-Fluechtlinge-waeren.html vom 01.02.2018.

10 Vgl. aus der Fülle der Berichterstattungen: »Der tote Junge von Bodrum. Ein Foto, um die Welt zum Schweigen zu bringen« vom 03.09.2015, http://www.t-online.de/nachrichten/ausland/eu/id_75284300/fluechtlinge-toter-junge-von-bodrum-ein-foto-geht-um-die-welt.html vom 01.02.2018.

abstrakten Sachverhalt, zum Beispiel die monatliche Statistik des Flüchtlingskoordinators, mit einem aussagekräftigen Bild zu unterlegen. Hier kommt das sogenannte Symbolbild ins Spiel, dessen Funktion es ist, als konkretes Foto dennoch sinnbildlich auf einen Hauptaspekt des Themas zu verweisen. Es gibt in der Redaktion des Hamburger Abendblatt häufig die Diskussion über die Auswahl des richtigen Symbolbildes. Wenn man die einzelnen Ausgaben vergleicht, dann wird man feststellen, dass zu den häufigsten Symbolbildern zum Thema Flüchtlinge solche zu finden sind, die flüchtende Kinder und/oder flüchtende Familien mit Kindern abbilden, obwohl zu Beginn der Flüchtlingskrise 80 Prozent der Flüchtlinge junge Männer waren. Das heißt also, dass die Bilder ständig mit einer gewissen Distanz betrachtet werden müssen. Die manipulative Kraft der Bilder fordert stets dazu auf, diese kritisch zu lesen. Bilder können eine Sache weder ganz falsch noch ganz richtig darstellen. Das Problem ist jedoch, dass eine Zeitung nicht auf Bilder verzichten kann, weil Bilder – journalistisch gesehen – ein Medium sind, das Menschen in den Text zieht. Ein Bild ist ein »Door-opener«. Wenn ein Bild die Aufmerksamkeit auf sich zieht, wenn die Leute beim Blättern durch die Zeitung an einem Bild festhängen, dann kann man sicher davon ausgehen, dass die Leute auch den Text lesen werden.

Sprachgebrauch

Sprache, der Gebrauch der Sprache, ihre Handhabung, das sind im Zusammenhang mit dem Flüchtlingsthema besonders sensible Bereiche. Dies gilt insbesondere für die Berichterstattung des Hamburger Abendblatt zum Thema Flüchtlingskrise. Ein Beispiel: In Deutschland ist der Begriff »Asylant« negativ konnotiert. Von rechtspopulistischen Medien abgesehen, wird man kaum einen Zeitungsartikel lesen oder einen Rundfunksender hören, in dem dieser Begriff für jemanden, der Asyl erhalten hat, verwendet wird. Aufgrund seiner negativen Konnotation benutzt der überwiegende Teil der Presse die Begriffe Flüchtlinge, Asylberechtigte oder Aufenthaltsberechtigte. Man sollte also den Absender im Hinterkopf haben und sich fragen, wer wo mit welchen Begriffen arbeitet.

Umgekehrt sollte bei der Einführung eines neuen Begriffes möglichst genau darauf geachtet werden, welche Bedeutungen indirekt mit diesem Begriff transportiert werden. Ende des Jahres 2015 gab es die Diskussion, den Begriff Flüchtlinge durch Geflüchtete zu ersetzen. In meinen Augen ist diese Wahl nicht zulässig, weil der Geflüchtete auch jemand sein kann, der sich von einer Geburtstagsfeier abgesetzt hat. Also gilt es auch hier, sehr genau zu sein.[11] Natürlich wird mit der Wahl der Sprache auch versucht, Wahrnehmung zu beeinflussen. So gibt es unter Journalisten die Diskussion über den korrekten Gebrauch von Wörtern, darüber, welche man verwenden kann und welche nicht. Die deutsche Sprache sollte sich nicht jedes Mal aus Gründen der politischen Korrektheit anpassen. So ist in Hamburger Pressemitteilungen das Wort Flüchtling kaum noch zu finden. Stattdessen wird in Hamburg von Schutzsuchenden gesprochen. »Gut gemeint« ist selten ein guter Ratgeber. Wenn man den Begriff, seine Semantik und seine Verwendung kritisch reflektiert, so wäre auch jemand, der vor einem Gewitter flieht, ein Schutzsuchender. Welche Bedeutungsverschiebung gibt es – im Vergleich zum Begriff Flüchtling –, wenn Menschen, die Tausende von Kilometern vor Mord, vor Krieg, vor Bomben geflüchtet sind und hier ankommen, von uns Schutzsuchende genannt werden? Damit wird die Situation vereinfacht oder – anders gesagt – verniedlicht. Sollte man da nicht den ursprünglichen Begriff Flüchtling vorziehen? Ein vielleicht sehr einleuchtendes Beispiel: In der DDR durfte man zum Weihnachtsengel nicht Engel sagen. Stattdessen hieß er dann »Jahresendfigur mit Flügeln«. Das zeigt eigentlich, wie absurd so etwas werden kann.

Eine weitere Dimension sei hier angesprochen. In Bezug auf die Berichterstattung über Flüchtlinge stellt sich die sprachliche Vermittlung als eine besondere Herausforderung dar. Wenn Journalisten mit Flüchtlingen sprechen, sind verschiedene Herausforderungen zu bedenken, die zum einen mit dem sprachlichen Verständnis der unterschiedlichen Muttersprachler zusammenhängen, zum anderen natürlich mit den unterschiedlichen kulturellen Welten der Flüchtlinge, die nicht so ohne Weiteres übersetzbar sind. Selbst als Journalist ist man gelegentlich einfach sprachlos angesichts des Ausmaßes an Entwurzelung, Gewalt und schrecklichen Erlebnissen. Fluchtgeschichten so aufzuschreiben, dass jemand, der in Deutschland lebt, das »wirklich« verstehen oder annähernd nachvollziehen kann, ist mitunter schwierig. Der Journalist ist hier zugleich auch Interpret, eine Art Übersetzer zwischen den Kulturen.

11 Vgl. dazu Eisenberg, Peter: »Wort des Jahres ›Flüchtling‹. Hier endet das Gendern«, in: Frankfurter Allgemeine Zeitung, aktualisiert am 16.12.2015, http://www.faz.net/aktuell/feuilleton/debatten/wort-des-jahres-fluechtling-hier-endet-das-gendern-13967817.html vom 01.02.2018.

KEIN BERICHT OHNE RECHERCHE

Journalisten sprechen berufsbedingt mit sehr vielen Menschen und sie reden mit Politikern. Sie nutzen die politischen Arenen, zum Beispiel die Anfragen der Fraktionen in der Bürgerschaft und die Antworten der Regierung. Ebenso wichtig sind inoffizielle Kontakte, die den Weg zu Informationen über Behördenvorgänge frei machen, der normalerweise verborgen bleibt. Diese inoffiziellen Kontakte werden gepflegt, wobei das Gebot der Diskretion zu beachten ist. Journalisten müssen ihrer Quelle vertrauen, aber die Quelle muss auch dem Journalisten vertrauen können, dass dieser die Herkunft seiner Informationen nicht preisgibt – auch der Redaktion nicht. Ein Beispiel sind die Vorgänge in der Flüchtlingsunterkunft in der Octaviostraße in Wandsbek. Dort sind 726 Flüchtlinge untergebracht. Dem Hamburger Abendblatt wurde ein Papier zugespielt, in dem behördenintern die Frage gestellt wurde, ob man diese Flüchtlingsunterkunft wirklich zum Ende des Jahres schließt, damit ein Investor daraus 26 Luxuswohnungen machen kann. Das Hamburger Abendblatt entschied sich für eine Berichterstattung und das Thema wurde kontrovers in der Öffentlichkeit diskutiert.[12]

Es gibt offizielle Begründungen des Senates, aber es gibt auch inoffizielle Meinungen. Eine redaktionelle Berichterstattung sollte jedoch inoffizielle Mitteilungen nicht einfach eins zu eins übernehmen, sondern sie immer kritisch nachprüfen, bevor sie berichtet. Eine Zeitung benötigt daher für dieselbe Geschichte mindestens eine Bestätigung durch eine zweite Person, also eine andere Quelle, die von der ersten unabhängig ist. Im Übrigen kann eine Zeitung auch Informationen zugesteckt bekommen, die entweder nicht stimmen oder sich im Verlauf der Recherche als nicht so ergiebig erweisen. Andere Informationen brennen wiederum auf den Nägeln. So gab es Informationen darüber, dass es in Flüchtlingsunterkünften sexuelle Übergriffe auf Frauen geben sollte. Das war ein ganz heißes Thema. Die Redaktion des Hamburger Abendblatt hat fast sechs Wochen lang

---

12 Vgl. Schirg, Oliver: »Wohnungen statt Flüchtlingsheim: Erstaufnahme soll schließen«, in: Hamburger Abendblatt vom 19.02.2016, http://www.abendblatt.de/hamburg/wandsbek/article207063247/Wohnungen-statt-Fluechtlingsheim-Erstaufnahme-soll-schliessen.html vom 01.02.2018; Schriftliche Kleine Anfrage der Abgeordneten Karin Prien und Dennis Gladiator (CDU) und Antwort des Senats vom 25.04.16, https://www.buergerschaft-hh.de/ParlDok/dokument/52586/prek%C3%A4re-fl%C3%BCchtlingsunterk%C3%BCnfte-%E2%80%93-quo-vadis-senatu-.pdf vom 01.02.2018.

versucht, eine zweite Quelle zu finden. Und erst, als diese sich fand und für zuverlässig befunden wurde, wurde über diese Geschichte sehr behutsam berichtet.[13]

VERÄNDERUNGEN IN DER BERICHTERSTATTUNG SEIT 2015

Alle Medien – auch das Hamburger Abendblatt – waren zu Beginn der Flüchtlingswelle im Herbst 2015 von der Menge der Flüchtlinge überrascht. Die Stimmung war zu der Zeit noch sehr positiv. So startete das Hamburger Abendblatt eine umfangreiche Spendenaktion, worauf Hunderte Menschen Kleidung und Sachen des täglichen Gebrauchs spendeten. Relativ früh setzte sich die Zeitung mit kritischen Aspekten der Flüchtlingsfrage auseinander. Im August 2015 brachte das Hamburger Abendblatt ein Interview mit der Fraktionsvorsitzenden der FDP, Katja Suding, in dem sie die Einrichtung eines Flüchtlingskoordinators forderte. Der Senat hat diese Stelle zwei Monate später eingerichtet. Im Hamburger Abendblatt finden sich keine Sätze wie »Wir wollen die Flüchtlinge nicht« oder »Wir wollen Menschen in Not nicht helfen«. Der Tenor der Berichterstattung gilt anderen Fragen: »Machen die verantwortlichen Behörden, machen die verantwortlichen Politiker ihren Job richtig?« Entsprechend kritisch hat das Hamburger Abendblatt die Politiker in seiner Berichterstattung begleitet. Sowohl positiv als auch negativ zu interpretierende Entscheidungen wurden berichtet.

Im Frühherbst 2015 änderte sich in Hamburg die Stimmung. Probleme bei der Bewältigung der großen Anzahl von Herausforderungen innerhalb einer kurzen Zeit, die der Strom von Flüchtlingen mit sich brachte, wurden sichtbar. In diesem Zusammenhang entstanden Artikel, die kritisch auf verschiedene Probleme im Zusammenhang mit dem enormen Zustrom hinwiesen, auch wenn die Behörden das als ungerecht empfanden. Die zunehmend kritische Berichterstattung war also nicht Zeichen eines »Gesinnungswandels« in der Berichterstattung über die Flüchtlingsfrage, sondern wies darauf hin, dass es schlichtweg Missstände gab, die offen zutage traten. Silvester 2016/17 war für viele Journalisten ein einschneidendes Ereignis, weil dadurch zum ersten Mal in größerem Umfang deutlich wurde, vor welche Probleme die deutsche Gesellschaft durch die Flüchtlinge gestellt wird. Die Redaktion des Hamburger Abendblatt hatte das Thema bereits

---

13 Heinemann, Christoph: »Sexuelle Gewalt: Martyrium in der Flüchtlingsunterkunft«, in: Hamburger Abendblatt vom 22.02.2016, http://www.abendblatt.de/hamburg/article207072437/Sexuelle-Gewalt-Martyrium-in-der-Fluechtlingsunterkunft.html vom 01.02.2018.

intensiv recherchiert. Es gab in der Silvesternacht 2015/16 auch in Hamburg eine Vielzahl von Vorfällen, bei denen Frauen durch Flüchtlinge sexuell belästigt wurden. Das Ausmaß der Vorfälle wurde allerdings erst einige Tage nach dem Jahreswechsel deutlich. Das Hamburger Abendblatt hat mit der gebotenen Sachlichkeit darüber berichtet.

Die Pluralität der Stimmen bewahren

Für Hamburg gilt eine besondere Situation, die durch eine sehr ausgeprägte Bürgerbeteiligung charakterisiert ist. Es gab und gibt beispielsweise auf Bezirksebene zahlreiche Volksbegehren und es hat in der Stadt mehrere Volkentscheide gegeben, zuletzt über die Primarschule oder über den Rückkauf der Energienetze. Hamburg ist auch ein Stück weit eine gelernte Volksdemokratie und deswegen überrascht es nicht, dass sich auch zu dem Thema Flüchtlinge Bürgerinitiativen bilden. Es hat von Anfang an viele Bürgerinitiativen gegeben, die Flüchtlinge unterstützt haben. Es haben sich auch Bürgerinitiativen gebildet, die sich kritisch mit Plänen des Senats auseinandersetzen. Die Diversität der Bürgerbeteiligung und Bürgerinitiativen zum Thema Flüchtlinge in Hamburg war ein nicht unwesentlicher Schwerpunkt der Berichterstattung des Hamburger Abendblatt.[14] Und genauso vielfältig die Meinungen in der Bevölkerung sind, genauso plural sind die Meinungen in der Redaktion des Hamburger Abendblatt. Verschiedene Stimmen bekommen in der Zeitung Raum und Platz und das ist auch gewollt. Es ist ein großer zivilisatorischer Erfolg, dass eine Zeitungsredaktion es aushält, unterschiedliche Meinungen zu haben und dass diese dann zu transportieren. Jeder Autor ist selbst für seinen Text verantwortlich, kein Journalist sollte sich hinter seinem Chefredakteur verstecken können und keine Chefredaktion sollte einem Journalisten vorschreiben können, was er zu schreiben hat. Nur so funktioniert Journalismus.

14 Vgl. zum Beispiel Kastendieck, Lutz: »Flüchtlingsquartiere. Bürgerbeteiligung ist nicht erwünscht«, in: Hamburger Abendblatt vom 07.01.2016, https://www.abendblatt.de/hamburg/harburg/article206892745/Buergerbeteiligung-ist-nicht-erwuenscht.html vom 01.02.2018.

Biografien

Deutscher, Jude, Amerikaner

Der Hamburger Reeder Arnold Bernstein zwischen den Welten

BJÖRN SIEGEL

> »I am now sitting in front of these pages and am reluctant to begin. How can anybody describe his own life? Looking back, it seems to me like an immense mosaic put together with innumerable stones, small ones and big ones, glittering in all colors of the rainbow.«[1]

Abstract: Mit diesen Worten begann Arnold Bernstein (1888-1971), seine Memoiren niederzuschreiben und damit seinem Leben aus der Retroperspektive einen Sinn zu geben. Als Pensionär, der sich in seiner US-amerikanischen Wahlheimat niedergelassen hatte, stand er vor der Herausforderung, die vielschichtigen Migrationserfahrungen zu verarbeiten und ein Narrativ für seine Lebensgeschichte zu finden. Während die Memoiren, die Bernstein zwischen 1962 und 1964 verfasste, zum einen die Konstruktionsprozesse des eigenen Lebensnarrativs widerspiegeln, geben sie zum anderen den Blick auf die Freie und Hansestadt Hamburg und ihren Umgang mit Migrationen frei, die im Laufe der ersten Hälfte des 20. Jahrhunderts die Stadt prägten und veränderten. Seine schriftlichen Auseinandersetzungen mit der Stadt, ihrer Historie, ihren Menschen und ihrem Selbstverständnis eröffnen so die Möglichkeit, Fragen nach dem städtischen Umgang, dem per-

1 Archiv des Deutschen Schiffahrtsmuseums Bremerhaven [AdDSB], Sign. III A3180: My Life – Arnold Bernstein (Manuskript aufgeschrieben 1962-1964, Englisch), S. 1.

sönlichen Empfinden und den Erfahrungen sowie der Verarbeitung von Migrationen nachzugehen.

ALS ARBEITSMIGRANT NACH HAMBURG

Hamburg, die pulsierende Metropole an der Elbe, zählte aufgrund des Hafens zu den wirtschaftlichen Zentren des Deutschen Kaiserreiches.[2] Die Hafenwirtschaft, der Handel und die Industrien boten seit jeher Zuwanderern Möglichkeiten, in der Stadt Fuß zu fassen und ein neues Leben aufzubauen. Auch aufgrund der steigenden jüdischen Zuwanderung konstituierte sich daher 1867 die Deutsch-Israelitische Gemeinde neu und wurde zu einer wichtigen Dachorganisation des jüdischen Hamburgs. 1871 lebten etwa 14.000 Juden in Hamburg (ungefähr 4 Prozent der Bevölkerung) und bis 1910 wanderten weitere 5.000 Juden in die Hansestadt ein (ungefähr 1,87 Prozent).[3] Einer der vielen zeitgenössischen Zuwanderer war Arnold Bernstein, der am 23. Januar 1888 in der schlesischen Hauptstadt Breslau geboren worden war.[4]

Seine Eltern Max und Francisca (geb. Altmann) Bernstein hatten es in der Breslauer Gesellschaft zu einem bescheidenen Wohlstand gebracht. Besonders Arnold Bernsteins Mutter, die ausgebildete Lehrerin war, legte großen Wert auf eine gute Erziehung und Bildung ihrer Kinder Else, Arnold, Alice und Rose. Die Bernsteins gehörten damit zu jenen jüdischen Schichten, die im Laufe des 19. Jahrhunderts den Aufstieg in die Mittelschicht der schlesischen Metropole geschafft und den kulturellen Code des Bürgertums übernommen hatten.[5] Obwohl

2 Siehe zum Ausbau des Hafens Kludas, Arnold/Maas, Dieter/Sabisch, Susanne: Hafen Hamburg. Die Geschichte des Hamburger Freihafens von den Anfängen bis zur Gegenwart, Hamburg: Ernst Kabel Verlag 1988, S. 20-34.

3 Siehe für Details und Zahlen http://www.dasjuedischehamburg.de/inhalt/kaiserreich-und-weimarer-republik-1871-1933 vom 01.02.2018. Vgl. auch Lorenz, Ina: Die Juden in Hamburg zur Zeit der Weimarer Republik. Eine Dokumentation, Teil 1, Hamburg: Christians Verlag 1987, S. XVII-XXXV und S. XLII-XLIII.

4 Archiv des Jüdischen Museums Berlin [AdJMB], Sammlung Arnold Bernstein, K 579, Mp. 1 2007/35/2: Geburtsurkunde von Arnold Bernstein (Nr. 410), Breslau 26.01.1888.

5 Siehe für eine kritische Diskussion der Aufstiegs- und Verbürgerlichungsthese des Breslauer Judentums van Rahden, Till: Juden und andere Breslauer. Die Beziehungen zwischen Juden, Protestanten und Katholiken in einer deutschen Großstadt von 1860 bis 1925, Göttingen: Vandenhoeck & Ruprecht 2000, S. 42-51. Siehe zur religiösen Entwicklung in Breslau/Schlesien Brämer, Andreas: »Ist Breslau in vielfacher Bezie-

weiterhin ein konservativ-katholischer Antisemitismus in Breslau vorhanden war, prägten so auch Breslauer Juden und Jüdinnen, zum Beispiel die Bernsteins, die Stadt auf sozialer, religiöser und wirtschaftlicher Ebene.[6]

Trotz Bernsteins positiver Beurteilung seines Elternhauses, seiner Heimatstadt und den Chancen, die er durch das väterliche Alkohol-Gewerbe erhalten hatte, blieb das schlesische Milieu für ihn eine begrenzende Umwelt. Anders als viele andere zog es Bernstein aber nicht in die Hauptstadt Berlin oder in andere industrielle Zentren, sondern – aufgrund von privaten Kontakten – nach Hamburg.[7] 1909 ließ sich Bernstein in der Hansestadt nieder. Die Hansestadt Hamburg bot ihm, der sich auch als Kaufmann mit nationalen und internationalen Ambitionen verstand, die sozialen und beruflichen Möglichkeiten, die er suchte. Als einer der großen Profiteure des deutschen Seemachtstrebens, aber auch bedingt durch den steigenden Waren- und Passagierverkehr erlebte Hamburg einen deutlichen Aufschwung in jener Zeit.[8] Dies spiegelte sich im Aufstieg der Hamburg-Paket-Aktien-Gesellschaft (HAPAG) wider, die unter Albert Ballin (Generaldirektor ab 1899), selbst deutscher Jude, dank des steigenden internationalen Handels, des wachsenden Interesses der deutschen Eliten für die See beziehungsweise See-

hung Vorort und Muster für Schlesien? Religiöse Entwicklungen in den jüdischen Gemeinden einer preußischen Provinz im 19. Jahrhundert«, in: Andreas Brämer/Arno Herzig/Krzysztof Ruchniewicz (Hg.), Jüdisches Leben zwischen Ost und West. Neue Beiträge zur jüdischen Geschichte in Schlesien, Göttingen: Wallstein Verlag 2014, S. 234-258.

6 Siehe zur wirtschaftlichen Stellung Loose, Ingo: »Die Juden in der Wirtschaft Schlesiens von der Reichsgründung 1871 bis zur Schoah«, in: A. Brämer/A. Herzig/K. Ruchniewicz (Hg.), Jüdisches Leben zwischen Ost und West, S. 156-173. Siehe zum Antisemitismus in Breslau Blaschke, Olaf: »Das Judenthum isolieren! Antisemitismus und Ausgrenzung in Breslau«, in: Manfred Hettling/Andreas Reinke/Norbert Conrads (Hg.), In Breslau zu Hause? Juden in einer mitteleuropäischen Metropole der Neuzeit, Hamburg: Dölling und Galitz 2003, S. 172-183.

7 Siehe zu den Spezifika der jüdischen Binnenwanderung im 19. Jahrhundert Barkai, Avraham: Hoffnung und Untergang. Studien zur deutsch-jüdischen Geschichte des 19. und 20. Jahrhunderts, Hamburg: Christians 1998, S. 39-42.

8 Siehe zum Seemachtstreben Lambert, Andrew: »Seemacht und Geschichte. Der Aufbau der Seemacht im kaiserlichen Deutschland«, in: Jürgen Elvert/Sigurd Hess/Heinrich Walle (Hg.), Maritime Wirtschaft in Deutschland. Schifffahrt – Werften – Handel – Seemacht im 19. und 20. Jahrhundert, Stuttgart: Franz Steiner Verlag 2012, S. 190-209. Siehe zum Hafenaufschwung und Ausbau A. Kludas/D. Maas/S. Sabisch: Hafen Hamburg, S. 34-47, S. 52-59 und S. 65-66.

streitkräfte sowie der Massenauswanderung aus Zentral- und Osteuropa zu einer der größten deutschen Reedereien aufsteigen konnte.[9] Neben dem Warenverkehr und der deutschen Binnenmigration waren es so auch die transnationalen Emigrationsströme, die beispielsweise zwischen 1880 und 1914 etwa zwei Millionen Juden aus Zentral- und Osteuropa über Hamburg nach Übersee führten, die Hamburgs Entwicklung entscheidend mitprägten.[10]

Bernstein, der die verschiedenen Migrationsbewegungen nach Hamburg kaum wahrnahm, nutzte vielmehr die Internationalität der Hansestadt. Als Volontär des europäischen Büros der US-amerikanischen *Quaker Oats Company* begann er seine Karriere in Hamburg und machte weitreichende Erfahrungen, zum Beispiel durch einen Aufenthalt in London. Die finanziellen Schwierigkeiten seines Vaters führten ihn zwar kurzfristig zurück nach Breslau, aber schon 1912 gründete er sein eigenes Im- und Exportgeschäft (wieder) in Hamburg. Trotz der ersten harten Jahre konnte er sich eine Existenz aufbauen, die auch seine Familie, die nach dem Bankrott seines Vaters ebenfalls nach Hamburg gezogen war, auffing. So stellte er fest: »It was a good life. Hamburg at this time was an elegant town with a lively night life.«[11]

Seine Verankerung in Hamburg wurde durch seine Begegnung mit Lillie Kimmelstiel (geboren am 20. Juni 1895 in Hamburg) gefördert. Sie entstammte einer gutbürgerlichen, jüdischen Familie der Hansestadt und versinnbildlichte den erfolgreichen Aufstieg und die gelungene Integration jüdischer Hamburger in die Stadtgesellschaft. Der Ausbruch des Ersten Weltkriegs war daher für Bernstein ein wichtiger Moment, zu dieser neuen Verankerung zu stehen. Schon in Breslau hatte er einen einjährigen Wehrdienst in der Artillerie abgeleistet und war durch die Reserveeinsätze zum Korporal aufgestiegen. Obwohl er eine deutliche antisemitische Haltung im kaiserlichen Heer wahrnahm, ihm stand zum Beispiel eine Beförderung zum Offizier nicht offen, hielt er dennoch den Ausbruch des Krieges für einen wichtigen Moment.[12] Er registrierte sich in Begleitung seiner Eltern und

---

9 Vgl. Brinkmann, Tobias: »Mit Ballin unterwegs. Jüdische Migranten aus Osteuropa im Transit durch Deutschland vor dem Ersten Weltkrieg«, in: Aschkenas 17 (2007) 1, S. 75-96; Gerhardt, Johannes: Albert Ballin, Hamburg: Hamburg University Press 2010, S. 24-71.

10 Siehe zur Massenauswanderung Alroey, Gur: »Aliya to America? A Comparative Look at Jewish Mass Migration, 1881-1914«, in: Modern Judaism 28 (2008) 2, S. 109-133; A. Barkai: Hoffnung und Untergang, S. 90-92.

11 AdDSB, Sign. III A3180: My Life – Arnold Bernstein, S. 28.

12 Siehe zur Mobilisierung der Hamburger Gesellschaft Strupp, Christoph: »Die mobilisierte Gesellschaft. Hamburg im Ersten Weltkrieg«, in: FZH (Hg.), Zeitgeschichte in

wurde Teil des 17. Reserve Feldartillerie Corps, das in Itzehoe ausgestattet und an der Westfront eingesetzt wurde.[13] In seinem Kriegstagebuch schrieb er die folgenden Erinnerungen nieder, die stellvertretend für die erste allgemeine Kriegsbegeisterung stehen:[14]

»It was the 24th of August, 1914. It is difficult to describe how we felt. Tension, enthusiasm, the whole country on its toes, every crossing crowded with waving people throwing flowers to the departing heroes, at every stop girls with coffee, cake and kisses.«[15]

Trotz des Antisemitismus in der Armee empfand Bernstein seinen Kriegsdienst als eine besondere Zeit der Brüder- und Kameradschaft. Er nahm an zentralen Schlachten der Westfront teil, so zum Beispiel in Noyon (1914), Ypern (1915) oder an der Somme (1917), und erhielt das Eiserne Kreuz 2. Klasse (1914), das Hanseaten-Kreuz (1915) und das Eiserne Kreuz 1. Klasse (1917) als Auszeichnung für seine Kriegstaten.[16] Er verteidigte die deutschen Aktionen in Louvain/Leuven, bei der die deutsche Armee Vergeltung übte und unter anderem die weltberühmte Universitätsbibliothek niederbrannte.[17] In internationalen Medien wie der *Times* (London) wurde dies als Barbarei wahrgenommen.[18] Der britische Premierminister Herbert H. Asquith bezeichnete gar in seiner Rede am 4. September 1914 die Zerstörung von Louvain als »the greatest crime committed against civilisation and culture since the Thirty Years War.«[19] Die »deutschen Hunnen«, wie sie in den britischen Medien propagandistisch beschrieben wurden, waren aber für Bernstein die neue Gemeinschaft, der er angehören wollte. 1918 schrieb

Hamburg, Hamburg: FZH 2015, S. 11-37; siehe zum Antisemitismus in Hamburg Kasischke, Danila: »Die antisemitische Bewegung in Hamburg während der Kaiserzeit 1873-1918«, in: Arno Herzig/Saskia Rohde (Hg.), Die Juden in Hamburg 1590 bis 1990, Hamburg: Dölling und Galitz 1991, S. 479-480.

13 AdDSB, Sign. III A3180: My Life – Arnold Bernstein, S. 8-9, 29-30.

14 Siehe zu den Hamburgern im Ersten Weltkrieg Urias, Siegfried: Die Hamburger Juden im Kriege 1914-1918, Hamburg: M. Leßmann 1933, S. 5-14.

15 AdDSB, Sign. III A3180: My Life – Arnold Bernstein, S. 31.

16 AdJMB, Sammlung Arnold Bernstein K 580, Mp. 8, 2007/35/104: Militärdienstbescheinigung für A. Bernstein, Berlin-Spandau 20.06.1934, S. 1.

17 Horne, John/Kramer, Alan: German Atrocities, 1914. A History of Denial, New Haven/London: Yale University Press 2001, S. 38-41.

18 Anonym: »The March of the Huns«, in: Times [London] vom 29.08.1914, S. 9.

19 Asquith, Herbert H.: The War, Its Causes and Its Message. Speeches Delivered by the Prime Minister August – October 1914, London: Methuen and Co. Ltd. 1914, S. 14.

er so auch: »Four-and-a-half years I had fought for my country, had given body and soul for it, and the feeling of defeat was bitter. I almost cried when I heard the peace conditions which we were forced to accept, and felt as if I myself was disgraced.«[20]

EIN HAMBURGER REEDER IM ZEITALTER VON HANDEL, MIGRATIONEN UND TOURISMUS

Die Hochzeit mit Lillie Kimmelstiel am 1. Mai 1919 sowie die ersten Geschäftsaufträge ließen Bernstein nach dem Krieg wieder gesellschaftlich und wirtschaftlich in Hamburg ankommen.[21] Trotz der Beschränkungen durch den Versailler Vertrag, die die Kriegs- und Handelsmarine deutlich begrenzten, schaffte Bernstein es, sich als Schiffsagent beziehungsweise Reeder zu etablieren.[22] Schon in den frühen 1920er Jahren reiste er daher in die USA, wo er Verträge mit mehreren Geschäftspartnern abschließen konnte, unter anderem mit Ford.[23] Als Bernstein zur *Nord-Atlantik Frachtkonferenz* eingeladen und die *Arnold Bernstein Linie* (gegründet 1919) mit der *HAPAG* und anderen Schiffslinien gleichgestellt wurde, wurde sein Erfolg auch in Hamburg sichtbar.[24] Am 11. September 1930 restrukturierte Bernstein seine Hamburger Reederei, firmierte sie unter dem Namen *Arnold Bernstein Schiffahrtsgesellschaft m.b.H.* und wickelte nicht nur Geschäfte in Russland, sondern auch in den USA, Europa und im Iran ab. Neben diesen Erfolgen musste Bernstein aber auch Misserfolge verbuchen und eine sich verändernde gesellschaftliche Stimmung zur Kenntnis nehmen. Infolge der Weltwirt-

---

20 AdDSB, Sign. III A3180: My Life – Arnold Bernstein, S. 80.

21 Siehe für die Hochzeit AdJMB, Sammlung Arnold Bernstein K579, Mp. 1, 2007/35/8: Bescheinigung der Eheschließung, Hamburgisches Standesamt Nr. 3, Reg.-Nr. 183, 1919.

22 Siehe zum Versailler Vertrag Sharp, Alan: The Versailles Settlement. Peacemaking in Paris 1919, New York: Palgrave 1991, S. 102-129. Siehe zu den Rückwirkungen des Krieges auf Hamburg Büttner, Ursula: »Der Stadtstaat als demokratische Republik«, in: Werner Jochmann (Hg.), Hamburg. Geschichte der Stadt und ihrer Bewohner, Bd. 2, Hamburg: Hoffmann und Campe 1986, S. 131-264, hier S. 163-182.

23 AdDSB, Sign. III A3180: My Life – Arnold Bernstein, S. 125-138.

24 Vgl. Blume, Kenneth J.: Historical Dictionary of the U.S. Maritime Industry, Lanham/Plymouth: Scarecrow Press 2012, S. 361; Hyde, Francis E.: Cunard and the North Atlantic 1840-1973. A History of Shipping and Financial Management, London: MacMillan Press 1975, S. 219-246.

schaftskrise, die Bernstein unter anderem mit hohen Schulden belastet hatte, so zum Beispiel bei der Werft *Deutsche Werke Kiel AG*, erlebte er den ansteigenden Antisemitismus. In Verhandlungen über die Rückzahlmodalitäten geriet er mit Vertretern der Aufsichtsbehörde der *Deutsche Werke Kiel AG* in Konflikt und beschrieb diese wie folgt: »[T]ypical Germans in the worst meaning of the word – arrogant, anti-Semitic, and I am sure that they later became faithful followers of Hitler.«[25] Die fortdauernde Wirkungskraft des Antisemitismus sowie der Aufstieg des Nationalsozialismus veränderten Bernstein und setzten nicht nur seine wirtschaftlichen Netzwerke unter Druck, sondern begannen auch sein Selbstverständnis zu untergraben. Bernstein, der sich noch einige Jahre zuvor als »Hunne«, als Teil der deutschen Nation, stolzer Bürger des Reiches und der Hansestadt bezeichnet hatte, stand nun einer Ideologie gegenüber, die eine Volksgemeinschaft beschwor, die ihn als Juden stigmatisierte und später verfolgen sollte. Dabei war er kein praktizierender Jude. Zwar war er erst Mitglied der Jüdischen Gemeinde Breslaus gewesen und hatte später seine Mitgliedschaft in die Jüdische Gemeinde Hamburgs übertragen lassen, dennoch blieb sein religiöses Engagement begrenzt. Unregelmäßig zahlte er in den ersten Jahren seine Beiträge (auch aufgrund der unsicheren wirtschaftlichen Situation) und auch später blieb er mehr Hamburger Kaufmann als aktives Gemeindemitglied.[26]

Mit der Ernennung Adolf Hitlers zum Reichskanzler im Januar 1933 begann sich auch die nach Bernsteins Ansicht internationale und liberale Hansestadt zu verändern. Nach dem Reichstagsbrand im Februar 1933 und der einsetzenden rechtlichen Ausgrenzung der Juden aus dem Beamtentum, der Anwaltskammer, der Ärztevereinigung und den Kulturbetrieben gerieten auch die knapp 20.000 Hamburger Juden unter Druck. Einige verließen ihre alte Heimat.[27] Von den insgesamt 500.000 deutschen Juden flohen 1933 etwa 37.000 bis 38.000, 1934 folgten weitere 22.000 bis 23.000.[28] Trotz eines immer virulenter werdenden Anti-

---

25 AdDSB, Sign. III A3180: My Life – Arnold Bernstein, S. 154.

26 Staatsarchiv der Freien und Hansestadt Hamburg [StAHH] 522-1 Jüd. Gemeinde, 922b Kultussteuerdatei der Deut.-Israel. Gemeinde Hamburgs, Eintrag: Bernstein, Max und Bernstein, Arnold.

27 Siehe zur Anfangsphase des Nationalsozialismus in Hamburg Büttner, Ursula: »Der Aufstieg der NSDAP«, in: FZH (Hg.), Hamburg im »Dritten Reich«, Göttingen: Wallstein Verlag 2005, S. 27-65, hier S. 44-64.

28 Siehe zu den Zahlen Schlör, Joachim: Endlich im Gelobten Land? Deutsche Juden unterwegs in eine neue Heimat, Berlin: Aufbau Verlag 2003, S. 9; Benz, Wolfgang: Die Juden in Deutschland 1933-1945. Leben unter nationalsozialistischer Herrschaft, München: C.H. Beck 1993, S. 738.

semitismus, den auch Bernstein miterlebte – so zum Beispiel im Hamburger Hansa-Theater, in dem lautstark ein jüdischer Komiker in der Vorstellung als »dirty Jew« beschimpft wurde –, erhielt Bernsteins deutsches Selbstverständnis nur langsam Risse: Zum einen war seine Reederei fest verankert im Hamburger Kontext und zum anderen wollte vor allem seine Frau Lillie ihr geliebtes Haus, ihre Freunde und die Stadt nicht verlassen.[29]

Doch bevor er sich der schwierigen Frage der eigenen Emigration stellen musste, erkannte Bernstein, dass er sich auch um seine Firma Gedanken machen musste: Expansion und internationale Vernetzung waren die Ideen, mit denen Bernstein die ausgrenzenden und ausplündernden NS-Gesetze umgehen wollte. So entwickelte er zum Beispiel neue Konzepte des Automobil-Tourismus (Mitnahme des Autos per Schiff)[30], kaufte die *Red Star Line* (1935) und gründete die *Palestine Shipping Company Ltd.* (1934/1935), die Emigrationsoptionen ins damalige britische Mandatsgebiet Palästina eröffnen sollte. Obwohl Bernstein sich weder als religiösen Menschen noch als Zionisten bezeichnete, war er besonders an der Etablierung einer jüdischen Schiffslinie, wie er sie für die Palestine Shipping Company vor Augen hatte, interessiert. Er verstand es als eine Möglichkeit, seine internationalen Geschäftsverbindungen auszubauen und Optionen des Transfers seiner Firmen ins Ausland auszuloten. Zudem schmeichelte es ihm, als einziger jüdischer Reeder mit Spezialkenntnissen im Passagierdienst von führenden Zionisten wahrgenommen und dementsprechend umworben zu werden. So betonte Bernstein in seinen Memoiren, zionistische Emissäre und führende Persönlichkeiten, zum Beispiel Chaim Weizmann, Präsident der Zionistischen Weltorganisation, hätten ihn gedrängt, als jüdischer Experte auf dem Gebiet der Seefahrt das Unterfangen einer jüdischen Schiffslinie umzusetzen. Denn – so musste auch Bernstein gestehen – es gäbe »für nationalen Ehrgeiz kein besseres Symbol als die eigene Flagge auf See.«[31]

Diesem Pathos folgend stach am 26. Januar 1935 die *S.S. Hohenstein/S.S. Tel Aviv* in See, um auf ihrer Jungfernfahrt von Hamburg nach Haifa Bernsteins neue Linie zu bewerben.[32] An Bord des Schiffes befanden sich hochrangige Vertreter

29 AdDSB, Sign. III A3180: My Life – Arnold Bernstein, S. 164-166.

30 Ebd., S. 159-163.

31 Bernstein, Arnold: Ein jüdischer Reeder. Von Breslau über Hamburg nach New York, Hamburg/Bremerhaven: Convent Verlag 2001, S. 247.

32 Siehe zur Jungfernfahrt Siegel, Björn: »Die Jungfernfahrt der Tel Aviv nach Palästina im Jahr 1935. Eine besinnliche Fahrt ins Land der Juden?«, in: Miriam Gillis-Carlebach/Barbara Vogel (Hg.), Ihre Wege sind liebliche Wege und all ihre Pfade Frieden (Sprüche 3,17). Die Neunte Joseph Carlebach-Konferenz Wege Joseph Carlebachs.

der hamburgisch-jüdischen und deutsch-jüdischen Gesellschaft, zum Beispiel Joseph Carlebach (Oberrabbiner von Altona und Hamburg), Leo Baeck (liberaler Rabbiner und Vertreter der Reichsvertretung der deutschen Juden) sowie Otto Warburg (Botaniker und Ehrenpräsident der Zionistischen Weltorganisation). Bernstein hatte geschickt die Aufmerksamkeit für seine Pläne genutzt, das Schiff im wachsenden Emigrations- und Tourismusmarkt – in diesem Falle nach Palästina – zu positionieren. Das neu eingeführte Touristenklassen-System sowie die Umbenennung der *S.S. Hohenstein* in die *S.S. Tel Aviv* ließen Bernsteins Schiffslinie als etwas Modernes, Neues, Zionistisches erscheinen, vergleichbar mit der ersten jüdischen Stadt gleichen Namens, Tel Aviv, die für einen außerordentlichen Erfolg stand. Kurzfristig hatte es Bernstein trotz der sich verschlechternden Lage im nationalsozialistischen Deutschland erreicht, seine Handlungsräume zu erhalten und neue Emigrationsmöglichkeiten zwischen Europa und dem Mandatsgebiet Palästina aufzubauen. So war er selbst zum Organisator von Migration geworden.

Wie sehr seine Reederei in die Emigrationsbewegungen der deutschen und hamburgischen Juden miteinbezogen war, wurde 1939 erneut sichtbar, als die *S.S. Königstein*, ein Schiff der Bernstein-Linie, am 2. Februar 1939 unter dem Kommando von Alfred Leidig, dem vormaligen Kapitän der *S.S. Tel Aviv*, mit unter anderem 165 jüdischen Emigranten an Bord in Richtung Bridgetown (Barbados/British West-Indien) auslief. Obwohl alle jüdischen Passagiere eine gültige Landeerlaubnis vorweisen konnten, verweigerte die Regierung in Bridgetown die Einreise, sodass die *Bernstein Reederei* weitere Möglichkeiten der Landung ausloten musste. Doch weder Antigua, Montserrat, Curaçao, British Guayana, Kolumbien, Panama noch Ecuador wollten die 165 jüdischen Emigranten aufnehmen. Erst nach intensiven Verhandlungen nahm Venezuela die jüdischen Emigranten des Schiffes auf. Bereits drei Wochen zuvor hatte sich die venezolanische Regierung bereit erklärt, 85 jüdische Emigranten der *S.S. Caribia* (HAPAG) aufzunehmen.[33] Während die US-amerikanisch-jüdische Zeitung *Aufbau* diese Schiffe als »Judenschiffe-Totenschiffe« betitelte, die »in der Abenddämmerung

---

Universale Bildung, gelebtes Judentum, Opfergang, München/Hamburg: Dölling & Gallitz 2014, S. 106-125.

33 Anonym: »86 Allowed Temporary Stay in Venezuela«, in: Jewish Telegraphic Agency vom 17.02.1939, S. 1. 2006 veröffentlichte Elisabeth Mundiak den dokumentarischen Film »Caribia y Koenigstein. Los Barcos de la Esperanza/Ships of Hope« (Venezuela), der die Geschichte der beiden Schiffe und ihrer Passagiere zum Thema hat. Siehe dazu auch Aizenberg, Isidoro/Flug, Arthur: Ships to Nowhere, Queensborough: The Harriet and Kenneth Kupferberg Holocaust Resource Center and Archives/Community College CUNY k.J.

des untergehenden Europas«[34] keine freundliche Küste mehr finden würden, war es die *Bernstein Reederei*, die eine solche fand. Überschwänglich bedankten sich daher die 165 jüdischen Emigranten der *S.S. Königstein* bei Leidig und der *Bernstein Reederei*.[35] Bernstein, der dieses Engagement seiner Reederei gefördert hatte, war aber zu dieser Zeit bereits verhaftet worden, sodass seine Wirkung im Bereich der Migrationen ein Ende fand.

ALS EMIGRANT IN DIE USA

Bernstein hatte schon früh die schleichenden Veränderungen der deutschen und hamburgischen Gesellschaft bemerkt. So notierte er:

»Hamburg was international and liberal, and I enjoyed great respect. When Hitler became chancellor, he promised Hindenburg that he would not harm Jews who had fought in World War I. [...] However, I did not rely on Hitler's promise, nor did I wish to live in a country where Jews were deprived of their rights.«[36]

So wurden Bernsteins Geschäftsreisen, die ihn in die USA und zu anderen Zielen in Europa führten, seit 1933 immer mehr zu Testreisen, die eine Emigration ausloten sollten. Als er Ende 1933 in die USA reiste, reichte er einen Einbürgerungsantrag (für die gesamte Familie) ein und griff dabei auf sein geschäftliches Netzwerk zurück.[37] Trotz des Einbürgerungsprozesses verließ er die USA und ging zurück, um einen Transfer seines Unternehmens zu prüfen beziehungsweise einen Modus Vivendi mit dem NS-Regime zu finden: Die tiefe Verwurzelung seiner Firma und seiner Familie in der Hansestadt, die schwierigen Aussichten in der Emigration, zum Beispiel durch die Sprache, und auch die Reichsfluchtsteuer oder

34 Anonym: »Die Totenschiffe fahren«, in: Aufbau vom 01.04.1939, S. 1-2.

35 Archiv der Forschungsstelle für Zeitgeschichte in Hamburg [AdFZH], Sign. 11/L6: Nachlass Leidig, Alfred M.E. (1893-1955): Dankesurkunde. Unserem unvergesslichen, einzig guten Herrn Alfred Leidig von seinen ewig dankbaren Passagieren, La Guayra/ S.S. Königstein, 03.03.1939, S. 1.

36 AdDSB, Sign. III A3180: My Life – Arnold Bernstein, S. 165.

37 Für ihn und seine Familie bürgten zwei ehemalige Geschäftspartner: Joseph A. Bower und Laszlo K. Kerr. National Archives and Records Administration (NARA) Washington, D.C., Petitions for Naturalization from the U.S. District Court for the Southern District of New York, 1897-1944, Nara Series M 1972, Reference (Roll 1239), Petition no. 345479 – Petition no. 345946.

die Abschlagszahlungen bei Devisentransfers hielten Bernstein von einer vorschnellen Entscheidung zur Emigration ab.[38] Zudem hatte er einige Ausnahmeregelungen wie die Beschäftigung von arischen Hausangestellten für sich, seine Familie und seine Firma erhalten können.[39] Vorsorglich schickte er aber seine beiden Kinder zunächst in die Schweiz beziehungsweise nach Großbritannien, von wo aus sie 1938 weiter in die USA emigrierten. Denn auch in Hamburg hatte der Umbau der Gesellschaft begonnen: von einer demokratischen Stadtrepublik hin zu einem nationalsozialistischen »Führerstaat«. Unter dem amtierenden Bürgermeister Carl Vincent Krogmann (ab März 1933) und dem eingesetzten Gauleiter Karl Kaufmann (ab Mai 1933), die um die Macht in der Stadt rivalisierten, kam es zur weitgehenden Gleichschaltung des Staatsdienstes, der Verbände und Wirtschaft, was sich beispielhaft auch an den Mitgliedszahlen der NSDAP in Hamburg widerspiegelt.[40] Während 1930 die NSDAP in Hamburg unter 2.000 Mitglieder zählte, waren es 1933 (30.01.1933) 13.117, 1935 (01.01.1935) 46.486, 1937 (31.05.1937) 60.226 und 1938 (30.09.1938) 138.627 (inklusive 13.100 Anwärter).[41] Zwar wurde Hamburg nicht das gewünschte Erfolgsterrain, das sich die Nationalsozialisten erhofft hatten, aber dennoch führten die Versorgungs-, Karriere- und Absicherungsoptionen viele in die Partei beziehungsweise zur Akzeptanz der neuen Ordnung.

Aufgrund dieser veränderten Rahmenbedingungen traf Bernstein 1937 die Entscheidung zur Emigration. Auf der *S.S. Queen Mary* sollte die Familie in die

---

38 Siehe zu den allgemeinen Ausbeutungsmechanismen des NS-Regimes Zürn, Gaby: »Forcierte Auswanderung und Enteignung. Beispiele Hamburger Juden«, in: Arno Herzig/Saskia Rohde (Hg.), Die Juden in Hamburg 1590 bis 1990, Hamburg: Dölling und Galitz 1991, S. 488-495.

39 Trotz des zu dieser Zeit amtlich geltenden Blutschutzgesetzes durften arische Hausangestellte, solange der Hausherr und alle nicht-arischen Verwandten nicht im Haus waren, weiter für die Bernsteins arbeiten (vgl. dazu Lorenz, Ina/Berkemann, Jörg: Die Hamburger Juden im NS-Staat 1933-1938/39, Bd. 5, Göttingen: Wallstein Verlag 2016, S. 298-299).

40 Siehe zur Gleichschaltung I. Lorenz/J. Berkemann: Die Hamburger Juden, Bd. 2, S. 820-926. Siehe auch Bajohr, Frank: »Hamburgs ›Führer‹. Zur Person und Tätigkeit des Hamburger NSDAP-Gauleiters Karl Kaufmann (1900-1969)«, in: Frank Bajohr/Joachim Szodrzynski (Hg.), Hamburg in der NS-Zeit. Ergebnisse neuerer Forschungen, Hamburg: Ergebnisse Verlag 1995, S. 59-92; Bajohr, Frank: »Die Zustimmungsdiktatur. Grundzüge nationalsozialistischer Herrschaft in Hamburg«, in: FZH (Hg.), Hamburg im »Dritten Reich«, Göttingen: Wallstein Verlag 2005, S. 69-121.

41 Siehe für die Zahlen F. Bajohr: Die Zustimmungsdiktatur, S. 78.

USA ausreisen. Aber Bernstein wurde verhaftet und die Mitglieder seiner Familie, die noch in Deutschland verblieben waren, gerieten unter die Aufsicht der Gestapo und der NS-Behörden.

»I was no longer the respected Arnold Bernstein, proud of my record, strong and safe. Suddenly I felt that I was in the hands of ruthless enemies who would not respect either law, nor human rights and that all decent life and my merits would be of no help.«[42]

Bernstein, der sich mit dem Kauf der *Red Star Line* und dem Aufbau der *Palestine Shipping Company* ein internationales Firmennetzwerk geschaffen hatte, wurde dies zum Verhängnis, sahen die NS-Behörden in Berlin und Hamburg gerade darin eine Unterwanderung ihrer Ausbeutungs- und Arisierungsbemühungen.[43] Dabei war Bernstein nicht der einzige, der sich dem neuen NS-Machtapparat gegenübersah und aus dem hamburgisch-wirtschaftlichen Netzwerk, insbesondere aus der Hafen-, See- und Handelswirtschaft, verdrängt wurde. Lucy Borchardt, Inhaberin der *Fairplay Schlepperei* im Hamburger Hafen wurde so zum Beispiel ihrer Firma beraubt und konnte nur mit wenig Hab und Gut nach London ausreisen.[44] Und auch Julius Schindler, Inhaber der *Ölwerke Julius Schindler* und der Öltank-Reederei, traf ein ähnliches Schicksal: Seine Firmen wurden 1938/1939 »arisiert«.[45]

Bernstein wurde der Prozess gemacht und seine Anwälte Dr. Stumme und teilweise auch Gerd Bucerius, in der Nachkriegszeit Herausgeber der Wochenzeitung *Die Zeit*, konnten eine Verurteilung nicht verhindern. Er erhielt 2,5 Jahre Gefängnis, seine Firma wurde der *HAPAG* überschrieben und in den folgenden Jahren verkauft beziehungsweise zerschlagen.[46] Besonders das Verhalten einiger seiner langjährigen Mitarbeiter, die ihn im Prozess belasteten, machte Bernstein zu

42 AdDSB, Sign. III A3180: My Life – Arnold Bernstein, S. 193.

43 I. Lorenz/J. Berkemann: Die Hamburger Juden, Bd. 2, S. 958-959.

44 Lorenz, Ina: »Seefahrts-Hachschara in Hamburg (1935-1938). Die einzige jüdische Reederin der Welt«, in: Zeitschrift des Vereins für Hamburgische Geschichte 83 (1997) 1, S. 445-472.

45 Siehe zur Arisierungspraxis I. Lorenz/J. Berkemann: Die Hamburger Juden, Bd. 2, S. 927-990; Schindler, Volkard Bir: Julius Schindler und seine Unternehmen, Bremen: Privatdruck 2008.

46 Siehe für die Gerichtsakten StAHH, Sign. 213-11 00439/44, Bd. 1+2, Aktenbeschr.: Staatsanwaltschaft Landgericht Strafsachen, Akte: Arnold Bernstein, Berthold Gumpel, Albert Wolff, Heinz Grunsfeld, Rudolph Meyer, Robert Goltschalck: Devisenvergehen, Januar-April 1937.

schaffen und ließen ihn an seinem Selbstverständnis als deutscher und Hamburger Kaufmann zweifeln. »Diese Prüfung wird vorübergehen«, schrieb er dennoch am 4. Februar 1937 aus der Gefängniszelle an seine Frau, die für ihn die Kontakte und Netzwerke vor allem auf internationaler Ebene weiter pflegte.[47] Gerade dies wurde für beide nach der Entlassung Bernsteins bedeutsam, konnten sie doch dadurch am 23. August 1939 an Bord des Holland-Amerika-Liners *S.S. Nieuw Amsterdam* nach New York ausreisen.[48]

Die Zeit während des Krieges erlebten die Bernsteins als problematisch und erst das Ende des Zweiten Weltkrieges beendete ihre schwierige Situation, da Restitutionsansprüche gegenüber der Stadt Hamburg und ehemaligen Geschäftspartnern geltend gemacht werden konnten.[49] Für Bernstein, der inzwischen US-amerikanischer Staatsbürger (naturalisiert 1940) geworden war, lag die Zukunft nicht mehr in Hamburg, Deutschland oder Europa, sondern in den Vereinigten Staaten von Amerika.[50]

1957 feierte Bernstein, beflügelt von bewilligten Restitutionszahlungen und von zugesprochenen Unterstützungsleistungen der US-Regierung, die Gründung einer neuen Reederei: Die *American Banner Lines*, die das Emblem der alten *Arnold Bernstein Schiffahrtsgesellschaft m.b.H.* trug (mit anderen Farben), knüpfte indirekt an seine Erfolge als Hamburger Reeder an.[51] Und so stellt Bernstein fest: »20 Jahre hat es mich gekostet, Hitler zu besiegen. 1937 nahm man mir

---

47 AdJMB, Sammlung Arnold Bernstein, K 580, Mp. 9 2007/35/108: Briefblatt aus der Hamburgischen Gefangenenanstalt HHI (Untersuchungsgefängnis) Hamburg, Absender Bernstein, Arnold, an Ehefrau, kein Datum. Genehmigt Hamburg 04.02.1937.

48 National Archive (Kew/UK), Board of Trade: Commercial and Statistical Department and Successors: Outwards Passenger Lists BT27; Records of the Commercial, Companies, Labour, Railways and Statistic Departments. UK, Outward Passenger Lists, 1890-1960, Class BT 26.

49 Siehe zu Fragen der Restitution Siegel, Björn: »Arnold Bernstein«, in: R. Daniel Wadhwani (Hg.), Immigrant Entrepreneurship. German-American Business Biographies, 1720 to the Present, Vol. 5, German Historical Institute. Zuletzt aktualisiert am 22.06.2015, http://www.immigrantentrepreneurship.org/entry.php?rec=242 vom 01.02. 2018.

50 Siehe zur Bernsteins Naturalisation AdJMB, Sammlung Arnold Bernstein, K 579 Mp. 5 2007/35/36: Certificate of Naturalization of Arnold Bernstein (52 Jahre), 09.07.1940.

51 AdJMB, Sammlung Arnold Bernstein, K 580, Mp. 6 2007/35/73-76: Broschüren der American Banner Line.

meine Reederei. 1957 konnten wir die American Banner Lines gründen [...].«[52] Mit der *S.S. Atlantik*, dem Flaggschiff der *American Banner Lines*, erfüllte sich Bernstein seinen Traum, an den angestammten Platz im transatlantischen Reedereigeschäft zurückzukehren, die Verdrängung aus Hamburg und aus dem Reederei-Geschäft rückgängig zu machen und durch seinen Erfolg als Sieger über die NS-Schergen in Hamburg und Deutschland hervorzugehen. Dennoch konnte Bernstein nicht an seine Erfolge in den 1920er und 1930er Jahren anknüpfen. Dabei spielten zum einen Management- und Firmenstrukturprobleme eine Rolle. Zum anderen fiel Bernsteins Initiative zur Neugründung einer transatlantischen Schiffslinie in eine Zeit, in der nicht mehr das Schiff das neueste und modernste Verkehrsmittel war, sondern das Flugzeug. 1959 zog sich Bernstein daher aus dem Geschäft der *American Banner Line* zurück und ging nach Palm Beach Florida. 1971 verstarb er.[53]

SCHLUSS

Migration ist ein komplexer Prozess, der nicht nur Wanderungsbewegungen miteinschließt, sondern auch wirtschaftliche Interessen, persönliche Erfahrungen sowie städtische Auseinandersetzungen beinhaltet. Dabei ist klar, dass Hamburg als Stadt nicht nur der Hintergrund war, eine Leinwand, auf der sich die Ereignisse abspielten, sondern eben oft auch Akteur und entscheidender Faktor. Die Hansestadt Hamburg beeinflusste Migrationen, lebte mit ihnen und zum Teil von ihnen. Hamburg, das heißt, die politischen Entscheidungsträger und die Zivilgesellschaft bestimmten und bestimmen auch heute noch, inwieweit Hamburg und Migration zusammengedacht werden und wie diese Verbindung gesellschaftlich wie politisch gestaltet wird. In diesem Zusammenhang kann die Biografie von Arnold Bernstein beispielhaft die Facetten der eng miteinander verwobenen Stadt- und Migrationsgeschichte sichtbar machen und einen historischen Blick auf die vielschichtigen Dimensionen der Hamburger Migrationsgeschichte freilegen.

Bernstein, der Arbeitsmigrant aus Schlesien, der dem Ruf der neuen wirtschaftlichen Möglichkeiten gefolgt war, hatte die Chancen genutzt, die ihm die

---

52 AdJMB, Sammlung Arnold Bernstein, K 581, Mp. 1 2007/35/167; Anonym: »Gespräch mit Arnold Bernstein: Einstiger Hamburger Gross-Reeder hat es auch in New York wieder geschafft«, in: Sonntagsblatt StaatsZeitung und Herold vom 24.11.1957, k.S.

53 AdJMB, Sammlung Arnold Bernstein, K 579, Mp. 1 2007/35/24: Todesurkunde von Arnold Bernstein festgestellt am 06.03.1971 mit 83 Jahren in Palm Beach (County), Boynton Beach (City).

Hafenstadt Hamburg um die Jahrhundertwende geboten hatte. Als Deutscher, Hamburger und Jude hatte er als Kaufmann auch an der Entwicklung Hamburgs mitgearbeitet und war Teil dieser aufstrebenden Handels- und Migrationsstadt geworden, die es verstand, den Zu- und Durchzug von Menschen und Waren zu nutzen und von Handel und Migration zu leben. Bernstein, der auch wirtschaftlich schwierige Zeiten durchleben musste, konnte durch riskante Geschäfte, durch ein hohes Arbeitspensum und geschickte Verhandlungen Teil der neuen Mittelschicht Hamburgs werden. Der Erste Weltkrieg unterbrach zwar Bernsteins Karriere, bestärkte ihn aber auch in seinem Selbstverständnis, Deutscher, Hamburger und Jude zu sein. Nach 1918 knüpfte er wieder an dieses Selbstverständnis an, konnte von dem wiedereinsetzenden Handel und den fortlaufenden Migrationsbewegungen profitieren und sich wirtschaftlich und gesellschaftlich in der Hansestadt neu positionieren beziehungsweise zu einem der erfolgreichsten Reeder der Zwischenkriegszeit werden. Der Aufstieg des NS-Regimes machte diesen Erfolg zunichte und ließ ihn nach 1933 selbst zum Migranten werden. Hamburg, sein Selbstverständnis und seine Stadtgesellschaft hatten sich verändert und verdrängten Bernstein aus seiner alten Heimat.

Anhand der Biografie von Arnold Bernstein, dem Arbeitsmigranten, Migrationsexperten der Zwischenkriegszeit und Exilanten in den USA, wird klar, wie eng Migrations- und Stadtgeschichte miteinander verwoben sind. Zudem versinnbildlicht Bernsteins Leben, wie tiefgreifend Migrationserfahrungen das eigene Leben und das eigene Lebensnarrativ bestimmen. In seinen zwischen 1962 und 1964 niedergeschriebenen Memoiren rekonstruierte er sein Leben entlang der positiven und negativen Migrationserfahrungen, die ihn von Breslau nach Hamburg und von Hamburg in die USA führen sollten. Bei genauerer Betrachtung wird zudem deutlich, dass Migrationen auch eine persönliche Auseinandersetzung erfordern und Fragen des kulturellen Selbstverständnisses aufwerfen. Bernstein, der sich in seinen Memoiren mit diesen Fragen ebenfalls auseinandersetzte, tat dies in englischer Sprache und bezeugte damit, dass er die sprachliche und kulturelle Sphäre seiner alten Heimat (Deutschland beziehungsweise Hamburg) verlassen hatte. Bernstein setzte damit ein Zeichen gegen die NS-Verfolgung und Vernichtung und integrierte sich eindeutig in die US-amerikanische Gesellschaft. Seine Memoiren hingegen, die posthum erschienen, wurden zur literarischen Brücke von seiner neuen zu seiner alten Heimat. 2001 wurden sie in deutscher Sprache publiziert, wodurch seine Geschichte dem deutschen Vergessen entrissen wurde.[54] Sechs Jahre später, 2007, übergab zudem Arnold und Lilie Bernsteins Sohn

54 A. Bernstein: Ein jüdischer Reeder.

Ronald den Nachlass seiner Eltern dem neugegründeten Jüdischen Museum Berlin. Er verstand dies als logischen Schritt im Kontext der Familienmigrationen.[55]

55 2008 wurde eine Ausstellung über Arnold Bernstein unter dem Titel »Im Wechsel der Gezeiten: Der Reeder Arnold Bernstein« seitens des Jüdischen Museums Berlin gezeigt (https://www.jmberlin.de/ausstellung-arnold-bernstein vom 01.02.2018).

Die Entlausung

Mary Antin unterwegs ins gelobte Land

MONICA RÜTHERS

Abstract: The Promised Land, erschienen 1912 und verfasst von der damals 28-jährigen Mary Antin, ist eine der bekannteren russisch-jüdischen Einwanderer-Autobiografien in den USA. Im Kapitel über die Reise in die USA ist eine häufig zitierte Desinfektionsszene enthalten. Sie spielt im Durchgangsbahnhof Ruhleben bei Berlin. Ihre Lektüre erscheint im Zeitalter »nach Auschwitz« wie eine böse, ja unheimliche Vorahnung. Mithilfe des Konzepts der retroaktiven Vorausschau lässt sich die Quelle aus dem Anachronismus der Shoah-Perspektive lösen: Die Schilderungen der Bedingungen bei Transport und sanitarischer Behandlung müssen vor dem Hintergrund des zeitgenössischen Kontextes bewertet werden. Die Quellenanalyse zeigt durch Vergleiche verschiedener Schriftversionen die Bewältigungsarbeit Antins. Die institutionalisierte Behandlung von Migranten diente der Seuchenbekämpfung und war eine Folge der Angst vor Ansteckung und Bakterien, schuf aber auch eine »Normalität«, in der Migranten entmündigt wurden und Befehlen zu gehorchen hatten. Später wurden jüdische Bürger durch Deportation zu Migranten gemacht. Sie ließen Desinfektionsmaßnahmen über sich ergehen, weil diese zum »normalen« Prozedere gehörten. So wurde das anerzogene Wissen über den Umgang mit Migranten zur Maßnahme der Nationalsozialisten, um die Ermordung der Europäischen Juden zu tarnen.

Mary Antin (Maryasche Antin, 1883-1949), ein jüdisches Mädchen aus dem weißrussischen Polotzk, wanderte 1894 mit ihrer Mutter und ihren drei Geschwistern über Hamburg nach Boston in die USA aus, wohin der Vater vorausgefahren war. Im Jahr 1912 erschien ihre Autobiografie *The Promised Land*. Gegliedert ist diese

»life history«[1] in drei Teile: 1) Leben in Russland, 2) »Exodus« und 3) Assimilation in den USA. Darin schildert die 28-jährige Mary Antin ihren Aufstieg in die gebildete Mittelschicht der amerikanischen Ostküste als Erfolgsgeschichte. Zentrale Motive, die auch in der Forschungs- und Rezeptionsgeschichte zu Antins Autobiografie Aufmerksamkeit erfahren haben, sind Sprache und Sprachwechsel, das Motiv der »Wiedergeburt« und der Bibelbezug in der jüdisch-amerikanischen Immigrationsliteratur. Die Phase der Reise, um die es hier geht, wurde erst wenig beachtet.

Mary Antins Autobiografie entstand unter dem Eindruck nativistischer Strömungen, welche die Einwanderung, vor allem aus Ost- und Südeuropa, radikal beschränken wollten. Angesichts solcher Tendenzen verfocht Mary Antin eine liberale Einwanderungspolitik und formte ihre Autobiografie entsprechend als Bekenntnis zu Amerika.[2] Mary Antin sah sich selbst als Vorbild einer gelungenen Integration und schrieb ihre Geschichte in die amerikanische Geschichte ein. Sie nahm ihr Schicksal stellvertretend für das vieler anderer wahr: »[T]he ship I sail in is history«.[3] *The Promised Land* hatte großen Erfolg, wurde mehrfach aufgelegt und auch ins Deutsche übersetzt. Hier lautete der 1913 erschienene Titel *Aus dem Ghetto ins Land der Verheißung*.

Mary Antin strebte nach völliger Assimilation. Sie wurde deshalb zunächst als Vorbild für die Generation der Einwanderer in den USA wahrgenommen.[4] Die Kritik lobte das Typische an ihrer Autobiografie, ihre »kollektive Stimme«.[5] *The Promised Land* wurde zur Pflichtlektüre an amerikanischen Schulen, Auszüge

1 Antin, Mary: The Promised Land, Boston/New York 1912, S. XIII. Auf Seite XI schreibt sie aber von »my life's story« (alle Übersetzungen soweit nicht anders vermerkt durch die Autorin). Mit dieser Formulierung vertritt sie den Anspruch, ihre Lebensgeschichte habe eine überpersönliche Bedeutung. Sie verweist auf deren Sinngehalt. Eine kurze Interpretation von Antins Briefen ist in der Online-Quellenedition des IGDJ erschienen: Rüthers, Monica: Zwischen Bedrohung und Hoffnung. Migration in die Neue Welt. Der Bericht von Mary Antin, in: Hamburger Schlüsseldokumente zur deutsch-jüdischen Geschichte, https://dx.doi.org/10.23691/jgo:article-53.de.v1 vom 01.02. 2018. Dort sind die zitierten Quellen einsehbar.

2 Vgl. McGinity, Keren R.: »The Real Mary Antin. Woman on a Mission in the Promised Land«, in: American Jewish History 86 (1998) 3, S. 285-307.

3 M. Antin: The Promised Land, S. 78.

4 Vgl. Kramer, Michael P.: »Assimilation in The Promised Land. Mary Antin & the Jewish Origins of the American Self«, in: Prooftexts 18 (1998) 2, S. 121-148.

5 Zaborowska, Magdalena J.: How We Found America. Reading Gender Through East-European Immigrant Narratives, Chapel Hill 1995, S. 54.

wurden in amerikanischen Lesebüchern abgedruckt und im Staatskundeunterricht behandelt.[6] In den 1960er und 1970er Jahren geriet das unbedingte Streben nach Assimilation, das Mary Antin verkörperte, jedoch in die Kritik. An die Stelle der Idee vom Schmelztiegel, des *Melting Pot*, rückte in den USA damals das multikulturelle Gesellschaftsmodell der *Salad Bowl*.[7] Dieser Bewusstseinswandel ging mit der Entdeckung der Ethnizität, der Suche nach den eigenen Wurzeln und einem gesteigerten Interesse an der Einwanderergeneration einher.[8] Filme wie *Der Pate*, *Zorba the Greek* und auch *The Fiddler on the Roof* beschäftigten sich mit der Geschichte ethnischer Gemeinschaften. Mary Antins Haltung erschien nun als unangemessene Verleugnung ihrer Herkunft, als Schwäche. Wiederentdeckt wurde sie einerseits im Kontext der Forschungen zum osteuropäischen Judentum, andererseits im Kontext der Frauenforschung und der Forschungen zur amerikanischen Immigrationsgeschichte. In Antins Autobiografie gibt es eine Stelle, die beunruhigt, weil sie auf heutige Leser wie eine Vorahnung vom Holocaust wirkt. Diese Stelle soll hier eingehender interpretiert werden.

THE PROMISED LAND: EINE QUELLE, DIE BEUNRUHIGT

Anschaulich beschreibt Mary Antin, wie die Migranten an einer eigens dafür eingerichteten Haltestelle in Ruhleben, außerhalb Berlins gelegen, einer Entlausung unterzogen wurden:

»Auf einem großen, einsamen Feld, gegenüber einem alleinstehenden Haus auf einem großen eingezäunten Hof hielt unser Zug endlich an, und ein Schaffner befahl den Passagieren, rasch auszusteigen. […] Er scheuchte uns in einen großen Raum im Erdgeschoß und dann in den Hof. Hier erwarteten uns viele weiß gekleidete Männer und Frauen. […] Es folgten erneute Szenen der Verwirrung und des Durcheinanders, Eltern verloren ihre Kinder, die Kleinen weinten; […] die weiß gekleideten Deutschen brüllten Befehle, immer begleitet von der Aufforderung ›schnell, schnell!‹ – die verwirrten Reisenden befolgten alle

6 Vgl. Tuerk, Richard: Mary Antin (1881-1949), http://www9.georgetown.edu/faculty/bassr/heath/syllabuild/iguide/antin.html vom 01.02.2018.

7 Vgl. M.P. Kramer: Assimilation, S. 123.

8 Vgl. Jacobson, Matthew Frye: »A Ghetto to Look Back To. World of Our Fathers, Ethnic Revival, and the Arc of Multiculturalism«, in: American Jewish History 88 (2000) 4, S. 463-474.

Anweisungen wie brave Kinder und fragten nur von Zeit zu Zeit, was mit ihnen geschehen würde.«[9]

Die Reisenden bekamen es bald mit der Angst vor Räubern und Mördern zu tun:

»Hier hatte man uns an einen einsamen Ort gebracht, an dem nur das eine Haus zu sehen war; man hatte uns unsere Sachen weggenommen, unsere Freunde von uns getrennt; ein Mann kam, um uns zu inspizieren, als ob er unseren Wert einschätzen wollte; seltsam aussehende Leute schoben uns herum wie blöde Tiere, hilflos und wehrlos; Kinder, die wir nicht sehen konnten, schrien auf eine Weise, die schreckliche Dinge vermuten ließ; wir selbst wurden in einen kleinen Raum gebracht, wo ein großer Kessel auf einem kleinen Ofen kochte; wir mussten unsere Kleider ablegen und unsere Körper mit einer schlüpfrigen Substanz abreiben, die alles Mögliche Schädliche sein konnte; ein Regen warmen Wassers ging ohne Warnung über uns nieder; wieder wurden wir in einen kleinen Raum getrieben, wo wir in Wolldecken gewickelt saßen, bis große, grobe Säcke hereingebracht wurden, ihr Inhalt ausgeleert, und wir sahen nur eine Dampfwolke und hörten die Anweisung der Frauen, uns anzuziehen ›schnell, schnell!‹«[10]

Die Episode kam trotz aller Befürchtungen zu einem glücklichen Ende:

»Wir mussten unsere Kleider aus dem Haufen zusammensuchen, blind vom Dampf; wir würgten und husteten und baten die Frauen um etwas Zeit; sie wiederholten ›schnell, schnell! – oder ihr verpasst den Zug!‹ Oh, also werden wir doch nicht ermordet! [...] Gott sei Dank!«[11]

NACH DER APOKALYPSE: DAS KONZEPT DER RETROAKTIVEN VORAUSSCHAU

Die Lektüre der Schilderung löst Unbehagen aus, weil der Text Bilder evoziert, die bis ins Detail Szenen gleichen, wie sie aus Beschreibungen des Holocaust bekannt sind: »Wir Emigranten wurden an den Bahnhöfen zusammengetrieben, in die Wagen verfrachtet und von einem Ort zum nächsten transportiert wie Vieh.«[12] Überfüllte Eisenbahnwaggons, die mitten im Nirgendwo auf einem Feld halten,

9 M. Antin: The Promised Land, S. 174-175.

10 Ebd.

11 Ebd.

12 Ebd., S. 172.

die Hetze, die Befehle schreienden Deutschen in Uniformen. Das Entkleiden, die gemeinsame Dusche, die Desinfektion, die Haufen aus Kleidern. Die Orientierungslosigkeit, verursacht durch den Verlust des bekannten Umfeldes und damit eines Teils der Identität und des Status. Hilflosigkeit und Sprachlosigkeit, Schrecken und Furcht, die Apathie der Betroffenen. Der soziale Abstand zwischen den »unberührbaren« Migranten und den mit deren Desinfektion beauftragten Deutschen.

Wir lesen die Worte im Wissen darum, dass sich die hier deutlich formulierten Todesängste keine 50 Jahre später als brutale Realität erweisen sollten. Die durch den Text erzeugten Bilder weisen scheinbar auf die Zukunft hin. Sie werden in unserer Wahrnehmung von den späteren Ereignissen rückwirkend überschattet. Die Shoah hat durch ihre Position in der globalen Erinnerungskultur unsere Wahrnehmung ein für alle Mal verändert und wirft ihren Schatten auf die gesamte jüdische Geschichte zurück. Dieses *Backshadowing*[13] schafft ein historisches Narrativ, eine Logik, in der alles auf diese Apokalypse zusteuert: Wir können diese Textstelle gar nicht mehr unvoreingenommen lesen. Daher wird sie in der Forschungsliteratur auch regelmäßig als *unsettling* (beunruhigend),[14] *hauntingly familiar* (auf unheimliche Weise vertraut)[15] oder »gespenstische Vorahnung«[16] bezeichnet. Mit dieser Wirkung beschäftigt sich Michael Andre Bernsteins Konzept des *Backshadowing*, der retroaktiven Vorausschau: Durch die Überschattung nutzen wir das Wissen um die späteren Ereignisse, nicht zuletzt um die Vorgänge und das Handeln der Akteure zu bewerten, uns ein Urteil über die Beteiligten zu bilden. Hätten diese wissen müssen, was später kam? Hätten sie sich wehren sollen?

Was bedeutet diese Voreingenommenheit für die Quelleninterpretation? Einerseits gilt es, sich diese Okkupation und Lenkung der Wahrnehmung bewusst zu machen. Andererseits darf die rückwirkende Überschattung unvoreingenom-

---

13 Bernstein, Michael Andre: Foregone Conclusions. Against apocalyptic history, Berkeley 1994, S. 16; Zemel, Carol: »Imaging the Shtetl. Diaspora Culture, Photography and Eastern European Jews«, in: Nicholas Mirzoeff (Hg.): Diaspora and Visual Culture. Representing Africans and Jews, London u.a. 2000, S. 193-206, hier S. 196.

14 Brinkmann, Tobias: »Why Paul Nathan Attacked Albert Ballin. The Transatlantic Mass Migration and the Privatization of Prussia's Eastern Border Inspection, 1886-1914«, in: Central European History 43 (2010) 1, S. 47-83, hier S. 59, FN 19.

15 Sheffer, Jolie: »Recollecting, Repeating, and Walking Through. Immigration, Trauma, and Space in Mary Antin's *The Promised Land*«, in: *MELUS* 35 (2010) 1, S. 141-166, hier S. 150.

16 Van Pelt, Robert Jan/Dwork, Debórah: Auschwitz. Von 1270 bis heute; aus dem Engl. von Klaus Rupprecht, Zürich 1998, S. 55.

mene Interpretationsmöglichkeiten nicht ausschalten. Dabei hilft eine eingehende kritische Analyse der Quelle, eine Quellenkritik.

Mary Antin verlieh ihrem autobiografischen Text durch eingefügte Briefpassagen nicht nur Glaubwürdigkeit, sondern auch den Eindruck der zeitlichen Nähe, des unmittelbaren Erlebens. Dabei zitierte sie nach eigenen Angaben einen Brief an ihren Onkel mütterlicherseits in Polotzk, Moshe Hayyim Weltman, in dem sie unmittelbar nach ihrer Ankunft in Amerika 1894 ihre Reiseerlebnisse geschildert hatte. Doch bei der Überprüfung der Quellen stellt sich heraus, dass die zitierte Version des Briefes nicht dem ursprünglichen, auf Jiddisch verfassten Brief an den Onkel entspricht. Denn es existieren mehrere Fassungen des Briefes: 1899 veröffentlichte Mary Antin eine englische Version des Reiseberichts unter dem Titel *From Plotzk to Boston.*[17] Der von ihr geschilderten Entstehungsgeschichte des Briefes zufolge sei ihre Lampe umgekippt, kurz bevor sie den Brief vollendet habe. Der Brief sei mit Kerosin übergossen worden, weshalb sie ihn noch einmal habe abschreiben müssen. Das kerosingetränkte Original behielt sie und benutzte es später als Grundlage für den Reisebericht *From Plotzk to Boston.* 1910 gelangte Mary Antin anlässlich einer Reise nach Russland wieder in den Besitz der Abschrift, die sie an den Onkel geschickt hatte. 1914 ließ ihr Schwager, John F. Grabau, diese Abschrift binden und übergab sie der Boston Public Library, in deren Bestand sie sich heute noch befindet. Dieses Manuskript zählt 68 Seiten, wobei die Nummerierung offenbar aufgrund eines Irrtums von Seite 55 direkt auf Seite 60 springt. Es hat eine kurze handschriftliche Einleitung in englischer Sprache, in der Mary Antin die Geschichte des Manuskripts selbst beschreibt.[18]

---

17 Die Verwechslung des weißrussischen Polotzk mit dem polnischen Płock geht auf einen Verlagsfehler zurück.

18 Ein jiddisches Transkript des Briefes sowie eine englische Übersetzung wurden 2013 von Sunny Yudkoff veröffentlicht: Yudkoff, Sunny: »Transcription of Mary Antin's Yiddish Letter (Precursor to From Plotzk to Boston)«, in: Studies in American Jewish Literature 32 (2013) 1, S. 67-98; dies.: »Translation of Mary Antin's Yiddish Letter (Precursor to From Plotzk to Boston)«, in: Studies in American Jewish Literature, 32 (2013) 1, S. 36-66.

AUSZUG AUS DEM BRIEF AN DEN ONKEL MOSHE HAYYIM WELTMAN IN POLOTZK, 1894

In der jiddischen Fassung von 1894 liest sich die Szene folgendermaßen:

[26] »Niemand hatte das Bad und den Doktor und alle die übrigen Prozeduren erwartet. Aber wir mussten allen Befehlen gehorchen, denn wir befanden uns gleichsam in einem Gefängnis: Alle blieben weiter im Hof stehen, nur standen nun die Frauen in einer Gruppe zusammen und die Männer in einer zweiten. Zwei der weiß gekleideten Frauen gingen zur Frauengruppe und zeigten ihnen das Bad, in das sie auch hineingingen. Das Bad bestand aus zwei kleinen Räumen. Im ersten Raum waren zwei Bänke und auf einer Seite kochte Wasser in einem großen Kessel auf einem eisernen Ofen. Im zweiten Raum waren vier Duschen an Balken befestigt. Es gab keinen Boden, nur ein eisernes Gitter. Als wir in den ersten Raum kamen, befahlen uns die beiden Frauen, die Kleider auszuziehen und sagten dabei ständig: Schnell! Schnell! Sie packten die Kleider in Säcke und trugen sie weg, um sie zu reinigen.«[19]

Die Schilderung beschreibt das Erlebte Schritt für Schritt. Im ersten Satz betrachtet die Autorin das Geschehen aus einer allgemeineren Perspektive. Im Verlauf der Handlung nähert sie sich jedoch der Sichtweise der Betroffenen an.

»Uns schickten sie in den zweiten Raum. Wir stellten uns unter die Duschen. Die Frauen gaben [27] allen Grünseife und wiesen sie an, Hals und Ohren zu waschen. Und als wir uns ordentlich eingeseift hatten, drehten sie zwei Duschen an und wir wurden alle wie von einem Sommerregen übergossen. Jetzt gingen wir wieder in den ersten Raum, hüllten uns in große Flanelltücher und mussten uns auf die Bänke setzen. Nach fünf Minuten kam der Doktor und schaute jedem in den Hals und in die Ohren und ging wieder hinaus, ohne etwas zu sagen oder zu fragen. Bald darauf brachte man die Säcke mit den Kleidern. Als man sie ausleerte, wurde es finster im Raum vor Dampf. Jetzt zieht euch an, aber ganz schnell!, befahlen die Frauen. Alle klaubten ihre Kleider zusammen und zogen sich eilends an, und bevor alle ganz angezogen waren, schubsten die beiden Frauen alle durch die schmale Tür mit den Worten: Im Hof steht euer Gepäck, so wie ihr es zurückgelassen habt. Nehmt es und geht rasch in den Wartesaal.«[20]

19 S. Yudkoff: Transcription, S. 80-81, Übersetzung aus dem Jiddischen durch die Autorin.

20 Ebd.

Die Erzählerin bleibt in der Gruppe und spricht von »wir«, »uns« und »allen«. Vergleiche mit »blöden Tieren« oder Attribute wie »schlüpfrige Seife« fehlen ebenso wie das »blinde Würgen und Husten«. Erst am Schluss der Szene wechselt Mary Antin in die Ich-Form, reflektiert das Erlebte und beschreibt ihre emotionale Reaktion:

[29] »Erst als sich alle Passagiere beruhigt hatten und eingeschlafen waren, schaute ich mich um und lauschte und dachte daran, was wir an dem Abend durchgemacht hatten. Und ich zitterte bei der Erinnerung daran, wie man dort im Bad alle behandelt hatte: Die strengen Gesichter all der Menschen, die wir im Berliner Bad, oder richtiger gesagt Gefängnis, mit ihrer weißen Kleidung gesehen hatten, machten auf alle einen üblen Eindruck. Ihre Befehle, ihr Geschrei und Geheule ließ alle zittern. Ich glaube nicht, dass das Bad nur der ärztlichen Kontrolle diente, weil man Angst vor der Einfuhr von Krankheiten nach Amerika hat. Denn wie sollen Wasser und Grünseife vor Krankheiten schützen? Ich kann mir nichts anderes vorstellen, als dass es nur eine Ablenkung für die Passagiere ist, um sie zu berauben.«[21]

Die in der Autobiografie zitierte Fassung des Briefes von 1899 entpuppt sich als freie Nacherzählung. Diese richtete sich an die amerikanische Öffentlichkeit und unterschied sich in ihrer sprachlichen Gestaltung von dem jiddischen Brief an den Onkel und die Verwandten daheim in Russland. Die literarisch begabte Mary Antin galt als Wunderkind und die von jüdischen Gönnern geförderte Publikation sollte ihr die weitere Ausbildung ermöglichen. Gefördert wurde Mary Antin von ihrer Lehrerin Mary Dillingham, den jüdischen Bostoner Philanthropen Lina und Jacob Hecht sowie deren Freund, dem bekannten jüdischen Schriftsteller Israel Zangwill. Letzterer stellte den Kontakt zur Zeitschrift *American Hebrew* her, in welcher die englische Version in Fortsetzungen abgedruckt wurde, bevor sie als Buch erschien. Die Gönner wollten Mary Antin angesichts zunehmender Fremdenfeindlichkeit und politischer Initiativen gegen die Masseneinwanderung in die USA als Musterbeispiel gewinnbringender Integration vorführen.

VON DER ERFAHRUNG ZUR ERZÄHLUNG

In dem Brief an den Onkel beschreibt Mary Antin ihre Erfahrung der Desinfektion auf der faktischen Ebene äußerst ausführlich. Sie schildert zahlreiche Details der Umgebung, die Abläufe, Routinen und Handlungen. In der Darstellung verschmelzen sie und ihre Angehörigen mit der Migrantengruppe. Deutlich geht aus

21 Ebd.

dem Brief hervor, wie die Menschen zur anonymen Masse wurden, wie desorientiert sie waren, wie sie den Anweisungen von Fremden und den unbekannten Prozeduren ausgeliefert waren, sobald sie sich einmal auf die Reise begeben hatten. Sie waren gleichsam ›Gefangene‹ von Institutionen und Abläufen, die sie weder vorhersehen noch durchschauen, geschweige denn beeinflussen konnten. Eine zweite Ebene der Reflexion und Erfahrung, auf der die eigenen Gedanken und Gefühle geschildert werden und auf der Mary Antin versucht, in der Ich-Form das Erlebte einzuordnen und zu verstehen, ist in diesem Brief nur angedeutet. Auf dieser Ebene bleibt die Autorin weitgehend sprachlos.

Der Vergleich der englischen Ausgabe von 1899 mit dem jiddischen Originalbrief von 1894 zeigt wesentliche Abweichungen: Der englische Text ist stärker literarisiert, mit zahlreichen neuen Details ausgeschmückt und weist eine zusätzliche Ebene mit Kommentaren und Reflexionen auf. Diese Ebene schafft zwar Distanz zum Erlebten, aber zugleich sind die Szenen selbst durch Dialoge und Ausrufe emotionaler und lebhafter gestaltet, sodass sich der Eindruck der Unmittelbarkeit gegenüber der Vorlage eher noch verstärkt.

Weil die Veröffentlichung auch den Zweck hatte, Mary Antins weitere Ausbildung zu finanzieren, gab es gute Gründe, den Text so zu gestalten, dass er dem Publikum wie auch den Gönnern gefiel, und die Autorin den Erwartungen entsprechend darzustellen. Im Ergebnis wurden Änderungen des jiddischen Briefes an den Onkel und die Familie in Russland genau kalkuliert, sodass ein gänzlich neuer Text entstand, der für eine amerikanische Leserschaft gefälliger war, nämlich eine rhetorisch fein geschliffene Erzählung der Überfahrt einer freiheits- und bildungshungrigen Immigrantin aus dem »tyrannischen« Russland ins gelobte, freie Amerika.[22]

TRAUMA

Jolie Sheffer hat die Schilderung der Reiseerlebnisse in der veröffentlichten englischen Version unter Rückgriff auf psychoanalytisch fundierte Traumatheorien interpretiert. Sie zieht die sprachliche Gestaltung der Desinfektionsszene (abgehackte Sätze, die durch Semikolons verbunden sind) als Argument heran: Das traumatisierte Individuum spult das Erlebte innerlich immer wieder ab, bis es in

22 Vgl. Mary Antin, From Plotzk to Boston. With a Foreword by Israel Zangwill, Boston 1899, Prefactory, S. 11; Yudkoff, Sunny: »The Adolescent Self-Fashioning of Mary Antin«, in: Studies in American Jewish Literature 32 (2013) 1, S. 4-35, bes. S. 7-9.

der Lage ist, die Erfahrung in eine Erzählung zu überführen.[23] An dieser Stelle wird der Unterschied zwischen der ersten Erzählung im (Sheffer nicht bekannten) jiddischen Brief von 1894 und der übertragenen und wesentlich ausgeschmückteren englischen Version bedeutsam: Die knappe, emotionslose Schilderung von Fakten im Original war vier Jahre später der wortreichen Ausmalung, Erklärung und Reflexion der eigenen Erlebnisse und Ängste gewichen. Mary Antin hatte sich ein Narrativ geschaffen. Dessen Form lässt die traumatische Erfahrung durchscheinen. Bei der Gestaltung dieses Narrativs konnte Mary Antin auf Fähigkeiten zurückgreifen, die sie sich inzwischen angeeignet hatte: Sie hatte Englisch gelernt, und Sprache stellt ein zentrales Element ihrer Amerikanisierung in *The Promised Land* dar. Als Vielleserin verinnerlichte Mary Antin mit der Sprache auch literarische Konventionen und kulturelle Prägungen. Sie hatte also nicht nur zeitlich, sondern auch sprachlich und kulturell Abstand gewonnen. So konnte sie bereits nach relativ kurzer Zeit ihre Erfahrungen in bestimmte konventionelle Formen amerikanischer Selbstbeschreibung gießen, die eigene Erzählung in den epischen Verlauf der großen Geschichte einschreiben – auch im Sinne eines *Self-fashioning*. Beispielhaft dafür ist der humorvolle Perspektivwechsel, den sie im englischen Narrativ der frühmorgendlichen Fahrt durch Hamburg anfügte, bei der die Auswanderer am Bahnhof auf eine Kutsche verfrachtet wurden, die sie in ein Barackenlager am Hafen brachte:

»Die Sehenswürdigkeiten, die ich für meinen Onkel alle genau aufzählte, umfassten kleine Karren, die von Hunden gezogen wurden, und große, die von selbst fuhren, die später als elektrische Straßenbahn identifiziert wurden. Die humorvolle Seite unserer Abenteuer entging mir nicht. Immer wieder treffe ich in den langen Seiten der historischen Epistel auf lustige Details. Die Beschreibung der Fahrt durch Hamburg endet mit den Worten: ›Nicht nur wir bewunderten die Sehenswürdigkeiten. Ich bemerkte viele Leute, die stehenblieben, um uns amüsiert nachzublicken, obwohl viele den Anblick gewohnt schienen. Wir gaben ein seltsames Bild ab, wie wir alle in einer Reihe hoch über den Köpfen der Passanten hockten. Tatsächlich sahen wir aus wie ein Schwarm riesiger Hühner auf der Stange, nur nicht schlafend, sondern hellwach.‹«[24]

Den hier zitierten Kommentar gab es im Originalbrief nicht, wohl aber in der englischen Fassung von 1899. Die gut ein Jahrzehnt später verfasste Autobiografie *The Promised Land* wies zwei Textebenen auf: Zitate aus dem »Brief an den

23 Vgl. J. Sheffer: Recollecting, S. 149. Sheffer weist selbst darauf hin, dass die Ähnlichkeit zu Holocaust-Erinnerungen mit ein Grund für diese Interpretation ist.

24 M. Antin: The Promised Land, S. 176.

Onkel« nach der literarisierten, reflektierenden Fassung von 1889 und die autobiografische Erzählung, die das Erlebte einordnet und bewertet. Dabei erlauben die Verwendung literarischer Konventionen des Sentimentalismus und des Realismus in *The Promised Land* der Autorin, ihre ›fremde‹ Geschichte einer russisch-jüdischen Einwanderin in Bildern und Begriffen zu erzählen, die den amerikanischen Lesern vertraut waren.[25] Die Erzählung ihrer Immigration geriet zum Erweckungserlebnis beziehungsweise zur Wiedergeburt als neuer Mensch auf dem neuen Kontinent, aus der engen jüdischen in die säkulare amerikanische Welt, aus dem autokratischen und rückständigen Zarenreich in das fortschrittliche und demokratische Amerika. Mary Antin begann ihre Lebensgeschichte mit den Worten: »I was born, I have lived, and I have been made over.«[26]

DIE PASSAGE

Welche Funktion hat nun das Kapitel »Exodus«? Im autobiografischen Narrativ erscheint die – in Anlehnung an die biblische Geschichte des Auszugs des Volkes Israel aus Ägypten ins gelobte Land – so benannte Reise als Passage zwischen dem alten und dem neuen Leben. Der Titel ordnet das individuelle Erleben in eine große heilsgeschichtliche Erzählung ein. Damit spielt Mary Antin nicht nur auf die jüdische Geschichte an, sondern auch auf den Mythos von Amerika als neuer Garten Eden und neue Chance für die Menschheit.[27] Die Schilderung der Reise ist eine Schilderung eines Ausnahmezustandes »betwixt and between«,[28] eines Schwellenzustandes zwischen dem Leben in der alten Heimat und in der neuen. Die Migranten sind unterwegs schutzlos und gefährdet, Fremden ausgeliefert, von der Gesellschaft ausgeschlossen. Sie bilden eine Gemeinschaft auf Zeit. Diesen

---

25 Vgl. Sillin, Sarah: »Heroine, Reformer, Citizen. Novelistic Conventions in Antin's The Promised Land«, in: MELUS: Multi-Ethnic Literature of the U.S. 38 (2013) 3, S. 25-43, hier S. 37.

26 M. Antin: The Promised Land, S. XI.

27 Vgl. Lewis, Richard W.B.: The American Adam. Innocence, Tragedy and Tradition in the 19th Century, Chicago 1955.

28 Turner, Victor: »Betwixt and Between. The Liminal Period in Rites de Passage«, in: ders., The Forest of Symbols. Aspects of Ndembu Ritual, Ithaca 1967, S. 93-111; vgl. ders.: »Liminality and Communitas«, in: ders., The Ritual Process. Structure and Anti-Structure, London 1969, S. 94-130 sowie ders.: »Passages, Margins, and Poverty. Religious Symbols of Communitas«, in: ders., Dramas, Fields, and Metaphors. Ithaca, London 1974, S. 231-271.

Ausnahmezustand bezeichnete Victor Turner als liminal. Turner entwickelte das Konzept der Liminalität in Anlehnung an Arnold van Genneps drei Phasen der Passagerituale.[29] Liminalität ist ein »Schwellen- oder Umwandlungszustand« während eines Übergangsrituals (*Rite de Passage*). In der ersten Phase löst sich ein Individuum oder eine Gruppe rituell aus einer herrschenden (Sozial-)Ordnung und befindet sich dann in einem Zwischenraum. Diese zweite Phase des Zwischenzustandes liegt außerhalb der Zeit und weist bestimmte Merkmale auf: Ambiguität (Mehrdeutigkeit) und Elemente der vergangenen oder zukünftigen sozialen Zugehörigkeitsbereiche und kulturellen Daseinsformen zugleich. Zeiträumliche Grenzen verwischen, soziale Schranken fallen weg, es entsteht eine Gemeinschaft der Gleichen auf Zeit (*Communitas*). Die dritte Phase dient der Wiedereingliederung, der Rückkehr in die Gesellschaft.

Mary Antins Reise weist in der autobiografischen Erzählung zahlreiche Merkmale des Passagerituals auf. Die Desinfektionsszene ist als Ritual der Reinigung in Vorbereitung auf die Wiedergeburt in das autobiografische Narrativ eingebettet. Indem die Autorin dem Ereignis durch dessen Positionierung in der Erzählung symbolische Bedeutung zuschreibt, verleiht sie der Desinfektionsszene einen neuen Sinn und mindert ihren Schrecken. Aus dem jiddischen Urtext wird die Unmittelbarkeit des Erlebens deutlich, das Bedürfnis, das Unverständliche und Überwältigende, die gemeinsam erfahrene Ohnmacht genau zu dokumentieren. Vier Jahre später, in der englischen Version, legt Mary Antin mehr Gewicht auf die eigenen Wahrnehmungen, Gefühle und Gedanken. Sie hat inzwischen Worte gefunden und ein Narrativ ihrer Erlebnisse konstruiert. Darin kann sie das Erlebte reflektieren und durch ihre eigene Deutung Macht darüber gewinnen. Diesen Prozess schließt sie in ihrer Autobiographie durch die Einordnung in die »große Geschichte« ab. Abschließend wird nun auch hier eine historische Einbettung und Deutung der Quelle und ihrer Rezeption vorgenommen.

GEFÄHRLICHE MIGRANTEN

Den Hintergrund für die sanitarischen Maßnahmen, die Mary Antin beschrieb, bildete die massenhafte Emigration aus Osteuropa. Zwischen den 1880er Jahren und dem Ersten Weltkrieg verließen neben zahlreichen nichtjüdischen rund zwei

29 Vgl. A. van Gennep: Les rites de passage: étude systématique des rites de la porte et du seuil, de l'hospitalité, de l'adoption, de la grossesse et de l'accouchement, de la naissance, de l'enfance, de la puberté, de l'initiation, de l'ordination, du couronnement, des fiançailles et du mariage, des funérailles, des saisons, etc, Paris: Nourry 1909.

Millionen jüdische Auswanderer das Russische Reich, Österreich-Ungarn und Rumänien. Demografische und wirtschaftliche Entwicklungen, rechtliche Einschränkungen sowie die daraus folgende katastrophale Armut der jüdischen Bevölkerung waren die Hauptgründe für die Massenemigration aus dem Zarenreich. Sie setzte in den 1840er Jahren ein und erreichte ihren Höhepunkt nach Pogromwellen in den 1880er Jahren. Auch andere Menschen in Europa brachen damals in großer Zahl auf, um ihr Glück in der neuen Welt zu suchen. Sie alle reisten mit der Bahn zu den großen Seehäfen, genau wie Mary Antin und ihre Familie.

1892 forderte eine Choleraepidemie in Hamburg 8.000 Tote. Heute weiß man, dass die Epidemie durch die ungefilterte Entnahme von Trinkwasser aus der Elbe ausgelöst wurde. Damals war man überzeugt, die russisch-jüdischen Auswanderer hätten die Seuche eingeschleppt. Die rasche Schuldzuweisung hing damit zusammen, dass Durchreisende aus dem »Osten« als verdächtige Träger »asiatischer« Krankheitserreger galten. Cholera, Fleckfieber und die durch Bakterien verbreitete Augenentzündung Trachom schienen die europäische Zivilisation zu bedrohen.[30] Zur selben Zeit verschärften auch die USA ihre Einwanderungsbestimmungen. Menschen mit Krankheiten oder Behinderungen durften überhaupt nicht mehr einreisen. Die Migranten mussten nicht nur in Hamburg mehrere Wochen in Quarantäne ausharren, sondern auch auf der 1892 eröffneten Einwanderungsstation Ellis Island vor New York.[31]

Infolge der Choleraepidemie wurde der Hamburger Hafen vorübergehend geschlossen und die amerikanischen Behörden unterbrachen ab September für mehrere Monate die transatlantische Migration aus allen europäischen Häfen. Das brachte den Schifffahrtsgesellschaften hohe Verluste. Um Rückführungen auf eigene Kosten zu vermeiden, begannen die Schifffahrtsgesellschaften HAPAG (Hamburg-Amerikanische-Paketfahrt-Aktien-Gesellschaft) und die Norddeutsche Lloyd 1894/95, Kontrollstationen an den Grenzen zu Russland und Österreich einzurichten, wo sie die Reisenden vorbeugend und entsprechend der amerikanischen Einwanderungsbestimmungen untersuchen ließen. Als Modell dafür diente jene Station, über die Mary Antin berichtet. Sie befand sich in Ruhleben und war bereits 1893 von den preußischen Behörden eingerichtet worden.[32] Durchreisende aus dem Osten wurden hier sanitarisch behandelt. Der noch vor der Desinfektionsstation 1891 eingerichtete Auswandererbahnhof in Ruhleben und der 1892 am

---

30 Vgl. Weindling, Paul: »Ansteckungsherde. Deutsche Bakteriologie 1890-1920«, in: Philipp Sarasin et al. (Hg.): Bakteriologie und Politik, Frankfurt a.M. 2007, S. 354-374, hier S. 358.

31 Vgl. T. Brinkmann: Transatlantic Mass Migration, S. 56.

32 Vgl. P. Weindling: Ansteckungsherde, S. 358.

Hamburger Amerikaquai errichtete Barackenkomplex sollten insbesondere Durchreisende aus dem russischen Reich von den Innenstädten Berlins und Hamburgs fernhalten. Mary Antin und ihre Familie blieben acht Tage lang in den Baracken am Hamburger Hafen interniert und wurden rudimentär, aber koscher verpflegt, bis ihr Schiff abfuhr. 1902 ersetzte die HAPAG die Baracken am Hafen durch die modernen Auswandererhallen an der Peripherie des Hafens. Diese Rassenbiologie bestärkte in den 1890er Jahren »Stereotype, wonach Osteuropäer in Schmutz und Verwahrlosung lebten und in ungewaschene, ungezieferverseuchte Lumpen gekleidet wären«.[33] Wie die Kontrollen durchgeführt wurden, ging teilweise über das medizinisch sinnvolle Maß hinaus.

Von Bedeutung ist in diesem Zusammenhang die Perspektive der Reisenden selbst. Welchen Eindruck die Behandlung bei den Betroffenen hinterließ, geht aus Mary Antins Brief deutlich hervor. Er zeugt aber auch davon, wie Informationen über die Details der Auswanderung in den Herkunftsländern verbreitet wurden: Hunderttausende von Auswandererbriefen wurden jeweils von ganzen Netzwerken gelesen. Mary Antin notierte, sie habe ihren Reisebericht von einem Verwandten in Vilna zurückbekommen, nachdem er im Kreis von Verwandten und Bekannten in Polotzk und von weiteren im russischen Reich verstreuten Zweigen der Familie herumgereicht worden war. Sie alle »bekamen zeitig anerzogen, dass sie Gesundheitskontrollen und Desinfektion zu erwarten hatten«.[34]

Nach 1945 erfuhr die Beschreibung der Desinfektion eine Umdeutung. Die Schilderung erinnerte nun an Bilder, die bis ins Detail Szenen glichen, wie sie aus Beschreibungen des Holocaust bekannt wurden: Erst aus der heutigen Perspektive erfüllen uns solche Szenen mit Unbehagen. Bis zur Shoah erschien es durch die wissenschaftliche Verknüpfung von Krankheit, Bakterien und Ungeziefer als normale Praxis, Migranten der kollektiven Desinfektion und Entlausung zu unterziehen. Indem sie Vorstellungen und Normen festigten, die bestimmte Vorgänge zur ›Normalität‹ machten, wurden solche sozialen Praktiken des Umgangs mit Armutsmigranten aus dem »Osten« jedoch langfristig wirksam: »We emigrants were herded at the stations, packed in the cars, and driven from place to place like cattle.«[35] Auf diese ›Normalität‹ und das Alltagswissen um die Gefahren aus dem »Osten« griff die nationalsozialistische Tarnpraxis für ihre mörderische »Bevölkerungspolitik« zurück und aktualisierte sie für den Umgang von Deutschen mit Juden. Die sanitarischen Maßnahmen eigneten sich als Rahmenerzählung, mit der die Opfer und die übrige Bevölkerung über den mörderischen Charakter des

33 Ebd., S. 366.

34 Ebd., S. 368.

35 M. Antin: The Promised Land, S. 172.

Regimes getäuscht werden sollten. Jüdische Bürger wurden erst deportiert beziehungsweise ›umgesiedelt‹, also zu Migranten gemacht, und dann – angeblich – nach dem für Reisende üblichen Muster behandelt. So ergibt sich letztlich doch ein Bezug zur Shoah, der nicht auf einem anachronistischen Wissen beruht, sondern auf der Interpretation von Mary Antins Erzählungen in ihrem zeitlichen Kontext zwischen 1894 und 1912. Diese Quelleninterpretation zeigt, dass im Zuge der jüdischen Massenemigration aus Osteuropa über Hamburg nach Amerika Praktiken entstanden und Normen geschaffen wurden, welche bis in den Holocaust hinein die Vorstellungen von Juden wie Nichtjuden, von Opfern und Tätern sowie von Zeitzeugen prägten.

Uniformierte mit Handschuhen und Mundschutzmasken sind bis heute Teil der Ikonografie der Migration an den Rändern Europas, etwa im Umgang mit entkräfteten Bootsflüchtlingen. Im Bild der Maske und im Zusammenhang mit Geflüchteten »überlagern sich territoriale Grenzen mit Körpergrenzen; Migration erscheint hier auch als Angriff auf die Integrität des eigenen Körpers«.[36] Wie zu Mary Antins Zeiten sind Migranten undurchsichtigen Systemen von Schleppern, Organisationen, Auffanglagern und Verfahren ausgeliefert.

36 Falk, Francesca: »Europa – der Blick auf die Ränder. Bootsflüchtlinge und Bildgedächtnis: Ikonen gefährdeter Grenzen«, in: Benjamin Drechsel et al. (Hg.): Bilder von Europa. Innen- und Außenansichten von der Antike bis zur Gegenwart, Bielefeld 2010, S. 333-341, hier S. 338.

Wilhelm Ernst Beckmann (1909-1965)

Holzbildhauer, Hamburger und Sozialdemokrat findet Asyl in Island

LILJA SCHOPKA-BRASCH

Abstract: Es ist bekannt, dass viele der von den Nationalsozialisten Verfolgten in Dänemark und Schweden Asyl suchten. Dass auch Flüchtlinge nach Island kamen, ist weniger bekannt. Wilhelm Beckmann war einer von ihnen.[1] *Der Beitrag schildert, wie es ihm und anderen deutschen Flüchtlingen erging, welche Erfahrungen sie mit Isländern und isländischen Behörden machten und welche Chancen Island als Fluchtland bot. Briefe, die Beckmann in den ersten Jahren seines Exils schrieb, veranschaulichen den schwierigen Integrationsprozess. Beckmann schildert darin sein Ringen, in der Fremde Fuß zu fassen, seine Hoffnungen, aber auch seine Verzweiflung und die Furcht, doch wieder ausgewiesen zu werden.*

DIE NOTWENDIGKEIT ZU GEHEN

Am 10. Oktober 1934 verließ der 25-jährige Wilhelm Beckmann seine Heimatstadt Hamburg. Er konnte damals nicht wissen, dass es für immer sein würde. Nachdem die Nationalsozialisten im Januar 1933 an die Macht gekommen waren, hatte sich sein Leben und das seiner Familie grundlegend verändert. Als Sozial-

1 Meine Forschungen über Wilhelm Beckmann führe ich in Zusammenarbeit mit der 2013 in Island gegründeten Wilhelm-Beckmann-Stiftung (Stofnun Wilhelms Beckmann) durch. Die Stiftung wurde von seinen Kindern und der Gemeinde Kopavogur, wo er gelebt hat, mit dem Ziel gegründet, sein Werk zu katalogisieren und einer breiten Öffentlichkeit bekannt zu machen.

demokraten und Gewerkschafter waren sie Repressalien und Verfolgung ausgesetzt. Wilhelm Beckmann hatte im Mai 1933 seine Arbeit als Lehrer von arbeitslosen Jugendlichen verloren. Die Jugendlichen hatte er in Stuckatur und Holzarbeiten unterrichtet, unter anderem in der Herstellung von Spielzeug. Er hatte keine neue Anstellung gefunden und lebte von Arbeitslosenunterstützung. Doch er war keineswegs untätig, sondern nutzte jede Gelegenheit, um zu bildhauern und zu schnitzen. Er fertigte kleine und große Skulpturen an, meist aus Holz, einige auch aus Stein.

Sein Vater und sein zwei Jahre älterer Bruder Georg waren ebenfalls aus ihren Ämtern und Funktionen verdrängt worden. Der Vater hatte als Tallymann im Hafen gearbeitet, 1928 wurde er hauptamtlicher Betriebsrat.[2] Im Zuge der Zerschlagung der Gewerkschaften durch die Nationalsozialisten wurde er im Mai 1933 entlassen und fand bis 1939 keine feste Anstellung mehr. Er musste sich als sogenannter unsteter Arbeiter im Hafen verdingen, was einen schweren Rückschlag mit großen finanziellen Einbußen bedeutete. Nicht nur die Arbeitssituation belastete die Familie, sondern auch Hausdurchsuchungen durch die Gestapo und mehrmalige Verhaftungen des Vaters und Bruders. 1934 wurde Wilhelms Bruder Georg wegen der »Vorbereitung zum Hochverrat« zu einer mehrmonatigen Haftstrafe verurteilt.[3] Nach seiner Freilassung im August 1934 wurde er aus Hamburg ausgewiesen und in Flensburg unter Gestapoaufsicht gestellt.

»... WIE HATTE MAN ES SICH SO SCHÖN GEDACHT«

Anfang der 1930er Jahre war es der Familie Beckmann gut gegangen. Der Vater hatte einen guten Verdienst, der Bruder von Wilhelm studierte. Das war keineswegs selbstverständlich, denn die Eltern, beide in Hamburg geboren, kamen aus einfachen Verhältnissen. Der Vater war Hafenarbeiter, die Mutter war bis zu ihrer Heirat Dienstmädchen gewesen. Beide Beckmann-Brüder waren Mitglied in der Sozialistischen Arbeiterjugend, später in der SPD. Georg Beckmann hatte auf Empfehlung seiner Lehrer den Realschulabschluss in der Seilerstraße, St. Pauli, gemacht und studierte später mit kleiner Matrikel an der Philosophischen Fakul-

2 Staatsarchiv der Freien und Hansestadt Hamburg [StAHH], Amt für Wiedergutmachung 351-11, Willy Beckmann 6613, Bl. 28, Prüfvermerk vom 29.06.1954.

3 StAHH, Gefängnisverwaltung 242-1 II, Aufnahmekarte Hamburger Gefangenenanstalten.

tät.[4] Wilhelm Beckmann ging einen anderen Weg. Er hatte immer schon gerne mit den Händen gearbeitet, hatte Ton bearbeitet und Holz geschnitzt. Nach Abschluss der Volksschule begann er eine Lehre als Holzbildhauer, die er 1927 abschloss.[5]

DÄNEMARK, EIN ZUFLUCHTSORT?

Nachdem Wilhelm Beckmann aus seiner Anstellung 1933 entlassen worden war, fand er keine Arbeit mehr in Hamburg. Aussicht auf neue Arbeit hatte er erst wieder im Oktober 1934, als sein Bruder ihm eine Arbeitsstelle in Flensburg vermitteln wollte. Doch aus der Anstellung wurde nichts und so reiste Beckmann kurzentschlossen weiter zu einem Onkel nach Dänemark, der dort eine Gaststätte betrieb. Dieser wiederum schickte ihn weiter zu seiner ältesten Tochter nach Kopenhagen. Sie war dort mit einem Damenschneider verheiratet und hatte eine kleine Tochter. Die Familie lebte in guten Verhältnissen und nahm Beckmann bei sich auf. Sie erklärte sich auch bereit, vorläufig für seinen Unterhalt aufzukommen, denn er bekam keine Arbeitserlaubnis.[6] Er schrieb sich für die Bildhauerklasse in der Königlichen Kunstakademie in Kopenhagen ein und bekam so eine Aufenthaltserlaubnis für ein halbes Jahr.[7] Als sich abzeichnete, dass diese nicht verlängert werden würde, ging er auf Anraten von Freunden zum Isländischen Gesandten in Kopenhagen und erhielt eine Einreiseerlaubnis nach Island.[8] Der Mann seiner Cousine lieh ihm das Geld für die Schiffspassage und am 4. Mai 1935 nahm er an Bord des isländischen Frachters Brúarfoss Kurs auf Island.

---

4 Universitätsarchiv Hamburg, Studierendenkartei, Antrag auf Einschreibung, 30.11.1929. Die kleine Matrikel bedeutete die Zulassung an die Philosophische Fakultät für vier Semester aufgrund eines Realschulabschlusses.

5 Sein Gesellenstück wurde abgebildet in: Die Plastische Kunst. Zeitschrift des Allgemeinen Bildhauerverbands, Berlin 1927, S. 4.

6 Rigsarkivet DK, Tilsynet fra Udlændigesarkiv, UDL.nr.45.359, Rapport, Statspolitiet, København, 30.11.1934.

7 Ebd., Immatrikulationsbescheinigung Det Kongelige Akademi for de skonne kunster, 23.10.1934.

8 Árnason, Gunnar: »Gisti fystu nótt sína í skjóli landnámsmannsins«, Sunnudagsblaðið vom 24.12.1959.

»NUR HIERBLEIBEN IST MEIN GANZER WUNSCH«

Nach seiner Ankunft in Island schrieb er seiner Cousine:

»Ich kann Euch nur sagen, dass die Reise ein großes Erlebnis ist. Die Verpflegung am Schiff war ausgezeichnet. Soviel man wollte konnte man essen, und dann die feinsten Sachen. Bevor man nach Reykjavik kommt, muss man einen großen Bogen ausfüllen, was man in Island will, wieviel Geld man hat usw. Ich hatte schon ordentlich Angst, aber als wir in Reykjavik ankamen war nichts los, keine Kontrolle und nichts. Nur Zoll kam an Bord. Die Zollbeamten sind sehr freundlich, man kann alles durchnehmen.«[9]

Beckmann ging zum dänischen Gesandten, um nach Arbeitsmöglichkeiten zu fragen. Dieser empfahl ihm, sich zunächst Arbeit auf dem Land zu suchen. Doch er beschloss, sich erst einmal in der Stadt umzusehen und wandte sich an das Parteibüro der Sozialdemokraten. Der Parteisekretär konnte Beckmann schon nach wenigen Tagen Arbeit bei einer Firma vermitteln, die Spielzeug herstellte. Anfang Juni schrieb er seiner Cousine: »Mir geht es im Augenblick sehr gut. Nur sehr viel Arbeit, manches Mal bis 1 Uhr nachts. Wir machen hier alles mögliche an Spielwaren. Es kommt daher weil hier ein Einfuhrverbot besteht.«[10]

Die wirtschaftliche Lage war im Island der 1930er Jahre schwierig. Die Weltwirtschaftskrise hatte 1930 auch Island erreicht und ihre Auswirkungen blieben das gesamte Jahrzehnt spürbar. In der zweiten Jahreshälfte 1930 sanken die Exportpreise, wovon besonders die Fischerei betroffen war, die 90 Prozent des Außenhandels ausmachte. Viele Seeleute verloren ihre Arbeit. Die Regierung versuchte mit Arbeitsbeschaffungsprogrammen, Abhilfe gegen die steigende Arbeitslosigkeit zu schaffen und etwa durch Einfuhrzölle und Einfuhrverbote die Wirtschaft zu stärken. Beckmann hatte Glück, dass sein Arbeitgeber von diesen Schutzzöllen profitierte. Beckmann verstand sich anfangs sehr gut mit seinem Chef. Nachdem sie miteinander Brüderschaft getrunken hatten, duzten sie sich und morgens und nachmittags gab es Kaffee und Kuchen. Auch zu einem Ausflug nach Thingvellir, der alten Thingstätte der Isländer,[11] lud sein Chef ihn ein. Über Island schrieb Beckmann: »Wunderbare Berge, heisse Quellen und schöne Mäd-

9 B1, 12.05.1935. Die Briefe (B1-B14) befinden sich im Archiv der Wilhelm-Beckmann-Stiftung. Die Zitate werden entsprechend der Rechtschreibung des Originals belassen.

10 B1, 12.05.1935.

11 In Thingvellir wurde von der Landnahme bis zum Ende des 18. Jahrhunderts jeden Juni die Volksversammlung abgehalten, dabei wurden Gesetze erlassen und Gericht gehalten.

chen, das ist Island.« Und an anderer Stelle: »Fremdartig ist es hier sehr, keine Straßenbahn, und die Stadt selber läuft man in einer halben Stunde durch. Deutsch wird sehr wenig gesprochen, aber Dänisch, also muss ich immer auf Dänisch stottern.«[12]

Dänisch war die erste Fremdsprache in der Schule, denn Island war Jahrhunderte lang unter dänischer Herrschaft. 1918 erlangten die Isländer im Rahmen einer gemeinsamen Union die innenpolitische Selbstständigkeit. Die Außenpolitik dieser Union wurde von den Dänen bestimmt und an der Spitze stand der dänische König. Selbstständig wurde Island 1944 mit der Gründung der Republik. In den 1930er Jahren war das politische System in Island also noch jung und innenpolitische Fragen standen im Zentrum.[13] Es fehlte noch eine demokratische Tradition und es gab häufige Regierungswechsel. Die überwiegende Mehrheit der isländischen Bevölkerung war konservativ und wenig weltoffen, was auch Ausländer und Flüchtlinge zu spüren bekamen. Aber zunächst bemerkte Wilhelm Beckmann noch nichts davon.

Im Herbst 1935 konnte Beckmann sich zwei Zimmer mieten, wovon er eins als Atelier nutzte. Er schreibt: »Du fragst, ob ich mich nach Hause sehne? Nein mit keiner Faser meines Herzens. Nur Hierbleiben ist mein ganzer Wunsch. Land und Leute sind einzig auf der Welt.«[14]

Das Verhältnis zu seinem Chef verschlechterte sich allerdings bald, schließlich wurde ihm der Lohn nicht mehr ausbezahlt. Als Beckmann dagegen protestierte, wurde er entlassen. Er geriet in Mietrückstand und wendete sich schließlich an den Parteivorsitzenden der Sozialdemokraten. Letztendlich musste sein Chef den gesamten Lohn sowie die entstandenen Gerichtskosten bezahlen und Beckmann bis Mai 1936 halbtags wieder einstellen. Beckmann fand dann eine neue Arbeit bei dem bekannten Bildhauer Ríkarður Jónsson. Bei ihm blieb er neun Jahre. Besonders vor Weihnachten gab es dort viel zu tun, teilweise dauerten die Arbeitstage dann bis vier Uhr morgens.

In seiner Branche gingen die Geschäfte gut, aber in anderen Bereichen stieg die Arbeitslosigkeit. Die Einfuhrbeschränkungen verteuerten die Lebenshaltungskosten. So schrieb er im Februar 1936: »Hier ist alles schrecklich teuer geworden. Und dabei bekommt man nicht einmal alles. Die Einfuhr ist sehr beschränkt worden.«[15] Die wirtschaftlich angespannte Lage und unsichere Situation auf dem

12 B2, 04.06.1935.

13 Heimisson, Einar: Die Asylsituation in Island in den dreißiger Jahren im Vergleich mit den anderen nordischen Ländern, Freiburg i. Br. 1992, S. 118.

14 B4, 25.10.1935.

15 B6, 18.02.1936.

Arbeitsmarkt verstärkten bestehende Vorbehalte gegen Ausländer. Aufgrund seiner geografischen Lage und der klimatischen Bedingungen war Island ein recht isoliertes Land mit einer überschaubaren Bevölkerung und einem traditionell geringen Ausländeranteil. 1940 lag die Bevölkerungszahl bei 20.000, etwa ein Viertel der Einwohner lebte in Reykjavik. Im selben Jahr gab es in Island etwa 35 bis 40 Flüchtlinge. Die genaue Zahl aller nach Island geflohenen NS-Verfolgten kann, so der isländische Historiker Einar Heimisson, nicht festgestellt werden, da in den Dokumenten der Ausländerpolizei der Aufenthaltsgrund nicht erfasst wurde. Nach seinen Untersuchungen kamen auf 10.000 Einwohner weniger als drei Flüchtlinge, während es in Schweden und Dänemark fünf waren.[16] Die isländische Gesellschaft war stark vom Nationalismus geprägt und ihre Vaterlandsliebe wirkte nach innen stark verbindend, nach außen aber abgrenzend. Der Slogan der liberalkonservativen Unabhängigkeitspartei »Island für die Isländer« fand breite Zustimmung in der Bevölkerung. Grundsätzlich galt, dass sich Ausländer ohne Aufenthaltserlaubnis nicht länger als drei Monate in Island aufhalten durften. Über die Erteilung dieser Erlaubnis entschied allein der Justizminister, der hart gegen Ausländer vorging und die Verschärfung dieser Regelung vorantrieb.[17] 1936 trat ein Ausländergesetz in Kraft, in dem die Gründe für die Ausweisung von Ausländern vage formuliert waren. So reichte es aus, »wenn sein Verhalten dazu ein Grund ist« oder auch wenn isländische Bürger die Ausweisung verlangten.[18]

Die konservative Presse schürte durch ihre Berichterstattung die Furcht vieler Isländer, die Ausländer nähmen ihnen die Arbeit weg. Zwar betrug die Arbeitslosigkeit nie mehr als acht Prozent der Erwerbstätigen, aber sie stieg besonders in den Jahren 1936 bis 1938, also in einer Zeit, als verstärkt Flüchtlinge ins Land kamen. Beckmann schrieb im Januar 1937:

»[...] [W]ir Ausländer hauptsächlich die Deutschen, sind alle vor die Polizei gerufen worden. Und zwar will man die Ausländer aus dem Lande werfen. Ich selber bin einer der ersten gewesen, die man geholt hat. Ein kleines Kreuzverhör musste man über sich ergehen lassen. Da ich hier genug bekannt bin, werde ich die größten Chancen haben, hier zu bleiben. Die soziald. Partei erklärte der Polizei, sie halte die Hände über mir. Aber man weiß nie, wie sich die Dinge entwickeln werden. Da die Minister hier alle links sind, werde ich der Zukunft ruhig ins Auge sehen. Einigen deutschen Nazis hier ist es unangenehm in ihr gelobtes Land zurückkehren zu müssen, sie würden lieber auf Island Heringe essen als wie in Deutschland Walfischfett einnehmen. Meine Aufenthaltsgenehmigung läuft bis zum

16 E. Heimisson: Die Asylsituation in Island, S. 241.

17 Ebd., Anm. 571, S. 216-217.

18 Ebd., Anm. 571.

21. März 1937, die neue wird im Febr. vom Minister selber eingereicht. Sollte diese doch abgelehnt werden, so reise ich nach Bergen und sehe zu von dort nach Spitzbergen zu kommen. Falls ich nicht an die spanische Front gehe.«[19]

Dazu kam es nicht, denn seine Aufenthaltserlaubnis wurde verlängert. Die Angst aber blieb, eines Tages doch ausgewiesen zu werden. Dazu kam die Sorge um seine Angehörigen in Deutschland. Er schrieb weiter: »Ich habe immer noch keine Sehnsucht zurück. Von Georg und Mama bekam ich die herzzerreissensten Briefe. Heute hat man Sehnsucht nach mir, früher war es aber anders, leicht werde ich wohl keine von den meinen wiedersehen. Die Briefe die ich bekomme sind wenige, und die Not spricht aus ihnen.« Beckmann versuchte, sich – so gut es ging – an Land und Leute anzupassen. Dazu gehörte das Erlernen der isländischen Sprache. Darüber schrieb er im selben Brief: »Ich spreche ganz gut Dänisch. Das isl. habe ich auch bald raus. Eine sehr schwere Sprache. Manche die schon seit dem Kriege hier sind sprechen noch nicht.« Er hatte keinen Sprachunterricht, sondern erlernte Isländisch nur durchs Hören.

»Es herrscht hier wieder strenge Ausländerkontrolle«

1938 verschärfte sich die Situation von Ausländern und insbesondere von Flüchtlingen weiter. Im Februar 1938 schrieb er: »Mir selber geht es noch gut. Man weiß aber nicht was kommen wird. 2 x bin ich zur Polizei bestellt worden. Es herrscht hier wieder strenge Ausländerkontrolle. Ich glaube aber, dass ich vorläufig unangefochten bleibe.« Im Sommer 1938 hatte er Pläne, seine Verwandten in Dänemark zu besuchen, umsetzen aber konnte er sie nicht. Im August 1938 schrieb er:

»Wie gesagt, hatte die Sehnsucht nach Euch und anderen Menschen überhand genommen und ich beschloss endlich mal wieder aus diesem ewigen Einerlei heraus zukommen. Es war alles soweit in Ordnung dass ich fahren wollte, da begann mit einem male die Ausländerverfolgung hier einzusetzen. 2 von meinen Freunden welche solange Zeit wie ich hier waren wurden, nachdem sie ins Gefängnis gesetzt wurden, alles ohne Grund, nach Dänemark ausgewiesen. Mit Not konnten wir eine Ausweisung nach Deutschland verhüten. Natürlich hatte auch ich Angst bekommen aber ich hatte Glück und bekam neue Arbeitserlaubnis bis 30. März 1939.«

19 B7, 17.01.1937.

Die Schicksale der Flüchtlinge verliefen ganz unterschiedlich, denn Island erwies sich nicht für alle als sicheres Aufnahmeland. Einige Beispiele sollen das veranschaulichen: Insbesondere jüdische Flüchtlinge hatten es schwer, überhaupt eine Einreiseerlaubnis zu bekommen. Es gab nur sehr wenige Juden in Island und bis zum Einmarsch britischer Truppen im Mai 1940 kein jüdisches Gemeindeleben; trotzdem gab es in der Bevölkerung tief sitzende Vorbehalte gegen sie. Allenfalls willkommen waren Juden mit einer Ausbildung, die in Island gebraucht wurde. So gab es einige deutsche und österreichische Musiker, die mit offenen Armen empfangen wurden, denn das öffentliche Musikleben steckte noch in den Anfängen.[20] Anderen wurde die Einreise verweigert oder sie wurden abgeschoben, wie Beckmann in seinem Brief schreibt. Einer der von ihm erwähnten Freunde war wahrscheinlich Alfred Kempner, der wie Wilhelm Beckmann im Mai 1935 in Island angekommen war. Er wurde 1914 als Kind jüdischer Eltern in Berlin geboren, wuchs in Leipzig auf und machte nach der Schule eine Schneiderlehre.[21] Im Sommer 1933 ging er nach Dänemark, wo er einen Onkel hatte, in dessen Firma er hoffte, arbeiten zu können. Doch er erhielt keine Arbeitserlaubnis. Wie auch Beckmann wurde Kempner von seinen Verwandten finanziell unterstützt. Er erfuhr von Arbeitsmöglichkeiten in Island und bekam dort Arbeit bei einem Bauern. Doch Anfang 1938 wurde er arbeitslos und zog in eine Pension in Reykjavik. Vergeblich versuchte er, mit Deutschunterricht seinen Lebensunterhalt zu verdienen. Er geriet in Mietrückstand und der Inhaber der Pension zeigte ihn bei der Ausländerpolizei an. Daraufhin wurde er festgenommen: Er hatte keine gültige Aufenthaltserlaubnis. Zwar wurde er nicht nach Deutschland abgeschoben, sondern konnte seinem Wunsch entsprechend nach Norwegen fahren; doch dort wurde ihm die Einreise verweigert und er wurde zurück nach Island geschickt. In Island erwartete ihn bei seiner Ankunft schon die Ausländerpolizei und verhaftete ihn erneut. Er wurde ausgewiesen, weil er ohne Einreiseerlaubnis eingereist war und kein Geld mehr besaß. Das neu gegründete isländische Flüchtlingskomitee konnte zumindest erreichen, dass er nicht direkt nach Deutschland abgeschoben wurde, sondern auf ein Schiff kam, das nach Kopenhagen auslief. Dort bekam er eine befristete Aufenthaltsgenehmigung und musste sich wöchentlich bei der Ausländerpolizei melden. Er versuchte, in verschiedene südamerikanische Länder auszuwandern, aber nirgends erhielt er eine Einreiseerlaubnis. 1940 wurde er von der dänischen Polizei festgenommen und mehrere Monate inhaftiert. Nach seiner Freilassung musste er sich wieder wöchentlich bei der Ausländerpolizei melden.

20 E. Heimisson: Die Asylsituation in Island, S. 238.

21 Vilhjámsson, Vilhjámur Örn: »Flóttamaðurinn Alfred Kempner«, Lesbók Morgunblaðsins vom 27.09.1997.

Im Oktober 1943 gelang ihm schließlich die Flucht nach Schweden. 1945 kehrte er nach Dänemark zurück, wo er 1975 starb.

Etwa zur gleichen Zeit wie Kempner wurde eine jüdische Familie mit zwei kleinen Kindern aus Island ausgewiesen. Hans und Olga Rottberger waren im Herbst 1935 nach Island gekommen. Als Hans Rottberger begann, Lederwaren aus eigener Herstellung zu verkaufen, wurde er von einem isländischen Lederwarenproduzenten beschuldigt, durch die Konkurrenz dessen Existenz zu gefährden sowie dessen Ideen gestohlen zu haben. Daraufhin wurde Hans Rottbergers Aufenthaltserlaubnis nicht mehr verlängert und schließlich die Familie ausgewiesen. Hans Rottberger versuchte verzweifelt, die Abschiebung zu verhindern, was ihm nicht gelang. Das einzige, was erreicht werden konnte, war, dass die Familie auf ein Schiff gebracht wurde, das nach Kopenhagen fuhr. Dort konnte die Familie von Bord gehen und erhielt eine Aufenthaltserlaubnis.[22] Bei der dänischen Rettungsaktion von Juden im Oktober 1943 wurde die Familie getrennt. Die Kinder wurden in einem dänischen Kinderheim versteckt, während die Eltern nach Stockholm gelangten. 1955 kehrte die Familie nach Deutschland zurück.[23]

Ganz anders erging es Kurt Sonnenfeld, der im August 1935 nach Island gekommen war. Er wurde 1909 in Köln geboren, machte 1930 das Abitur und studierte anschließend Zahnmedizin in Berlin. Er schloss sein Studium 1935 ab, aber da er nach der Definition der Nationalsozialisten »Halbjude« war, durfte er nicht als Zahnarzt arbeiten. Er überlegte, nach Dänemark zu gehen, aber da hörte er, in Island würden Zahnärzte gesucht. Er wurde von einem der wenigen isländischen Zahnärzte eingestellt.[24] Bei einer Wanderung lernte er eine deutsche Fotografin kennen, die schon seit 1926 in Island lebte. 1939 heirateten die beiden und im Herbst 1940 übernahm er eine Zahnarztpraxis in einem Fischerort im Norden von Island. Nach dem Krieg zogen sie nach Akureyri, der zweitgrößten Stadt in Island, wo sie bis zu ihrem Lebensende blieben.

Die meisten der Flüchtlinge blieben in Island, nur wenige kehrten nach dem Zweiten Weltkrieg nach Deutschland zurück. So zum Beispiel das Hamburger Ehepaar Paul und Berta Künder, das 1937 nach Island kam. Paul Künder war

---

22 Vilhjálmsson, Vilhjálmur Örn: »Iceland, the Jews, and Anti-Semitism, 1625-2004«, in: Jewish Political Studies Review 16:3-4 (Fall 2004), http://www.jcpa.org/phas/phas-vilhjalmur-f04.htm vom 01.02.2018.

23 Kinder und Jugendliche – Mit der Reichsbahn in den Tod, Ausstellung von Christoph Schwarz, 22.10.-30.11.2012. Verfolgte jüdische Kinder: Felix Rottberger, www.mit-der-reichsbahn-in-den-tod.de/rottberger.html vom 01.02.2018.

24 Eiríksson, Svanur: »Kurt Sonnenfeld, tannlæknir – Minning«, Morgunblaðið vom 29.03.1994.

ehrenamtlicher Parteisekretär der SPD gewesen. Er wurde 1897 in Wandsbek geboren, machte nach der Volksschule eine Lehre als Facharbeiter in der Süßwarenindustrie und arbeitete bei verschiedenen Firmen.[25] 1928 heiratete er Berta Schaumann. Sie war 1901 ebenfalls in Wandsbek geboren und musste die Volksschule vorzeitig verlassen, um als Hilfarbeiterin zum Lebensunterhalt ihrer Familie beizutragen.[26] Paul Künder wurde 1933 entlassen. Es fanden häufig Hausdurchsuchungen statt und Paul Künder wurde mehrmals verhaftet und in »Schutzhaft« genommen.[27] Er war einer der Verbindungsleute der seit Juni 1933 verbotenen SPD und arbeitete in der Redaktion der Roten Blätter mit. Schließlich floh er Anfang 1935 mit Hilfe von Parteifreunden nach Dänemark. Seine Frau folgte ihm im Oktober 1935 ins Exil.[28] Paul Künder bekam in Dänemark keine Arbeitserlaubnis. 1937 ergab sich für ihn die Möglichkeit, in Island eine Arbeit in der Süßwarenindustrie zu bekommen. Er verlor diese Tätigkeit allerdings schon bald wieder und so waren sie auf die Unterstützung von Freunden angewiesen. Paul Künder schrieb für deutschsprachige Emigrationszeitungen und betätigte sich bei der Caritas und Arbeiterwohlfahrt. Erst im November 1946 konnte das Ehepaar nach Hamburg zurückkehren. Paul Künder wurde hauptamtlicher Parteisekretär und Bezirkssekretär der SPD Hamburg-Nordwest.

Wie diese Beispiele zeigen, verlief das Schicksal der Flüchtlinge ganz unterschiedlich und war von verschiedenen Faktoren abhängig. Die größten Chancen, aufgenommen zu werden und bleiben zu können, hatten Flüchtlinge mit einem Beruf, der in Island gebraucht wurde, eine »arische« Abstammung und einflussreiche Isländer als Freunde, wie dies bei Wilhelm Beckmann der Fall war.

Beckmann war in einer vergleichsweise guten Lage; dennoch lebte auch er in Ungewissheit über sein weiteres Schicksal und trotz Arbeit reichte sein Lohn nur für das Notwendigste. Er schrieb im August 1938:

»Mir selber geht es so leidlich, wenn man auch keine Schulden hat so hat man doch nichts über. Und zum Anschaffen hat man überhaupt kein Geld. Ich sehe überhaupt grau in die Zukunft. Die Lebensverhältnisse auf Island sind zu teuer. Der Durchschnittslohn ist hier

---

25 StAHH, Amt für Wiedergutmachung 351-11, Paul Künder 19689, Bl. 44, Künder an das Amt für Wiedergutmachung, 01.12.1958.

26 Ebd., Amt für Wiedergutmachung 351-11, Berta Künder 24675, Bl. 26-34, ärztliches Gutachten 24.07.1961.

27 Ebd., Amt für Wiedergutmachung 351-11, Paul Künder 19689, Antrag auf Haftentschädigung vom 11.06.1953.

28 Ebd., Amt für Wiedergutmachung 351-11, Berta Künder 24675, Akte Renten, Bl. 12, Antragsergänzung 16.12.1960.

mtl. 380 Kr. Und diese Leute leben noch kärglich. Aber ich verdiene nur höchstens 180 Kr mtl. Manchmal kann ich mir nicht einmal Abendessen gönnen. Ihr könnt daher leicht verstehen, wie mir manchmal zu Mute ist. Aber aushalten wenns auch schwer fällt. Die größte Sorge ist und bleibt dauernd bei mir das Zeug, wenn ich Euch nicht gehabt hätte hätte ich schon längst in Lumpen gehen müssen.«[29]

Die Verwandten schickten ihm Carepakete und ihre Briefe waren eine wichtige emotionale Stütze. Je länger das Exil und die Ungewissheit über seine Zukunft dauerten, desto mehr sank sein Mut. Sein Blick auf Island und die Isländer veränderte sich, wie aus seinem Brief vom Februar 1939 deutlich hervorgeht:

»Ein Ausländer darf nichts selber anfangen und ein Flüchtling erst recht nicht. Man soll nur immer froh sein, das man die Ehre hat, bei diesen stolzen und eingebildeten Isländern zu leben. [...] Die andere Sache, die mich noch mehr deprimiert ist, wann werde ich die Heimat wiedersehen? Wiedersehen frei vom Nazissmuss! Ja, so wie die Verhältnisse heute liegen, wird es wohl noch Jahre dauern. Ich glaube nicht, das ich bis dahin noch Kraft habe zu warten.«[30]

Nun sehnte er sich zurück nach Hamburg. Diese Sehnsucht nahm zu. Der letzte Brief vom 3. Oktober 1939 kurz nach Kriegsausbruch verdeutlicht das. Er hatte schon lange nichts mehr von seinen Verwandten gehört:

»Ja, nun haben wir den Krieg von Hitler bekommen lange hat es ja gedauert bis England aufgewacht ist. Hoffentlich wird der Krieg mit der entgültigen Niederlage des Naziregimes enden. Dann werde ich endlich wieder nach Deutschland gehen und unter meinem Volke wo ich zugehöre, leben. Nach Kriegsende wenn Hitler gefallen ist, werde ich mit dem nächsten Schiff sofort nach Hause fahren. Auf der Durchreise werde ich Euch besuchen. Drückt man den Daumen, das es recht bald was wird.«

BECKMANN WIRD ISLÄNDER

Sein Leben nahm nun aber einen anderen Verlauf. Er lernte eine Isländerin kennen, die beiden heirateten im Frühjahr 1940 und bekamen zwei Kinder. 1946 eröffnete er eine eigene Werkstatt im Zentrum von Reykjavik, 1947 wurde er isländischer Staatsbürger, 1949 erhielt er den isländischen Meisterbrief und bildete nun

29 B10, 05.08.1938.

30 B12, 13.02.1939.

auch Lehrlinge aus. Den Lebensunterhalt bestritt er hauptsächlich durch die Arbeit für eine Möbelfabrik, für die er Holzverzierungen an Polstermöbeln fertigte. Seine Leidenschaft aber galt der Bildhauerei und insbesondere der Kirchenkunst. Er fertigte Altarbilder, Taufbecken und Standleuchter, von denen eine Reihe noch heute in isländischen Kirchen zu sehen sind. Er war also ein »deutscher Isländer« geworden, wie eine Zeitung ihn einmal nannte.

Während des Krieges hatte er keinen Kontakt zu seiner Familie. Erst 1946 konnte er seinen Eltern schreiben, die inzwischen bei seinem Bruder in Flensburg lebten. Überglücklich schrieb sein Vater zurück: »Mit großer Freude erhielten wir deinen Brief, nebst den Bildern. Nun war doch endlich unser Wunsch in Erfüllung gegangen nach so langer Zeit von dir zu hören. Ja Inni, das macht mürbe. Meine Gedanken waren täglich bei Dir, ich habe die ganzen Jahre sehr viel durchmachen müssen, nun glaube ich, das ich wieder auflebe, nun da ich weiß, das du lebst, ach könnte es doch noch mal wieder schön werden.«[31] Die Eltern durften aufgrund der Wohnungsnot erst 1952 nach Hamburg zurückkehren und erst 1954 konnte Beckmann sie mit seiner Familie besuchen. Auch sein Bruder, der inzwischen Mitarbeiter des Bundesvorstands des Gewerkschaftsbunds war, kam aus Düsseldorf nach Hamburg. Die beiden Töchter der Brüder freundeten sich schnell an. Das sicher lang erhoffte Wiedersehen nahm allerdings einen ganz anderen Verlauf, als gedacht. Es kam zu einem heftigen Streit zwischen Wilhelm Beckmann, seinem Bruder und den Eltern. Die Familie wollte, dass er wieder nach Deutschland zurückkehrte. Er aber hatte seinen Lebensmittelpunkt nun in Island und wollte nicht nach Deutschland zurück, was seine Familie nicht verstand. Es war wohl für beide Seiten schwer, einander zu verstehen; die Erfahrungen, die sie in den zurückliegenden 20 Jahren gemacht hatten, waren offensichtlich sehr unterschiedlich. Nach seiner Abreise hatte er seine Eltern und seinen Bruder nie wieder gesehen; der Kontakt wurde von keiner Seite wieder aufgenommen.

Erst nachdem Wilhelm Beckmanns Bruder gestorben war, schrieb ihm seine Nichte. Er ermutigte sie, zu seinen Kindern Kontakt aufzunehmen. Er selbst war schon sehr krank und starb nur wenige Monate später mit 56 Jahren. In seinem Nachruf heißt es: »Er war als Deutscher geboren und starb als Isländer, war Künstler von Gottes Gnaden und bekannt für viele Meisterwerke in Holzschnitzerei und Bildhauerei, er glaubte an Freiheit, Gleichheit und Brüderlichkeit und die Triebfeder seiner Kunst und seines Lebens entsprang diesen Idealen.«[32]

31 B15, 26.05.1946.

32 Guðmundsson, Herbert: »Minning – Wilhelm E. Beckmann«, Visir vom 20.05.1965 (Übers. d. Verf.).

Ein anderes Exil

Alice Ekert-Rotholz und der »Ferne Osten«

Björn Laser

Abstract: Alice Ekert-Rotholz prägt in den 1950er und 1960er Jahren mit ihren Gesellschaftsromanen über europäische Schicksale in Ostasien das westliche Bild des »Fernen Ostens« wie keine zweite deutschsprachige Autorin. Sie selbst hat zwölf Jahre in Bangkok gelebt. Dass sie in der Weimarer Republik satirische Gedichte verfasst und Hamburg im Jahr 1939 nicht freiwillig, sondern auf der Flucht vor nationalsozialistischer Verfolgung verlässt, ist kaum bekannt. Der Beitrag stellt die Autorin mit ihrer Biografie in den Zusammenhang der Exilliteratur und sucht Spuren der Thematik von Flucht, Migration und Exil in ihrem späteren Erzählwerk.

1962 erscheint das erste umfassende Nachschlagewerk zur deutschen Exilliteratur. Grundlage der meisten der über 2.000 Einträge sind Fragebögen, die Wilhelm Sternfeld und Eva Tiedemann an alle ihnen bekannten emigrierten Autoren verschickt haben. Exil definieren Sternfeld und Tiedemann als »die erzwungene oder gewalttätige Austreibung aus dem angestammten oder mit gutem Recht erworbenen Wohnsitz« und stellen dabei zugleich fest, dieser Begriff sei »theoretisch klar, die individuelle Anwendung schwierig.«[1] Um dem dokumentierten Unrecht nicht weitere Ungerechtigkeit hinzuzufügen, wurden »Grenzfälle und Ausnahmen« zugelassen.[2] Eine in den USA erscheinende Rezension vermerkt entsprechend

1 Sternfeld, Wilhelm/Tiedemann, Eva: Deutsche Exil-Literatur 1933-1945. Eine Bio-Bibliographie, Heidelberg/Darmstadt: Lambert Schneider 1962, S. XIII.

2 Ebd.

kritisch: »The standards for inclusion used by the editors are admittedly flexible.«[3] Sollen beispielsweise Personen wie Vicki Baum oder Kurt Tucholsky aufgenommen werden, die Deutschland bereits vor 1933 verlassen haben? Und was, fragt der Rezensent, machen Stefan Andres, Alice Ekert-Rotholz und vor allem Simone Weil in dieser Gesellschaft?[4]

In der Tat: Simone Weil war Französin, schrieb auf Französisch und hielt sich 1932 nur für einige Monate in Berlin auf. Stefan Andres ist wohl durch seinen Rückzugsort im faschistischen Italien und den Umstand, dass seine Bücher im nationalsozialistischen Deutschland erscheinen konnten, ein zweifelhafter Kandidat. Alice Ekert-Rotholz schließlich ist 1964, als die Rezension erscheint, eine beliebte Autorin von Gesellschaftsromanen mit exotischen Schauplätzen: international erfolgreich, durch Buchgemeinschaften vertrieben und millionenfach gelesen. Was sie mit Migration und Exil zu tun haben soll, ist nicht ersichtlich. Gut, sie hat, so ist in Klappentexten zu lesen, längere Zeit in Thailand gelebt und »kennt sich, wie man weiß, in Ostasien aus.«[5] Der Leser findet aber keinen Hinweis darauf, wie es zu diesem Asienaufenthalt kam. Und dass es über 30 Jahre zuvor, in der Weimarer Republik, schon einmal vielversprechende Ansätze zu einer ganz anders gearteten literarischen Karriere gegeben hatte, ist ebenfalls in Vergessenheit geraten. In den 1960er Jahren ist Ekert-Rotholz in der öffentlichen Wahrnehmung eine, wie der *Spiegel* schreibt, »Erfolgsautorin [...] aus jenem Bestseller strickenden Damenkranz der Margaret Mitchell und Vicki Baum, der Pearl S. Buck und Anne Golon.«[6] In der Gegenwart hat sich daran hauptsächlich geändert, dass auch ihre damaligen Bestseller nur noch wenigen bekannt sind. Ekert-Rotholz scheint durch alle Raster zu fallen. Weder die umfangreiche Forschung zum literarischen Exil während des Nationalsozialismus noch die mindestens ebenso umfangreiche Forschung zu westlichen Bildern des Fremden und Exotischen haben sich bisher in nennenswertem Umfang mit ihr beschäftigt. Erst in jüngster Zeit regt sich vorsichtiges Interesse,[7] und tatsächlich lässt sich im und am Werk der gebürtigen

---

3 Weisstein, Ulrich: Rezension zu Sternfeld/Tiedemann: Deutsche Exil-Literatur, in: Books Abroad 38.1 (1964), S. 52-53, hier S. 52.

4 Ebd., S. 53.

5 Ekert-Rotholz, Alice: Wo Tränen verboten sind, 9. Aufl., Hamburg: Hoffmann und Campe 1963.

6 »Tonnenweise Tränen«, in: Der Spiegel vom 08.03.1965, S. 138-139, hier S. 138.

7 Laser, Björn: »Fluchtpunkt Bangkok. Alice Ekert-Rotholz«, in: Andreas Stoffers (Hg.), Sawasdee. 150 Jahre Deutsch-Thailändische Freundschaft. 50 Jahre Deutsch-Thailändische Gesellschaft, Rosenheim: Rosenheimer Verlagshaus 2012, S. 92-96. Dann in einer Reihe mit weiteren »verbannte[n] und ermordete[n] Autoren Hamburgs« von

Hamburgerin einiges entdecken, gerade im Zusammenhang mit Flucht, Migration und Exil. Das hängt zunächst mit ihrer faszinierenden Biografie zusammen, die im Folgenden dargestellt werden soll.[8]

STATIONEN: HAMBURG, BERLIN, FUHLSBÜTTEL ...

Alice Maria Augusta Ekert wird im Jahre 1900 in Hamburg geboren. Sie wächst im liberalen jüdischen Bürgertum auf. Ihre Mutter ist eine geborene Mendelsohn. Die Vorfahren des Vaters hatten sich – aus Schweden kommend – im 19. Jahrhundert in Polen niedergelassen. Der Vater selbst war nach der Gründung einer erfolgreichen Handelsfirma in London britischer Staatsbürger geworden und 1895 mit seiner Firma nach Hamburg übergesiedelt.

1921 heiratet Alice Ekert den Zahnarzt Dr. Leopold Rotholz. 1924 kommt Sohn Heinz zur Welt. Alice Ekert-Rotholz beschränkt sich aber nicht auf ein Dasein als Hausfrau und Mutter, sondern nimmt aktiv am gesellschaftlichen und kulturellen Leben teil. Sie ist Mitglied in der GEDOK, der Gemeinschaft Deutscher und Österreichischer Künstlerinnenvereine, die 1926 von Ida Dehmel in Hamburg gegründet wurde.[9] Ab spätestens 1928 ist sie publizistisch tätig[10] und sie schreibt Gedichte, die sie auch vorträgt, vermutlich zunächst in einem eher privaten Rah-

---

Franzen, Uwe/Weinke, Winfried: Wo man Bücher verbrennt ... Verbrannte Bücher, verbannte und ermordete Autoren Hamburgs, Bardowick/Hamburg: Uwe Franzen/Winfried Weinke 2017, S. 100-117.

8 Wesentliche Quelle für diese Darstellung ist Heinz Redwood, Felixstowe, zum einen durch sein erhellendes Vorwort zu Ekert-Rotholz, Alice: Im feurigen Licht. Gesammelte Gedichte 1929-1993, Hamburg: Hoffmann und Campe 2000, S. 5-20, zum anderen durch den seit 2011 bestehenden Kontakt. Für seine geduldige Unterstützung in Gesprächen und Korrespondenz sei ihm auch an dieser Stelle herzlich gedankt. Verlässlich sind auch die biografischen Angaben in U. Franzen/W. Weinke: Wo man Bücher verbrennt ..., S. 101.

9 Zur GEDOK und der Mitgliedschaft von Alice Ekert-Rotholz siehe Hildebrandt, Irma/Massmann, Renate (Hg.): Ich schreibe, weil ich schreibe. Autorinnen der GEDOK: Eine Dokumentation, Stuttgart: Weise's Hofbuchhandlung 1990 und Hempel, Dirk: »›Karger vielleicht als wo anders, schwer abgerungen.‹ Literatur und literarisches Leben«, in: Dirk Hempel/Friederike Weimar (Hg.), Himmel auf Zeit. Die Kultur der 20er Jahre in Hamburg, Neumünster: Wachholtz 2010, S. 67-92, hier S. 69.

10 Ekert-Rotholz, Alice: »Mensch und Buch«, in: Frau und Gegenwart vom 21.08.1928, S. 1-2.

men. Jedenfalls wird der Journalist und Theaterwissenschaftler Paul Theodor Hoffmann auf sie aufmerksam. Hoffmann wendet sich an Hans Leip, heute vor allem bekannt als Textdichter von »Lili Marleen«, in den 1920er und 1930er Jahren aber als Schriftsteller, Grafiker und Organisator der Hamburger Künstlerfeste eine zentrale Figur des Kulturlebens der Hansestadt. Hoffmann schreibt im April 1930 an Leip:

»Heute komme ich mit einer Anfrage: Sie kennen Frau Alice Ekert-Rotholz und ihre Zeitgedichte. Ich finde die Arbeiten außergewöhnlich gut und für eine Frau überraschend, auch dann, wenn man weiß, daß es sich um eine Jüdin handelt. Ich würde ihr gern dazu verhelfen, daß die zum Teil famosen, amüsanten, witzig frechen Gedichte veröffentlicht werden.«[11]

Leip nimmt Gedichte von Ekert-Rotholz in die Programmhefte der Künstlerfeste auf. Und eventuell ist er es auch, der über Axel Eggebrecht den Kontakt zur *Weltbühne* herstellt.[12] Deren Bedeutung als wahrscheinlich wichtigste linksintellektuelle Zeitschrift der Weimarer Republik zeigt sich nicht zuletzt darin, dass so ziemlich jeder völkisch-konservative Kommentator, der belegen will, dass es mit der deutschen Kultur den jüdisch-bolschewistischen Bach hinuntergeht, dies mit Zitaten aus der *Weltbühne* belegt.[13] Alice Ekert-Rotholz hat diesbezüglich offensichtlich keine Berührungsängste und schickt einige Gedichte an die *Wochenschrift für Politik, Kunst, Wirtschaft*. Der Herausgeber Carl v. Ossietzky ist angetan, lädt die Autorin nach Berlin ein und teilt ihr mit, dass ihm die Gedichte »ganz gut« gefallen hätten. Über die Veröffentlichung entscheide aber nicht er, sondern Kurt Tucholsky, an den er die Texte weitergeleitet habe.[14] Aber auch Tucholsky ist angetan, und so veröffentlicht die *Weltbühne* zwischen September 1930 und Februar 1933 insgesamt 24 ihrer Gedichte. Und Tucholsky, so erinnert sich Ekert-Rotholz später, »las jedes Gedicht vor dem Druck und beriet mich mit vorbildlicher Geduld aus Berlin oder Paris oder Schweden, wie man seine eigenen Pointen nicht abtötet. Und daß knapp meistens besser als ausführlich sei.«[15]

---

11 Zit. n. Schütt, Rüdiger: Dichter gibt es nur im Himmel. Leben und Werk von Hans Leip, Hamburg/München: Dölling und Galitz 2001, S. 261-262.

12 Vgl. ebd., S. 108.

13 Vgl. Laser, Björn: Kulturbolschewismus! Zur Diskurssemantik der »totalen Krise« 1929-1933, Frankfurt a.M.: Peter Lang 2010, S. 150 und S. 230.

14 Ekert-Rotholz, Alice: »Besuch in Ossietzkys Redaktion«, in: Rolf Italiaander (Hg.), Wir erlebten das Ende der Weimarer Republik. Zeitgenossen berichten, Düsseldorf: Droste 1982, S. 106-107.

15 Ebd., S. 107.

Eine literarische Karriere beginnt. Der *Simplicissimus* bringt einige kurze Satiren. Ekert-Rotholz trägt ihre Gedichte im Rundfunk vor, in Hamburg regelmäßig bei der NORAG, aber auch in Berlin und Breslau. Ihre Themen sind Großstadt, Wirtschaftskrise und vor allem das Verhältnis der Geschlechter: »Augen rechts! Brust raus! Die Frau muß parieren, / wenn die Fascisten durch Berlin marschieren«, schreibt sie 1932.[16] Im sozialdemokratischen *Vorwärts* verspottet sie »Deutsche Zauberlehrlinge«, die ihren nationalen Besen Adolf nicht mehr unter Kontrolle kriegen.[17] Bei den künftigen Machthabern macht sie sich damit nicht beliebt. Aber noch kann man so etwas schreiben. Noch kann man Hitler als »Hipp, die ewige Dummheit« verspotten, wie es Richard Luksch auf dem Hamburger Künstlerfest 1932 tut.[18] Noch lebt man im »Himmel auf Zeit«. Das ist das passende Motto des letzten freien Künstlerfests 1933. Im Festalmanach, der im Januar 1933 erscheint, findet sich Ekert-Rotholz' Gedicht »Das Himmelreich annonciert« mit den Zeilen: »Das Himmelreich läßt alle Leute rein. Alle Farben! Auch die roten! / Nebenan wird das deutsche Himmelreich sein. Mit der Aufschrift: ›Eintritt verboten‹.«[19] Bereits einen Tag nach der Machtübernahme der Nationalsozialisten am 30. Januar 1933 gibt es eine Hausdurchsuchung bei Dr. Rotholz. Eine Woche später erscheint das letzte Gedicht in der *Weltbühne*.

Alice Ekert-Rotholz kann nichts mehr veröffentlichen. Die Arbeiten an einem Roman, mit denen sie auf Einladung des S.-Fischer-Verlages begonnen hatte, stellt sie ein. Im November 1935 wird sie zusammen mit ihrem Mann verhaftet. Sie soll versucht haben, in der Schweiz »reichsfeindliche« Schriften zu publizieren. Während Leopold Rotholz noch vor Weihnachten entlassen wird, wird Alice

16 Ekert-Rotholz, Alice: »Eros im Dritten Reich«, in: Die Weltbühne vom 23.02.1932, S. 300; vgl. dies., Im feurigen Licht, S. 12-13 und S. 86-88. Die Texte im Simplicissimus erscheinen in den Ausgaben vom 16.02., 20.04., 01.06., 26.10. und 02.11.1931 sowie vom 28.02.1932. An die Übertragungen der NORAG erinnert sich Heinz Redwood. Das Deutsche Rundfunkarchiv weist für den 15.07.1930 eine Sendung aus Breslau und für den 28.10.1931 eine Sendung aus Berlin nach (http://www.dra.de/rundfunkgeschichte/schriftsteller/autoren.php vom 01.02.2018).

17 Alice Ekert-Rotholz veröffentlicht außerdem in den sozialdemokratischen Publikationen Hamburger Echo und Der freie Angestellte (vom 19.10.1932 und 01.02.1933) sowie in der Sozialistischen Arbeiter-Zeitung (vom 04. und 05.11.1931), dem Organ der Sozialistischen Arbeiter-Partei, einer Linksabspaltung der SPD.

18 Hirsch, Sandra et al.: Hans Leip und die Hamburger Künstlerfeste. Ausstellung in der Staats- und Universitätsbibliothek Carl von Ossietzky, 23. September bis 25. Oktober 1993, Herzberg: Traugott Bautz 1993, S. 42.

19 Vgl. ebd., erstveröffentlicht in der Weltbühne vom 15.11.1932.

Ekert-Rotholz wegen »staatsfeindlicher Gesinnung« angeklagt. Die Gestapo droht ihr, sie werde nie wieder freikommen. Dem elfjährigen Sohn sagt man, die Mutter sei in Berlin. Nach knapp vier Monaten im Konzentrationslager Fuhlsbüttel und im Untersuchungsgefängnis am Holstenwall wird Alice Ekert-Rotholz ohne Prozess und ohne Erklärung entlassen.[20] Sie schreibt nicht über diese Zeit und sie spricht selten darüber. Spätestens jetzt ist klar, dass die Familie nicht in Deutschland bleiben kann.

Aber das Problem ist: Wohin gehen? Alice Ekert-Rotholz reist nach London, das sie von einem früheren Aufenthalt mit ihrem Vater kennt, um für ihren Mann eine Niederlassungserlaubnis als Zahnarzt zu bekommen. Großbritannien erholt sich aber erst langsam von den Folgen der Weltwirtschaftskrise und der Versuch bleibt erfolglos. Andere Möglichkeiten tun sich zunächst nicht auf und die Familie bleibt in Hamburg, während die politische Situation immer bedrohlicher und die wirtschaftliche Situation durch die eskalierenden Maßnahmen gegen »nicht-arische« Mediziner immer schwieriger wird.[21] Schließlich nimmt Alice Ekert-Rotholz das Hamburger Telefonverzeichnis zur Hand und beginnt, in alphabetischer Reihenfolge die internationalen Konsulate durchzutelefonieren. Davon gibt es in Hamburg zum Glück einige. Als sie beim Buchstaben S angelangt ist, hat sich immer noch kein Aufnahmeland gefunden, in dem Leopold Rotholz seinen Beruf ausüben und ihre Existenz sichern könnte. Es ist schließlich der königlich-siamesische Generalkonsul Martin Pickenpack, der die erlösende Mitteilung macht: Dr. Rotholz könne sich in Siam ohne Weiteres als Zahnarzt betätigen. Siam also. Es gibt keinen Kontakt, keinen Bezug zum Land. Aber es gibt auch keine Alternative. Aus Sorge um seine Ausbildung beschließen die Eltern, den Sohn nach England zur Schule zu schicken. Heinz Rotholz verlässt Hamburg im Februar 1939. Einen Monat später schiffen die Eltern sich auf der *Selandia* ein, einem Linienschiff der dänischen East Asiatic Company.

Ekert-Rotholz schildert diese Reise 1953 in *Siam hinter der Bambuswand*, dem ersten Buch, das sie nach ihrer Rückkehr in Deutschland veröffentlicht. Schon im Golf von Biskaya verbreitet sich die Seekrankheit. »Ein deutscher Emigrant sagt zwischendurch: ›Immer noch besser als das Konzentrationslager.‹

---

20 Vgl. A. Ekert-Rotholz: Im feurigen Licht, S. 9-10 und die Angaben bei U. Franzen/W. Weinke: Wo man Bücher verbrennt …, S. 101.

21 Siehe hierzu Kröner, Hans-Peter: »Die Emigration deutschsprachiger Mediziner im Nationalsozialismus«, in: Berichte zur Wissenschaftsgeschichte 12 (1989), S. 1*-44*, hier S. 3*-5*.

Niemand widerspricht dem kleinen, grauhaarigen Hamburger.«[22] Die Reise geht über das ägyptische Port Said, über Aden und Ceylon, das heutige Sri Lanka, und Singapur bis Bangkok, nach Thailand, das zu diesem Zeitpunkt noch Siam heißt, in ein Land, über das das Ehepaar Rotholz eigentlich nichts weiß und über das in Deutschland auch kaum Informationen zu bekommen sind, jedenfalls nicht aus erster Hand.

INS UNGEWISSE

Was ist das für ein Land, in das Alice Ekert-Rotholz und ihr Mann 1939 reisen und das Alice Ekert-Rotholz später als ihr »geborgtes Paradies« bezeichnen wird?[23] Aus europäischer Sicht liegt Siam abseits der großen Verkehrswege: Die großen Schifffahrtsrouten gehen von Singapur weiter nach Saigon und von dort nach Hongkong. Aber so idyllisch und abgelegen, wie es westlichen Beobachtern noch in den 1920er Jahren erscheint, ist das Land nicht mehr. 1932 wird durch einen Staatsstreich die absolute Monarchie beseitigt. König Prajadhipok unterzeichnet die Verfassung, geht aber, als sich innerhalb der sogenannten Volkspartei die Militärs durchsetzen, auf Auslandsreisen und dankt 1935 ab.[24] Nachfolger wird sein Neffe Ananda Mahidol, zu dieser Zeit gerade neun Jahre alt und Internatsschüler in der Schweiz. Erst 1938 ist er für einen kurzen Besuch in Thailand. Die Macht im Land hat Phibun Songkhram, seit 1934 Verteidigungsminister und ab 1938 Ministerpräsident. Phibun verfolgt eine streng nationalistische Politik, fördert paramilitärische Jugendorganisationen und erhebt Anspruch auf Gebiete der Nachbarländer, die entweder historisch einmal zu Siam gehört haben oder von ethnischen Thai bewohnt werden. Auch wenn er nicht wie sein Vorgänger Phaya Phahon mit Hermann Göring zusammen die preußische Hauptkadettenanstalt Lichterfelde besucht hat,[25] orientiert Phibun seine expansive »Groß-Siam«-Politik doch am nationalsozialistischen Deutschland. Das Verhältnis zwischen beiden Ländern ist positiv und von beiderseitigem Interesse geprägt. Es gibt in Siam

---

22 Ekert-Rotholz, Alice: Siam hinter der Bambuswand. Ein ostasiatisches Reisebuch, Frankfurt a.M.: Büchergilde Gutenberg 1953, S. 18.

23 Ebd., S. 234.

24 Zu den historischen Zusammenhängen vgl. Grabowsky, Volker: Kleine Geschichte Thailands, München: Beck 2010, S. 146-172.

25 Vgl. Gerlach, Helmut: »Wir Deutschen in Siam«, in: Verband Deutscher Vereine im Ausland e.V. (Hg.), Wir Deutsche in der Welt, Berlin: Otto Stollberg 1938, S. 219-224, hier S. 221.

keinen biologischen Rassismus, aber durchaus den Anspruch, ein ethnisch homogenes Staatsvolk zu schaffen, vor allem durch Druck auf die chinesische Minderheit, die eigene Sprache und Kultur aufzugeben. In diesem Zusammenhang steht auch die Umbenennung des Landes in Thailand, die Phibun Songkhram am 24. Juni 1939 durchsetzt. Im nationalsozialistischen Deutschland sieht man das »neue Siam« als einen »ebenbürtige[n] Partner im Kampf um die Existenz, den Lebensraum und die Zukunft seines Volkes« und als einen potenziellen Verbündeten.[26]

Es ist ein Land im Umbruch, in dem Alice Ekert-Rotholz und Leopold Rotholz im Sommer 1939 landen: kein Vergleich zu dem Europa, dem sie entronnen sind, aber sie können nicht wissen, was sie erwartet. Sie haben keine Kontakte. Sie haben nur die Zusage eines alten hanseatischen Konsuls, dass Dr. Rotholz als Zahnarzt werde arbeiten können. Aber natürlich stellt sich die Lage nach der Ankunft zunächst anders dar: Eine Arbeitserlaubnis wird nicht erteilt. Wie sich später herausstellt, hat sich die deutsche Botschaft bei den thailändischen Behörden dafür eingesetzt, deutschen Emigranten die Arbeitserlaubnis zu verweigern. Durch ihre guten englischen Sprachkenntnisse knüpft Ekert-Rotholz Kontakte zu Engländern und Amerikanern und mithilfe der neu gewonnenen Freunde bekommt Leopold Rotholz doch die Lizenz zur Eröffnung einer Zahnarztpraxis. Um die Form zu wahren, lassen ihn die thailändischen Behörden eine schriftliche Prüfung in englischer Sprache ablegen. Da seine Sprachkenntnisse noch dürftig sind, darf seine Frau ihm dabei assistieren – die beiden bestehen das Examen.[27]

---

26 Gordon, Wilhelm Friedrich: Thailand. Das neue Siam, Leipzig: W. Goldmann 1941, S. 5; zum Verhältnis zum nationalsozialistischen Deutschland vgl. Sasitharamas, Catthiyakorn: Die deutsch-thailändischen Beziehungen in der Zeit der Weimarer Republik bis zum Ende des Zweiten Weltkrieges, Hamburg: Dr. Kovač 2012.

27 Zur Visa- und Einwanderungspolitik Thailands sowie zu den Niederlassungsbedingungen für ausländische Ärzte vgl. Gerson, Ruth/Mallinger, Stephen: Jews in Thailand, Bangkok: River Books 2011, S. 44-53. Es war in den 1930er Jahren wohl wesentlich einfacher, thailändische Visa zu bekommen, als sich tatsächlich im Land niederzulassen, sodass ab 1938 zahlreiche jüdische Flüchtlinge aus Europa diese Visa nutzten, um Schiffspassagen zu buchen, ohne Thailand je zu erreichen. Ansonsten sind die Angaben aus verschiedenen Quellen nicht unbedingt konsistent, was am Bestreben der deutschen Botschaft liegen kann, in ihren Berichten den eigenen Einfluss zu übertreiben, aber auch am wechselhaften Verhalten der thailändischen Behörden. Der Wiener Arzt Ernst Ritter, der etwas über einen Monat nach dem Ehepaar Rotholz mit derselben dänischen Gesellschaft von Hamburg aus aufbricht, erfährt in Singapur, dass die Einreise nach Bangkok komplett gesperrt sei, und muss daher nach Shanghai weiterreisen (vgl. Ritter, Ernst: So habe ich es erlebt. Typoskript 1958, New York: Leo Baeck Institute, Center

Die Praxis ermöglicht die finanzielle Absicherung und schafft Verbindungen zur thailändischen Oberschicht. Es ist also eine privilegierte Existenz im Exil – aber keine sichere: Die deutsche Botschaft entzieht dem Ehepaar die Staatsbürgerschaft. Bedrohlich wird es auch, als im Dezember 1941 die Japaner kommen. Offiziell sind die Japaner keine Besatzer, aber sie führen sich so auf. Engländer und Amerikaner werden evakuiert oder interniert. Man hat Angst vor der Willkür der Militärpolizei, der Kempetai, jedenfalls als Ausländer. »[M]an fragte in Bangkok niemals einen Japaner um seine Ansichten«, notiert Ekert-Rotholz. »*Sie* fragten und man versuchte, um die Antworten herumzukommen.«[28] Immerhin: Die deutsche Botschaft verlangt auch die Internierung der deutschen politischen Flüchtlinge. Aber weder Thai noch Japaner haben ein Interesse an dieser feinen Differenzierung: Deutsche waren Deutsche und damit Verbündete, warum sollte man sich die Mühe der Internierung machen?[29]

Das Ehepaar bewohnt zunächst ein kleines Haus in Klong Thoey in unmittelbarer Nähe einer 1944 mehrfach bombardierten Raffinerie, nach dem Krieg dann ein großzügigeres Haus in der Sathorn Road. Insgesamt werden es zwölf Jahre im Fernen Osten, zwölf Jahre, in denen Alice Ekert-Rotholz »das Vertraute immer fremder und das Fremde immer vertrauter« wird.[30] Sie entdeckt Bangkok als Stadt aus tausend Städten, als Stadt der Tempel und Märkte. Sie beschäftigt sich ausführlich mit den verschiedenen Formen des siamesischen Theaters, kann sich nach einiger Zeit in der Landessprache verständigen und wundert sich »nach etwa sechs Jahren Ostasien […] über nichts mehr.«[31] Alice Ekert-Rotholz verlässt Thailand während der zwölf Jahre ihres Aufenthaltes nicht. Aber sie reist innerhalb des Landes und lebt in engem Kontakt mit Siamesen, Chinesen und Japanern. In Bangkok gründet sie im Rahmen der Young Women's Christian Association einen Literaturzirkel, wird Mitglied der Catholic Action- and Study-Group des Ursulinen-

for Jewish History, MM III 2, ME 1264, Center of Jewish History: Digital Collections, digital.cjh.org/dtl_publish/9/976477.html vom 01.02.2018, S. 14.

28 A. Ekert-Rotholz: Siam hinter der Bambuswand, S. 58.

29 Vgl. R. Gerson/S. Mallinger: Jews in Thailand, S. 49. Für die im Dezember 1941 vom Deutschen Nachrichtenbüro verbreitete Meldung, die Japaner hätten die jüdischen Flüchtlinge in Thailand interniert und ließen sie durch Gestapo-Beamte befragen, fehlt jede Evidenz (vgl. ebd., S. 58; vgl. »Drive on Jewish Refugees in Shanghai, Thailand Continues; Synagogues Closed«, in: The Sentinel vom 01.01.1942, S. 32).

30 A. Ekert-Rotholz: Siam hinter der Bambuswand, S. 18.

31 Ebd.

ordens[32] und konvertiert schließlich gemeinsam mit ihrem Mann zum Katholizismus.

Nach dem Kriegsende 1945 wird nach Jahren der Ungewissheit der Kontakt zum Sohn wieder hergestellt. Während die meisten Deutschen Thailand verlassen müssen, dürfen die Rotholz' als Gegner und Verfolgte des Nazi-Regimes bleiben. Eine Rückkehr nach Deutschland kann sich Alice Ekert-Rotholz unmittelbar nach dem Krieg nicht vorstellen. Jedenfalls schreibt sie im Februar 1946 an ihren Sohn, der inzwischen in Birmingham studiert: »I hope to return to Europe at a time of our own choosing and certainly *never* to Germany, not even as a visitor. I would feel as though I was visiting a grave.«[33] Möglich, dass bei dieser Äußerung der Versuch eine Rolle spielt, nach Jahren der Trennung eine Verbindung zum Sohn zu schaffen, möglich auch, dass Alice Ekert-Rotholz wirklich so empfindet und sich ihre Haltung zu Deutschland in den folgenden Jahren grundlegend ändert. Zunächst kommt Sohn Heinz 1947 nach Bangkok und arbeitet dort für einige Jahre als Chemiker. Die Zahnarztpraxis läuft gut. Dass man sich trotzdem nicht dazu entschließt, sich ganz niederzulassen, erklärt Ekert-Rotholz später mit dem Gefühl, »daß man in Ostasien ein Zuschauer bleibt. Daß man immer mehr entwurzelt, je intimer man sich in Asien einlebt.«[34] Daneben gibt es aber auch äußere, rationale Gründe. Alice Ekert-Rotholz sorgt sich um die Absicherung im Alter oder bei Krankheit. Außerdem sieht sie in Bangkok für sich keine rechten Entfaltungsmöglichkeiten. Sie hat einige Kurzgeschichten auf Englisch verfasst, aber nicht veröffentlichen können. Der Wunsch wächst, wieder in Deutschland zu publizieren. Sie nimmt Kontakt nach Hamburg auf, schreibt 1950 einen Beitrag für *Die Zeit* über die Verbrennungsfeierlichkeiten für den verstorbenen König Ananda Mahidol und die Krönung seines jüngeren Bruders Bhumibol Adulyadej.[35] Aber die Kontakte in Hamburg teilen ihr mit, man könne wenig machen, wenn sie nicht selbst vor Ort sei. An eine Besuchsreise nach Deutschland ist angesichts der enormen Kosten nicht zu denken. Als Leopold Rotholz aus Hamburg die Zusage erhält, seine alte Praxis wieder übernehmen zu können, besteigen die Eheleute im Juni 1951 dasselbe Schiff, das sie zwölf Jahre zuvor in den Fernen Osten gebracht hat.[36] Sie verlassen freiwillig, dankbar und schweren wie leichten Herzens das,

32 Vgl. R. Gerson/S. Mallinger: Jews in Thailand, S. 54.

33 Brief an Heinz Redwood, Privatbesitz.

34 A. Ekert-Rotholz: Siam hinter der Bambuswand, S. 234.

35 Unter dem Namen Alice Maria Rotholz in Die Zeit vom 25.05.1950.

36 Redwood, Jean: Embassy Days. Moscow under Stalin, Bangkok without Tourists 1949-1952, Felixstowe: Oldwicks Press 2013, S. 154.

wie Ekert-Rotholz im Rückblick schreibt, »Paradies, weil es ein geborgtes Paradies war.«[37]

EIN PARADIES?

Nun geistert der Topos des tropischen Paradieses schon lange durch die westliche Darstellung der Tropen im Allgemeinen und Siams im Besonderen. Dass Ekert-Rotholz den Ort des Exils als Paradies erscheinen lässt, ist trotzdem merkwürdig. Man darf nicht vergessen: Thailand kommt auch nach Kriegsende nicht zur Ruhe. In die Zeit von Ekert-Rotholz' Aufenthalt fällt nicht nur der plötzliche und tragische Tod des jungen Königs Ananda Mahidol im Jahr 1946. Es finden auch nicht weniger als acht Wechsel an der Regierungsspitze statt, davon ein erfolgreicher Militärputsch, und zwei Umsturzversuche gegen Phibun. Da Alice Ekert-Rotholz sich sowohl in ihren frühen »Zeitgedichten« wie auch in ihren späteren Gesellschaftsromanen als genaue und reflektierte Beobachterin ihrer Gegenwart erweist, ist die Schilderung des Paradiesischen nicht bloß als Übernahme eines etablierten Wahrnehmungsmusters zu deuten. Tatsächlich blendet Alice Ekert-Rotholz in der Darstellung ihres Exils die politischen Ereignisse bewusst aus. Ihr »Erlebnisbuch« *Siam hinter der Bambuswand*, das 1953 erscheint, befasst sich »nicht mit der stets wechselnden Politik Ostasiens«. Diese tritt zurück hinter »den gleichbleibenden Alltag und den Charakter des Fernen Ostens«[38]. Denn nur wenn man den kennt, das ist die Überzeugung der Verfasserin, wird man auch »die Politik dieses Kontinents eher verstehen können.«[39] Und nur wenn man die Politik ausblendet, kann Thailand als paradiesisches Gegenbild funktionieren, als das es zu Anfang des Buches konstruiert wird, ohne »Politik und [...] Tageskämpfe«, mit dem »unzerstörbaren Schatz buddhistischer Weisheit« und den »Millionen von Asiaten, die zu ihrem Glück immer noch keine Zeitungen lesen können.«[40]

Das Paradies, das ist also die Abwesenheit von Zeit, das ist die Abwesenheit von Zeitungen, von Nachrichten und Politik; das Paradies ist die Möglichkeit, alles, was geschichtlich ist und sich verändert, als unwesentlich anzusehen. Das Paradies kann für die Emigranten aus Europa nur etwas sein, das Zuflucht bietet vor der europäischen Geschichte. Zugleich gilt es aber, sich gegen die Anmutungen des Paradieses zu behaupten, sich nicht zu verlieren, sich bewusst zu machen, dass

37 A. Ekert-Rotholz: Siam hinter der Bambuswand, S. 234.

38 Ebd.

39 Ebd.

40 Ebd., S. 11.

man Fremder, dass man Gast ist – und sich schließlich aus dem Paradies zu befreien oder unterzugehen: ein zentrales Spannungsmotiv, das sich dann auch durch das spätere Erzählwerk zieht.

RÜCKKEHR NACH HAMBURG

Dieses Erzählwerk ist zu diesem Zeitpunkt noch nicht abzusehen. Alice Ekert-Rotholz möchte nach fast zwanzigjähriger Unterbrechung wieder schreiben und publizieren. Und sie steigt wieder ins Hamburger Kulturleben ein. Schon im Oktober 1951 beteiligt sie sich an der Veranstaltung »Frau und Buch« im Rahmen der Hamburger Buchwoche. Sie wird wieder Mitglied der neu gegründeten GEDOK und leitet im Sommer 1952 eine Veranstaltung zum »Internationalen Frauenhumor«. An den Hamburger Kammerspielen wird Carlo Goldonis *Diener zweier Herren* mit ihren Liedtexten inszeniert.[41] Sie tritt zur Eröffnung der Hamburger Buchwoche 1952 in einem »literarisch-kulinarischen Kabarett« unter anderem mit Hans Leip und Rolf Italiaander auf. Sie veröffentlicht einige Gedichte, darunter »Der Alsterpavillon«, das in verschiedene Hamburg-Anthologien aufgenommen wird. Vor allem sind es aber ihre Erlebnisse im »geborgten Paradies«, die im zerstörten Nachkriegshamburg auf Interesse stoßen. Alice Ekert-Rotholz schreibt Beiträge für das *Hamburger Echo*, hält Vorträge, spricht im Rundfunk. 1953 erscheint das erwähnte Reisebuch *Siam hinter der Bambuswand*. Es wird ein achtbarer Erfolg, jedenfalls gelingt es dem Verleger Bong in München, die Rechte auch an die Büchergilde Gutenberg zu verkaufen.[42]

Es ist aber nicht dieses Buch, von dem Alice Ekert-Rotholz' zweite literarische Karriere ausgeht, sondern ein Vortrag, den sie (wahrscheinlich) beim Hamburger Zonta-Club hält, einer Vereinigung von beruflich selbstständigen oder leitend tätigen Frauen. Harriet Wegener, die damalige Cheflektorin von Hoffmann & Campe, fragt nach der Veranstaltung, ob sie nicht ihre Ostasienerlebnisse zu einem Roman verarbeiten wolle. Und Ekert-Rotholz' ehrlich gemeinte Antwort, sie könne keine Romane schreiben, lässt Wegener nicht gelten: »Das überlassen Sie bitte *meinem* Urteil, Frau Ekert-Rotholz.«[43] Und so entstehen die ersten Kapitel von *Reis aus Silberschalen*. Die Lektorin ist begeistert, der Verleger schnell überzeugt und 1954 erscheint der Roman um eine Hamburger Familie in Thailand: der Kaufmann Johannes Petersen, der 1939 wegen abfälliger Äußerungen über das

41 Petersen, Jürgen: »Diener zweier Herren«, in: Hamburger Abendblatt vom 25.08.1952.

42 Siehe dazu U. Franzen/W. Weinke: Wo man Bücher verbrennt …, S. 110-111.

43 A. Ekert-Rotholz: Im feurigen Licht, S. 16.

Hitler-Regime verhaftet werden soll und zu einem Onkel nach Bangkok flieht; seine Frau Martha, die mit den beiden Kindern wegen des Krieges erst zehn Jahre später nachkommen kann; der alte Wilhelm Christian Petersen, der schon vor Jahrzehnten in Bangkok ein Handelshaus etabliert hat und mit einer siamesischen Adligen verheiratet ist; die Kinder aus dieser siamesisch-deutschen Ehe, die zwischen zwei Welten stehen. Der Roman wird sofort ein Publikumserfolg: für Hoffmann & Campe der erste Bestseller nach dem Zweiten Weltkrieg.[44] Er wird in Buchclubs aufgenommen und unter anderem ins Schwedische, Französische und Italienische übersetzt. International noch erfolgreicher ist der zweite Roman *Wo Tränen verboten sind*, der 1956 erscheint und das Schicksal dreier ungleicher Halbschwestern zwischen 1925 und 1955 in Shanghai, Trondheim, Bangkok und Tokio entfaltet. Beide Bücher zählen Anfang der 1960er Jahre mit einer Auflage von jeweils deutlich über 300.000 Exemplaren zu den in der Bundesrepublik meistverkauften belletristischen Titeln deutscher Autoren. Die weltweite Gesamtauflage – zusammen mit den Folgewerken *Strafende Sonne, lockender Mond* (1959) und *Mohn in den Bergen* (1961), deren Handlung ebenfalls im Fernen Osten angesiedelt ist – wird 1963 vom Verlag mit 2,5 Millionen angegeben. Es sind breit angelegte Gesellschaftsromane mit sorgfältig gezeichneten, originellen Charakteren. Die Kritik lobt die interessanten und durchdachten Figuren, den Witz und den Kenntnisreichtum der Autorin und die Bandbreite der Erzähltechnik. Kritischer gesehen werden konventionelle Strickmuster und aufgesetzte Mondäne: Die hohen und höchsten Kreise, in denen die Geschichten spielen, die vielen Schauplätze rund um den Globus, die zahlreichen Zufälle wirken nicht immer überzeugend. Zentrale und wiederkehrende Motive sind die Suche nach Halt in einer sich wandelnden Welt, die Familie als Anker, der einen sichert, und zugleich als Kette, die einen fesselt, immer wieder Gegensätze und Begegnungen zwischen Ost und West und schließlich ein christlich-humanistisches Ideal der Menschheitsverbrüderung.

Dieses Ideal der Menschheitsverbrüderung steht allerdings, wie 1958 ein amerikanischer Rezensent zu *Wo Tränen verboten sind* beziehungsweise *Time of the Dragons* bemerkt, in einem merkwürdigen Gegensatz zur ethnischen Motivierung der Figuren:[45] Chinesen handeln so, wie sie handeln, weil sie Chinesen sind; Franzosen haben viele typisch französische Eigenschaften; Siamesen, Afrikaner, Hamburger, Russen, Schlesier – zumindest in den ersten Romanen erklärt sich viel daraus, dass es sich eben um Siamesen, Afrikaner, Hamburger, Russen oder

44 Jungblut, Michael: Herausforderungen und Antworten. Die Ganske-Verlagsgruppe. Geschichte eines Medienhauses, Hamburg: Hoffmann und Campe 2007, S. 230.

45 Pickrel, Paul: Rezension zu Alice Ekert-Rotholz: The Time of the Dragons, New York: Viking 1958, in: Harper's Magazine 1298 (1958), S. 88.

Schlesier handelt. »Mischlinge« tendieren folgerichtig dazu, zerrissene Charaktere zu sein. Verbindungen über ethnische Grenzen hinweg sind von Spannungen bestimmt, an denen sie scheitern, oder sie verharren in einem Status der Grundfremdheit.

Unter den immer zahlreichen Charakteren der Bücher von Alice Ekert-Rotholz sind auffallend viele Heimatlose, Vertriebene, Geflüchtete. Es tauchen auch immer wieder Verfolgte des Nationalsozialismus auf, etwa der jüdische Gelehrte, der in *Reis aus Silberschalen* Berger und in *Strafende Sonne, lockender Mond* Silberberg heißt. Oder in *Mohn in den Bergen* ein Mr. Frank, der »seit über zwanzig Jahren in London« lebt und stottert. »In seiner Heimatstadt Berlin hatte er niemals gestottert. Bis die Nazis gekommen waren, hatte Mr. Frank sogar als Schnellredner gegolten. Vor der Gestapo hatte er dann mit dem Stottern begonnen.«[46] Oder Naomi Singer in *Fünf Uhr Nachmittag* (1971): Ihr Vater schrieb für die *Weltbühne* und starb als »jüdischer ›Marxist‹« im KZ Oranienburg, ihre Mutter erlitt einen Herzschlag, als der Verwandte des Vaters, zu dem sie sich geflüchtet hatte, verhaftet wurde. Naomi selbst kann der Vergangenheit nicht entkommen und ist mit einem Amerikaner verheiratet, der dafür kein Verständnis hat. Aber das Thema drängt sich nicht in den Vordergrund: Gegner des Nationalsozialismus ist man eher nebenbei und selbstverständlich, Anhänger des Nationalsozialismus sind eher selten und sie sagen dann nicht viel. SS-Sturmbannführer Bonnhoff, der sich in *Der Juwelenbaum* (1968) und *Fünf Uhr Nachmittag* im Dschungel Venezuelas versteckt, ist weinerlich, selbstgerecht und gewiss nicht sympathisch. Aber er ist eben auch alt, versponnen und verrannt und somit doch geeignet, eher Mitgefühl als Schrecken zu evozieren. Den Rassenkrieg führen in *Wo Tränen verboten sind* die Japaner – zur Verwunderung des oben angeführten amerikanischen Rezensenten, der nicht ahnt, dass die Autorin selbst den deutschen Vernichtungslagern nur knapp entronnen ist.[47]

---

46 Ekert-Rotholz, Alice: Mohn in den Bergen, 3. Aufl., Hamburg: Hoffmann und Campe 1962, S. 342.

47 P. Pickrel: Rezension zu Ekert-Rotholz: »The Time of the Dragons is said to have been a great success in the author's native Germany, and it's not very hard to see why, apart from the interest of the story; for the book not only depicts the Japanese as the great villains of the second world war but it also gives them the prize for one sin that most people have thought the Germans were pretty good at: racism.«

EIN ANDERES EXIL

Als Wilhelm Sternfeld und Eva Tiedemann Anfang der 1960er Jahre ihr Handbuch der deutschen Exilliteratur zusammenstellen, gibt Alice Ekert-Rotholz an, ihre ersten drei Bücher, also *Siam hinter der Bambuswand, Reis aus Silberschalen* und *Wo Tränen verboten sind*, seien sämtlich in der Emigration vorbereitet worden. Es scheint ihr wichtig zu sein, dass ihre Werke in diesem Zusammenhang gesehen werden.

Ihren Büchern lässt sich das Schicksal der Autorin jedoch nicht entnehmen. In der Verlagswerbung heißt es zur gleichen Zeit, Alice Ekert-Rotholz besitze »Weltkenntnis und Welterfahrung wie keine zweite deutsche Autorin unserer Zeit«, ohne dass deutlich würde, wie sie zu dieser Weltkenntnis gelangt ist. Oder man liest sogar: »Fremde Länder, fremde Welten haben Alice Ekert-Rotholz immer wieder angezogen, schon lange bevor sie anfing, Bücher zu schreiben.«[48] Das Lesepublikum erfährt nichts Falsches, wenn es einer biografischen Notiz entnimmt, die Tochter eines britischen Vaters und einer deutschen Mutter habe viele Jahre in Bangkok gelebt, »wo ihr Mann eine Zahnarztpraxis hatte.«[49] Aber es erfährt auch nichts über die Emigrantin und Exil-Autorin Alice Ekert-Rotholz. Ohnehin entspricht sie in verschiedener Hinsicht nicht dem, was man prototypisch mit dem Begriff der Exilliteratur verbindet: Sie ist 1933 noch keine prominente Autorin, der Emigrationsort Bangkok ist entlegen, ihre Existenz ist *relativ* gesichert und ihr Erzählwerk wird dem Unterhaltungssegment zugeordnet. Dabei zeigt sich Alice Ekert-Rotholz gerade in diesem Erzählwerk als Autorin des Exils, denn die Situation des Fremdseins, die Suche nach einem Winkel im Universum, ist vielleicht das zentrale Motiv ihrer Romane und Erzählungen.

Nach dem Tod ihres Mannes 1959 verlässt Alice Ekert-Rotholz Hamburg und geht nach London. Ein Grund dafür ist wohl, dass ihr Sohn in England lebt, der andere vielleicht die Faszination der Weltstadt – einer Stadt aus ganz verschiedenen Welten, voller Widersprüche und Konflikte, die aber irgendwie alle, die in ihr leben, Londoner werden lässt. Dass sie sich dabei fremd bleiben, gehört gewissermaßen zur Londoner Identität.

Alice Ekert-Rotholz bereist Australien, die Karibik und über siebzigjährig endlich auch Japan. Bis ins hohe Alter schreibt sie Romane, Erzählungen und

48 Klappentexte zu Ekert-Rotholz, Alice: Der Juwelenbaum. Karibisches Panorama, Hamburg: Hoffmann und Campe 1968. Vgl. auch dies., Elfenbein aus Peking. Sechs Geschichten, Hamburg: Hoffmann und Campe 1966.

49 So in den Taschenbuchausgaben des Rowohlt-Verlages, z.B. Ekert-Rotholz, Alice: Reis aus Silberschalen, Reinbek: Rowohlt Taschenbuch 1966, S. 2.

Gedichte. Nicht ihr letztes Buch, aber das erfolgreichste ihrer späteren Jahre ist der Roman *Nur eine Tasse Tee*, der 1984 erscheint. Geschildert wird London an wenigen Tagen im Februar 1972 vor dem Hintergrund eines Streiks der Elektrizitätswerke, der die Stadt ins Dunkel taucht. Der Londoner, so der Leitgedanke des Romans, lässt einen Fremden nicht vor der Türe stehen, wenn er um eine Tasse Tee bittet. Und so erhalten gleich im ersten Kapitel verschiedene Figuren an verschiedenen Orten Zuflucht. Asyl und Fremde sind das zentrale Thema des Buches. Der eben angesprochene »Winkel im Universum« ist die Überschrift seines vorletzten Kapitels. Wie in einer klassischen *Group Novel* steht nicht eine einzige Figur im Vordergrund, sondern über einen begrenzten Zeitraum verbinden sich die Geschichten der Figuren zu einer Gesamtschau des sozialen Gefüges: von den ehemals jüdischen, jetzt indisch-pakistanischen Einwanderervierteln des East Ends bis zu den Stadthäusern der Aristokratie in der Park Lane, von den Jamaikanern in Soho bis zur exklusiven Nachbarschaft von Highgate. Am Ende verteilen sich die Figuren wieder, die meisten in neue Lebenssituationen. Einige landen in Fernost, in Singapur oder Hongkong, andere in zweiten Ehen, wieder andere in einem Sanatorium, das den wichtigsten Knotenpunkt der Handlungsstränge bildet, oder in einer richtigen Nervenheilanstalt. Miss Hardy, eine unverheiratete Lehrerin aus wohlhabendem Beamtenhaus, schaut über die Hügel von Highgate: »Im Sommer eine idyllische Gartenstadt für eine geschlossene Gesellschaft. Man kam hier sehr gut ohne Ausländer aus. Wie Karl Marx, waren sie am besten auf dem berühmten Friedhof von Highgate aufgehoben.«[50] Und sie entschließt sich, das zurückgelassene Kind einer jamaikanischen Familie aufzunehmen, mit allen Vorbehalten und Vorurteilen ihrer Klasse und Rasse und alle diese Vorurteile und Vorbehalte dadurch überwindend.

Alice Ekert-Rotholz stirbt 1995, als sie gerade ein Buch über Laos plant. Begraben wird sie – wie Karl Marx – auf dem Friedhof von Highgate. Auf Ihrem Grabstein finden sich einige Zeilen aus einem ihrer letzten Gedichte, das sie am 27. Februar 1992 verfasste: Dir bleibt auf dieser Welt nur eine Gnadenfrist. Hauptsache ist: Du wirst allmählich wer du bist.[51]

50 Ekert-Rotholz, Alice: Nur eine Tasse Tee, Hamburg: Hoffmann und Campe 1984, S. 420.

51 Vgl. A. Ekert-Rotholz: Im feurigen Licht, S. 19.

Transnationale Migration

Portugiesische Hamburger und Hamburger Portugiesen

Zur Migration von Kaufleuten im 17. Jahrhundert

JORUN POETTERING

Abstract: Zu Beginn des 17. Jahrhunderts ließ sich eine Gruppe portugiesischer Juden in Hamburg nieder. Sie spielte eine wichtige Rolle im Geschäftsleben der Stadt und tat sich insbesondere im Handel mit Portugal hervor. Etwa zur selben Zeit gingen annähernd ebenso viele hamburgische Kaufleute nach Portugal, um von dort aus Handel mit ihrer Heimatstadt zu treiben. Aufgrund ihrer unterschiedlichen Migrationsbedingungen und der gegensätzlichen Haltung der aufnehmenden Obrigkeiten in Hamburg und Portugal wiesen die beiden Gruppen nicht nur ein stark divergierendes Sozialverhalten auf, sondern verfolgten auch unterschiedliche Handelsstrategien. Die portugiesischen Kaufleute in Hamburg waren hinsichtlich ihrer sozialen, politischen und wirtschaftlichen Möglichkeiten erheblich benachteiligt und blieben eine segregierte Gruppe. Die hamburgischen Kaufleute in Portugal genossen dagegen eine rechtliche Vorrangstellung und hohes soziales Prestige. Sie integrierten und assimilierten sich relativ schnell und waren wirtschaftlich oft sehr erfolgreich.[1]

In Georg Simmels berühmtem *Exkurs über den Fremden* von 1908, in dem er den Fremden als den »potentiell Wandernden«, als »den, der heute kommt und morgen bleibt«, definiert, schreibt er, dass »in der ganzen Geschichte der Wirtschaft« der »Fremde allenthalben als Händler bzw. der Händler als Fremder« erscheint. Der

1 Leicht überarbeitete Version des Aufsatzes von Poettering, Jorun: »Portugiesische Juden und Hamburger. Zwei Ausprägungen migrantischen Unternehmertums in der Frühen Neuzeit«, in: Zeitschrift für Unternehmensgeschichte 58, 2 (2013), S. 163-179.

Fremde könne vornehmlich als Händler ein Auskommen in einem Kreis finden, in dem eigentlich bereits alle wirtschaftlichen Positionen besetzt seien, während der Handel, vor allem der Fernhandel, ohne Fremde nicht funktioniere.[2] Und, so Simmel weiter: »Das klassische Beispiel gibt die Geschichte der europäischen Juden«.

In der Tat werden die Juden oft mit der Doppelfiguration des Fremden und Händlers identifiziert. In der Frühen Neuzeit galt dies insbesondere für die portugiesischen Juden, die in Deutschland vor allem von Hamburg aus tätig waren. Sie erlangten zunächst durch Werner Sombarts 1911 erschienenes Buch *Die Juden und das Wirtschaftsleben* und knapp 50 Jahre später durch Hermann Kellenbenz' *Sephardim an der unteren Elbe* allgemeine Bekanntheit.[3] In den letzten 30 Jahren wurden auf internationaler Ebene viele weitere Untersuchungen zu den portugiesischen Juden durchgeführt, sodass sich das Thema inzwischen als wichtiges Teilgebiet der Geschichtswissenschaft etablieren konnte.[4] Innerhalb der historischen Forschung zu Hamburg, zu seinen Bewohnern, seiner Wirtschaft und Kultur führen diese Publikationen jedoch bislang ein Schattendasein. Zwar entstanden in den letzten Jahren auch mehrere wichtige Untersuchungen zur Geschichte Hamburgs in der Frühen Neuzeit, die sich unter anderem mit den dort tätigen Kaufleuten beschäftigten. Doch in diesen Arbeiten tauchen die portugiesischen Juden bestenfalls als Randerscheinung auf – oft unter Rückgriff auf eine veraltete Fachlitera-

2 Simmel, Georg: Soziologie. Untersuchungen über die Formen der Vergesellschaftung, Berlin 1968, S. 509-512, Zitate auf S. 509 und 510.

3 Sombart, Werner: Die Juden und das Wirtschaftsleben, Leipzig 1911; Kellenbenz, Hermann: Sephardim an der unteren Elbe. Ihre wirtschaftliche und politische Bedeutung vom Ende des 16. bis zum Beginn des 18. Jahrhunderts, Wiesbaden 1958.

4 Etwa Israel, Jonathan I.: »The Economic Contribution of Dutch Sephardi Jewry to Holland's Golden Age, 1595-1713«, in: Tijdschrift voor Geschiedenis 96 (1983), S. 505-535; ders.: Diasporas within a Diaspora. Jews, Crypto-Jews and the World Maritime Empires, 1540-1740, Leiden 2002; Trivellato, Francesca: The Familiarity of Strangers. The Sephardic Diaspora, Livorno, and Cross-cultural Trade in the Early Modern Period, New Haven 2009; Roitman, Jessica Vance: The Same but Different? Inter-cultural Trade and the Sephardim, 1595-1640, Leiden 2011. Speziell für Hamburg: Studemund-Halévy, Michael (Hg.): Die Sefarden in Hamburg, 2 Teile, Hamburg 1994 und 1997; ders.: Biographisches Lexikon der Hamburger Sefarden. Die Grabinschriften des Portugiesenfriedhofs an der Königstraße in Hamburg-Altona, Hamburg 2000; Wallenborn, Hiltrud: Bekehrungseifer, Judenangst und Handelsinteresse. Amsterdam, Hamburg und London als Ziele sefardischer Migration im 17. Jahrhundert, Hildesheim 2003.

tur.[5] Zugleich ist allerdings auch festzustellen, dass die geografisch weit ausgedehnten Tätigkeiten der übrigen Hamburger Kaufleute kaum Eingang in die internationale Forschung fanden. Gerade vor dem Hintergrund der tagesaktuellen Debatten um Flüchtlinge, Migration und die Integration fremder Kulturen und Religionen scheint es jedoch angemessen, dass sich auch Historiker dem Thema aus einer ganzheitlichen Perspektive nähern.

Tatsächlich wiesen die anderen in Hamburg ansässigen Kaufleute viele Ähnlichkeiten mit den im 17. Jahrhundert dort tätigen portugiesischen Juden auf. Sie waren ebenso wie diese im Fernhandel aktiv und verfügten über weitreichende Handelsnetzwerke. Betrachtet man speziell den Handel mit der Iberischen Halbinsel, bei dem sich die in Hamburg lebenden Portugiesen naturgemäß besonders hervortaten, ist festzustellen, dass sich an ihm auch die hamburgischen und die in Hamburg lebenden niederländischen Kaufleute mit hohen Umsätzen beteiligten. Zudem war bei ihnen – wie bei den Portugiesen – der Fernhandel oft mit einer Migration in entsprechende Handelsorte sowie mit einer religiösen Konversion verbunden.

Im Folgenden werde ich die kommerzielle Tätigkeit der portugiesischen Juden mit derjenigen der hamburgischen Kaufleute vergleichen und nach der Besonderheit der portugiesischen Juden fragen. Dafür stelle ich zunächst die Migration der Kaufleute vor und gebe einen Überblick über den Umfang ihres jeweiligen Handels. Anschließend betrachte ich die rechtlichen Bedingungen, unter denen beide Gruppen tätig waren, sowie den unterschiedlichen Grad ihrer Integration und Assimilation in die örtliche Gesellschaft. Hieraus leite ich die Konsequenzen ab, die sich für ihren jeweiligen Handel ergaben.[6]

---

5 Etwa Weber, Klaus: Deutsche Kaufleute im Atlantikhandel 1680-1830. Unternehmen und Familien in Hamburg, Cadiz und Bordeaux, München 2004; Schulte Beerbuhl, Margrit: Deutsche Kaufleute in London. Welthandel und Einbürgerung (1660-1818), München 2007; Lindemann, Mary: The Merchant Republics. Amsterdam, Antwerp, and Hamburg, 1648-1790, New York 2015.

6 Es handelt sich im Wesentlichen um Überlegungen und Ergebnisse, die im Zusammenhang mit meiner Dissertation entstanden sind (Poettering, Jorun: Handel, Nation und Religion. Kaufleute zwischen Hamburg und Portugal im 17. Jahrhundert, Göttingen 2013). Sie behandelt mit den sowohl von Hamburg als auch von Portugal aus tätigen Niederländern allerdings noch eine dritte Vergleichsgruppe, die hier nur am Rande erwähnt wird.

MIGRATION UND STELLUNG IM HANDEL

Die portugiesische Einwanderung nach Hamburg begann um 1580. Es kamen vor allem sogenannte Neuchristen, das heißt Nachfahren von Juden, die Ende des 15. Jahrhunderts von der portugiesischen Regierung gezwungen worden waren, zum Christentum überzutreten. Doch auch als Neuchristen wurden sie in Portugal politisch und sozial diskriminiert und waren in vielen Fällen der Verfolgung durch die Inquisition ausgesetzt. In Hamburg kehrten sie bald zum Judentum ihrer Vorfahren zurück. Hamburg hatte als Niederlassungsort an Bedeutung gewonnen, nachdem der Antwerpener Handel mit der Iberischen Halbinsel im Rahmen der Auseinandersetzungen des Achtzigjährigen Krieges von den aufständischen nördlichen Niederlanden blockiert worden war. Die Hansestadt erfuhr seit dem Ende des 16. Jahrhunderts aber auch unabhängig davon einen starken wirtschaftlichen Aufschwung und integrierte sich in den zunehmend atlantisch orientierten Welthandel. Bereits kurz nach der Mitte des 17. Jahrhunderts verlor die portugiesisch-jüdische Gemeinde in Hamburg allerdings wieder merklich an Mitgliedern. Sie wanderten insbesondere nach Amsterdam und London aus, deren wirtschaftliche Bedeutung stetig zunahm und die eine judenfreundlichere Politik hatten als die Hansestadt.

Die Einwanderung von Hamburger Kaufleuten nach Portugal hatte deutlich früher begonnen und setzte sich weit über das 17. Jahrhundert hinaus fort. Seit dem Mittelalter führten Mitglieder der Hanse Getreide aus dem Nord- und Ostseeraum nach Portugal ein und Salz von dort in den Norden aus.[7] Mit der im 15. Jahrhundert einsetzenden portugiesischen Überseeexpansion nahm der Handelsaustausch erheblich zu. Portugal bot nun ein breites Angebot neuartiger Waren, benötigte aber zugleich Kredite sowie Schiffe beziehungsweise Schiffsbaumaterial, Waffen und Munition. Abgesehen davon war das Land weiter von ausländischem Getreide abhängig. Zu Beginn der Überseefahrten waren vor allem italienische Kaufleute und die großen süddeutschen Handelshäuser prominent in Portu-

7 Marques, António Henrique de Oliveira: Hansa e Portugal na Idade Média, Lissabon 1959; Durrer, Ingrid: As relações económicas entre Portugal e a liga hanseática desde os últimos anos do século XIV até 1640. Unveröff. Diss., Coimbra 1953; Rau, Virgínia: Estudos sobre a história do sal português, Lissabon 1984; Agats, Arthur: Der hansische Baienhandel, Heidelberg 1904; Jeannin, Pierre: »Le marché du sel marin dans l'Europe du nord du XIVe au XVIIIe siècle«, in: Michel Mollat (Hg.), Le rôle du sel dans l'histoire, Paris 1968, S. 73-93.

gal vertreten.[8] Doch ab den 1580er Jahren, als die Blüte jener bereits vorüber war, finden sich vermehrt Belege für in Portugal tätige Hamburger. In der ersten Hälfte des 17. Jahrhunderts gab es etwa gleich viele hamburgische Kaufleute in Portugal wie es portugiesische Kaufleute in Hamburg gab: Es waren jeweils zwischen 20 und 60 Kaufleute.[9]

Ein Beispiel für einen außergewöhnlich erfolgreichen portugiesischen Geschäftsmann in Hamburg war Duarte Nunes da Costa.[10] Bevor er 1626 mit knapp 40 Jahren in die Hansestadt kam, hatte er bereits in Lissabon, Madrid, St. Jean de Luz, Florenz, Amsterdam und Glückstadt gelebt. Als Kaufmann versorgte er die spanische Krone, die bis 1640 auch über Portugal herrschte, von Hamburg aus mit Waffen, Pulver und Munition. Nach der Unabhängigkeit Portugals war er in derselben Tätigkeit für den portugiesischen König aktiv. Für die Zusammenstellung des Konvois der 1649 gegründeten Brasilienkompanie sandte er beispielsweise drei große, mit Waffen ausgerüstete Schiffe nach Portugal. Neben Kriegsmaterial vermittelte er 1650 auch die Rekrutierung und den Transport von 2.500 deutschen Soldaten nach Portugal, die nach dem Ende des Dreißigjährigen Krieges beschäftigungslos geworden waren. Außerdem gewährte er dem portugiesischen König immer wieder größere Darlehen. Obwohl er neuchristlicher Herkunft und in Hamburg zum Judentum übergetreten war, adelte ihn der portugiesische König für seine Dienste. Im Jahr 1664 ernannte er ihn zudem zum Agenten der portugie-

---

8 Pohle, Jürgen: Deutschland und die überseeische Expansion Portugals im 15. und 16. Jahrhundert, Münster 2000; Kellenbenz, Hermann: »Os mercadores alemães de Lisboa por volta de 1530«, in: Revista Portuguesa de História 9 (1960), S. 125-140; Rau, Virgínia: »Privilégios e legislação portuguesa referentes a mercadores estrangeiros (séculos XV e XVI)«, in: dies.: Estudos sobre história económica e social do Antigo Regime, Lissabon 1984, S. 201-225.

9 Vgl. J. Poettering: Handel, S. 139-162.

10 Kellenbenz, Hermann: »Diogo und Manoel Teixeira und ihr Hamburger Unternehmen«, in: Vierteljahrschrift für Sozial- und Wirtschaftsgeschichte 42 (1955), S. 289-352; Kellenbenz, Hermann: »Dr. Jakob Rosales«, in: Zeitschrift für Religions- und Geistesgeschichte 8 (1956), S. 345-354; Israel, Jonathan I.: »Duarte Nunes da Costa (Jacob Curiel), of Hamburg, Sephardi Nobleman and Communal Leader (1585-1664)«, in: Studia Rosenthaliana 21 (1987) 1, S. 14-34; Studemund-Halévy, Michael/Silva, Sandra Neves da: »Tortured Memories. Jacob Rosales alias Imanuel Bocarro Francês. A Life from the Files of the Inquisition«, in: Stephan Wendehorst (Hg.), The Roman Inquisition, the Index and the Jews. Contexts, Sources and Perspectives, Leiden 2004, S. 107-153.

sischen Krone in Hamburg. Sein ältester Sohn, Jerónimo Nunes da Costa, lebte in Amsterdam und erhielt die gleichen Auszeichnungen.

Ein Beispiel für einen ähnlich erfolgreichen Hamburger, der nach Portugal zog, ist der 1620 geborene Peter Hasse. Er wurde mit etwa 16 Jahren von seinen Eltern nach Lissabon geschickt und ging dort zunächst bei einem deutschen Kaufmann in die Lehre.[11] Nach ein paar Jahren machte er sich selbstständig und hatte großen wirtschaftlichen Erfolg. So übernahm er mehrere Kronkontrakte, was als Zeichen für seinen Aufstieg in die portugiesische Wirtschaftselite gedeutet werden kann. Zusammen mit seinem in Lissabon geborenen Sohn André war er unter anderem an der Ausrüstung der Flotten beteiligt, mit denen die Portugiesen nach dem Dreißigjährigen Krieg Nordostbrasilien von den Niederländern zurückeroberten. Auch die Hasses gewährten dem König Kredit und besorgten Waffen und andere Gegenstände aus »dem Norden«, sehr wahrscheinlich über Hamburg. Für seine Verdienste wurde André 1671 vom portugiesischen König zum Christusritter ernannt und 1691 in den Adelsstand erhoben. Damit erhielt er die höchsten Auszeichnungen, die ein Kaufmann in Portugal erlangen konnte.

Während Peter Hasse und sein Sohn der Forschung weitgehend unbekannt geblieben sind, ziehen Duarte Nunes da Costa und sein Sohn Jerónimo seit Langem das Interesse der Historiker auf sich. Dies liegt weniger an ihrer portugiesischen als an ihrer jüdischen Identität. Es stellte sich die Frage, warum es den Portugiesen trotz ihrer durch das Judentum bedingten sozialen Marginalisierung gelang, derart hochrangige Funktionen auszuüben. Dieser scheinbare Widerspruch zog bereits die Aufmerksamkeit der Zeitgenossen auf sich, wie etwa an einer Episode im Zusammenhang mit dem portugiesischen Geschäftsmann Diogo Teixeira deutlich wird. So schilderte der neu berufene Hamburger Pastor Johann Balthasar Schupp seine erste Begegnung mit Teixeira Mitte des Jahrhunderts wie folgt: Der Portugiese sei

»gefahren in einer schonen mit Sammet gefutterten Kutschen. Neben der Kutschen lieff ein Diener in Liverey gekleidet. Und als der Kutscher still hielte, machte der Diener, welcher ich höre, ein Christ gewesen, nach tiefer *Reverenz* die Kutschen auf und hob einen alten Mann heraus, welcher einen langen seydenen Talar anhatte. Ich dachte, es müsse entweder

11 Arquivo Nacional da Torre do Tombo, Lissabon [künftig ANTT], Registo Geral de Mercês, D. Pedro II, liv. 7, fl. 80v; D. Pedro II, liv. 10, fl. 293; D. João V, liv. 7, fl. 571v; ANTT, Habilitação da Ordem de Christo, letra A, mç. 45, doc. 72; ANTT, Tribunal do Santo Ofício [künftig TSO], Conselho Geral, Habilitações, André, mç. 3, doc. 57; Pedro, mç. 12, doc. 299; João, mç. 11, doc. 338; ANTT, TSO, Inquisição de Lisboa, liv. 713, fl. 307.

der Bischoff oder ein abgelebter Fürst oder Graf seyn. Ich zohe meinen Huth ab so tieff als wenn es der Churfürst von Sachsen wäre und sagte zu einer Frauen, wer ist doch der Herr? Die ehrliche fromme Frau antwortete mit lachendem Munde: Er ist ein Jude, allein er wird genennet der reiche Jude. Ich konnte mich nicht genug darüber verwundern«.[12]

Merkwürdig war nicht der Auftritt an sich, sondern dass ein Jude in dieser Weise auftrat. Die intensivere Wahrnehmung der portugiesischen Juden, unterstützt durch Theorien über die kommerzielle Überlegenheit von Handelsdiasporen, führte dazu, dass viele Historiker ihre wirtschaftliche Leistung stark überschätzten. Tatsächlich kam den Portugiesen in Hamburg keine außergewöhnliche Bedeutung im Handel zu. Für einzelne Jahrgänge der ersten Hälfte des 17. Jahrhunderts ist es möglich, den Umfang der Handelsaktivitäten der verschiedenen in Hamburg tätigen Kaufmannsgruppen mithilfe der Verzeichnisse über die Kontoumsätze bei der 1619 gegründeten Bank und der Admiralitätszollbücher quantitativ zu bestimmen.[13] Schauen wir uns zunächst die Bankumsätze an: Auf die Hamburger entfiel 1619 nur ein Anteil von knapp 16 Prozent des Hamburger Handelsumsatzes (vgl. Tabelle 1). Mit Hamburgern meine ich dabei Bürger, bei denen bereits die Eltern das Hamburger Bürgerrecht besessen hatten. Dieser geringe Prozentsatz mag überraschen, doch entspricht er relativ genau dem Anteil, den die Hamburger Kaufleute an der Gesamtheit der in Hamburg tätigen Kaufleute ausmachten. Denn Hamburg war eine Stadt von Einwanderern: Zwischen der Mitte des 16. und dem Anfang des 17. Jahrhunderts hatte sich die Bevölkerung von etwa 20.000 auf 40.000 Menschen verdoppelt. Bis Anfang der 1640er Jahre wuchs die Bevölkerung auf 56.000 Personen an, 1699 hatte die Stadt etwa 70.000 Einwohner.[14] Von diesen kam allerdings nur ein geringer Teil aus dem Ausland, die meisten waren aus dem näheren oder weiteren Umland zugezogen.

---

12 Zit. n. Schudt, Johann Jacob: Jüdische Merckwürdigkeiten, Teil 1, Frankfurt a.M. 1714 (ND Berlin 1922), S. 375.

13 Zwar sind die eigentlichen Bankbücher 1842 beim Großen Hamburger Brand verloren gegangen, doch haben Auszüge überlebt, in denen alle Kontoinhaber des Jahres 1619 einschließlich ihrer jeweiligen Umsätze aufgeführt sind (vgl. Staatsarchiv der Freien und Hansestadt Hamburg [StAHH], Senat, Cl. VII Lit. Cb Nr. 4 Vol. 1a Nr. 1b). Die relevanten Admiralitätszollakten sind StAHH, Admiralitätskollegium, F3 Bd. 1 bis 8 und F4 Bd. 1 bis 15. Eine ausführliche Quellendiskussion und Auswertung erfolgt in J. Poettering: Handel, S. 203-236 und 345-356.

14 Mauersberg, Hans: Wirtschafts- und Sozialgeschichte zentraleuropäischer Städte in neuerer Zeit, dargestellt an den Beispielen von Basel, Frankfurt a.M., Hamburg, Hannover und München, Göttingen 1960, S. 47.

Von der wirtschaftlichen Bedeutung ausgehend, bildeten die Niederländer die mit Abstand wichtigste Gruppe ausländischer Einwanderer. Sie tätigten 1619 mit 47 Prozent fast die Hälfte des gesamten Hamburger Handelsumsatzes, also weit mehr als die Hamburger selbst. Die Portugiesen hatten dagegen nur einen Anteil von unter fünf Prozent am Gesamtumsatz, ein knappes Drittel von dem der Hamburger und ebenfalls etwas weniger als der Anteil, den sie an der Kaufmannschaft ausmachten.

Tabelle 1: Gesamtumsätze der in Hamburg tätigen Kaufleute

Bank 1619	**Hamburger**	**Niederländer**	**Portugiesen**
Anzahl Konten	91	124	29
Anteil an Konten	16,9%	23,0%	5,4%
Anteil am Umsatz	15,5%	47,3%	4,5%

Quelle: StAHH, Senat, Cl. VII Lit. Cb Nr. 4 Vol. 1a Nr. 1b.

Mithilfe der Admiralitätszollakten lässt sich speziell der Handel zwischen Hamburg und der Iberischen Halbinsel genauer betrachten. Zu erwarten wäre, dass die Portugiesen überdurchschnittlich stark beteiligt waren. In den Jahren 1632 und 1647, dem ersten und dem letzten Jahr der überlieferten Akten, war der Anteil der Portugiesen mit 15 beziehungsweise 17 Prozent in der Tat größer, doch lag er selbst hier unter dem der Hamburger und vor allem dem der Niederländer (vgl. Tabelle 2). Nach der Jahrhundertmitte dürfte der Handel der Portugiesen im Verhältnis zu dem der anderen Kaufleute deutlich stärker zurückgegangen sein, da zum einen die Zahl der portugiesischen Kaufleute in Hamburg abnahm, zum anderen aber auch ihre Verbindungen in die alte Heimat allmählich abbrachen. Auf die Gründe hierfür werde ich noch zurückkommen.

Tabelle 2: Umsätze der in Hamburg tätigen Kaufleute im Iberienhandel

Admiralitätszoll im Iberienhandel		**Hamburger**	**Niederländer**	**Portugiesen**
Anzahl Kaufleute	1632	53	81	57
	1647	60	62	43
Anteil an Kaufleuten	1632	16,3%	24,9%	17,5%
	1647	17,8%	18,3%	12,7%
Anteil am Umsatz	1632	18,8%	42,7%	15,4%
	1647	21,8%	33,6%	17,9%

Quelle: StAHH, Admiralitätskollegium, F3 Bd. 1, 2 und 8.

In Portugal existieren leider keine vergleichbaren Bank- oder Zollregister. Es gibt aber vielfältige Hinweise darauf, dass die dort eingewanderten hamburgischen Kaufleute oft außerordentlich erfolgreich waren. Diese Hinweise sind etwa in den »Habilitationsakten« enthalten, die bei der Aufnahme von Kaufleuten in einen Ritterorden oder für die Ernennung zu einem *Familiar* der Inquisition angelegt wurden. Solche *Familiares* erfüllten repräsentative Aufgaben bei der öffentlichen Verbrennung von Ketzern und anderen Zeremonien der Inquisition. Außerdem genossen sie eine Reihe von Privilegien. Solche Habilitationen bedeuteten eine hohe soziale Auszeichnung, die annähernd mit einer Nobilitierung vergleichbar war.

RECHTLICHE STELLUNG

Auch wenn die Umsätze, die die Portugiesen in Hamburg in der ersten Hälfte des 17. Jahrhunderts tätigten, mit denen der Hamburger Kaufleute vergleichbar sind, so waren die Bedingungen, unter denen die Portugiesen Handel trieben, deutlich schlechter als jene der Hamburger Bürger.

Das politisch weitgehend autonome Hamburg verfolgte eine Politik, die in starkem Maß auf den Vorteil der eigenen Kaufmannschaft ausgerichtet war. Gegenüber Fremden war sie relativ restriktiv.[15] Erstmalig in der Mitte des 16. Jahrhunderts hatten fremde Kaufleute überhaupt eine Niederlassungsgenehmigung in

15 J. Poettering: Handel, S. 44-87.

der Stadt erhalten. Bis zur Mitte des 17. Jahrhunderts waren die Fremden, die nicht das örtliche Bürgerrecht genossen, gegenüber den Einheimischen im Handel erheblich benachteiligt. Aufgrund des sogenannten Gästehandelsverbots war es ihnen untersagt, mit anderen Fremden Handel zu treiben. Das heißt, dass sie ihre Güter nur von Bürgern kaufen und nur an Bürger verkaufen durften. Zwar wurde das Verbot 1604 für einige Waren aufgehoben, doch die Schlüsselgüter des Iberienhandels, Getreide, Wein und Salz, blieben noch bis 1653 für die Hamburger Bürger reserviert. Diese Regelung bestand keineswegs nur auf dem Papier, sie schlug sich auch deutlich sichtbar in den Warenumsätzen der Kaufleute nieder. Während die Hamburger Bürger vor allem mit den vom Gästehandel ausgeschlossenen Gütern handelten, dominierten daher im Warensortiment der Portugiesen die freigegebenen Güter, die mit einem deutlich größeren Handelsrisiko verbunden waren.[16] Hinzu kommt, dass das mit Abstand wichtigste Handelsgut zwischen Hamburg und Portugal, das Getreide, nicht nur vom Gästehandel ausgeschlossen war; es genoss darüber hinaus in Portugal eine Befreiung vom 20-prozentigen Einfuhrzoll. Dies machte die Geschäfte der Hamburger Bürger im Portugalhandel noch ertragreicher und setzte die Portugiesen entsprechend weiter zurück.

Zu den weiteren wirtschaftlichen Benachteiligungen, denen die Fremden in Hamburg ausgesetzt waren, gehörte die Pflicht zur Entrichtung eines zusätzlichen Zolls auf alle zu Land ein- und ausgeführten Güter, wobei der Verkehr auf der Oberelbe zum Landverkehr zählte. Wie das Gästehandelsverbot wirkte sich auch dieser Zoll nachteilig auf die im Iberienhandel tätigen fremden Kaufleute aus, wenn sie die aus dem Süden eingeführten Waren im Hamburger Hinterland vertreiben oder Waren aus dem Hinterland zur Ausfuhr beziehen wollten.[17]

---

16 Nebenbei sei angemerkt, dass die Portugiesen im Handel mit noch neuen Waren wie Zucker, Pfeffer und Gewürzen keineswegs so hervortraten, wie Kellenbenz und viele seiner Nachfolger annehmen, auch stellten diese Waren nicht ihr wichtigstes Handelssegment dar (vgl. J. Poettering: Handel, S. 203-236).

17 Auf regionaler Ebene waren die fremden Kaufleute im Gegensatz zu den Hamburger Bürgern zudem vom Lübecker Durchfuhrverbot betroffen (vgl. Baasch, Ernst: »Die ›Durchfuhr‹ in Lübeck. Ein Beitrag zur Geschichte der lübischen Handelspolitik im 17. und 18. Jahrhundert«, in: Hansische Geschichtsblätter 34 (1907), S. 109-152, hier S. 116 und 121f.). Außerdem mussten sie in Stade einen Elbzoll entrichten, von dem die Hamburger Bürger befreit waren (vgl. Müller, Carl: Der Stader Zoll. Vom Mittelalter bis zu seiner Ablösung. Eine wirtschaftsgeschichtliche Darstellung unter besonderer Berücksichtigung der hamburgischen Interessen, Hamburg 1940; Pitz, Ernst [Hg.]: Die Zolltarife der Stadt Hamburg, Wiesbaden 1961, S. 491; Baasch, Ernst: Die Handelskammer zu Hamburg 1665-1915, Bd. 1, Hamburg 1915, S. 521f.).

Anders als die Niederländer durften die Portugiesen aufgrund ihres Judentums in Hamburg keine Bürger werden.[18] Sie hatten daher keine Möglichkeit, die Handelshindernisse durch das Ablegen ihres Fremdenstatus zu überwinden. Außerdem waren sie als Nichtbürger von der Übernahme städtischer Ämter ausgeschlossen und konnten somit kaum Einfluss auf die Politik nehmen oder überhaupt mit den entsprechenden Kreisen in einen regelmäßigen und gleichberechtigten Austausch treten. Auch soll nicht verschwiegen werden, dass die portugiesischen Juden von der lutherischen Geistlichkeit diffamiert wurden und es vonseiten der Bevölkerung wiederholt zu gewalttätigen Ausschreitungen gegen sie kam.[19]

Ganz anders sah die Situation der Hamburger in Portugal aus: Die Könige waren spätestens seit dem Beginn der Entdeckungsfahrten sehr offen für den Zuzug fremder Kaufleute.[20] Wer das »Privileg eines Deutschen Kaufmanns« verliehen bekam, war von allen Steuern befreit, erhielt Zollermäßigungen auf wichtige Einfuhrgüter und profitierte von weiteren Handelsvergünstigungen.[21] Inhaber dieses

18 Klefeker, Johann (Hg.): Sammlung der Hamburgischen Gesetze und Verfassungen, Teil 2, Hamburg 1766, S. 288; J. Poettering: Handel, S. 61-87.

19 Böhm, Günter: Antijüdische Ressentiments gegenüber den Hamburger Sefardim im 17. Jahrhundert, in: Michael Studemund-Halévy (Hg.), Die Sefarden in Hamburg, Teil 1, Hamburg 1994, S. 89-102; Schmidt, Burghart: »›Unduldsames Betragen gegen Andersdenkende in der Religion [...] gereicht jedem Staat zur unauslöschlichen Schande‹. Antijüdische Gewalttätigkeiten in Hamburg vom 17. bis zum 19. Jahrhundert«, in: Bernard Lachaise/Burghart Schmidt (Hg.), Bordeaux – Hamburg. Zwei Städte und ihre Geschichte, Hamburg 2007, S. 400-427; Braden, Jutta: Hamburger Judenpolitik im Zeitalter lutherischer Orthodoxie 1590-1710, Hamburg 2001.

20 Vgl. J. Poettering: Handel, S. 44-61; Privilegien für ausländische Kaufleute sind abgedruckt in: Cassel, Johann Philipp (Hg.): Privilegia und Handlungsfreiheiten, welche die Könige von Portugal ehedem den deutschen Kaufleuten zu Lissabon ertheilet haben, Bremen 1771; Denucé, Jean: »Privilèges commerciaux accordés par les rois de Portugal aux Flamands et aux Allemands (XVe et XVIe siècles)«, in: Archivo Historico Portuguez 7 (1909), S. 310-319 und S. 377-392; Ribeiro, Vítor (Hg.): Privilégios de estrangeiros em Portugal (Ingleses, Franceses, Alemães, Flamengos e Italianos), Coimbra 1917; Silveira, Luís (Hg.), Privilégios concedidos a alemães em Portugal. A certidão de Duarte Fernandez, da Biblioteca de Évora e tradução em língua germânica, Lissabon 1958.

21 Weitere Handelsvergünstigungen bestanden in dem Recht auf freie Preisbildung (außer bei Pfeffer, der zu festen Preisen gekauft werden musste), auf Zollberechnung nach dem Warenwert, in der Erlaubnis zur Wiederausfuhr nicht verkaufter Waren und nicht ausgegebenen Geldes sowie in der Nutzung einer eigenen Waage für den Hausgebrauch

Privilegs genossen automatisch das Bürgerrecht der Stadt Lissabon, außerdem gehörten sie einem privilegierten Gerichtsstand mit einem speziell für sie zuständigen Richter an. Auch vonseiten der Bevölkerung gab es offenbar wenig Widerstand gegen die Aufnahme der Ausländer: Fremdenfeindliche Äußerungen sind nur in wenigen Einzelfällen belegt, gewalttätige Ausschreitungen gegen fremde Kaufleute nicht bekannt.

Die eigene, portugiesische Kaufmannschaft genoss dagegen kein sehr hohes Ansehen in Portugal. Sie wurde oft pauschal mit den Neuchristen identifiziert, die – wie bereits erwähnt – als Nachfahren von Juden diskriminiert und aufgrund der Unterstellung häretischen Verhaltens von der Inquisition verfolgt wurden.[22] Zwar gab es in Portugal auch viele Altchristen im Handel, doch zogen sich diese meist aus dem aktiven Geschäftsleben zurück, sobald sie einen hinreichenden wirtschaftlichen Erfolg hatten, und bemühten sich stattdessen, in den Adel aufzusteigen. Den Neuchristen blieb dies aufgrund ihrer jüdischen Herkunft im Allgemeinen verwehrt.

AUSGRENZUNG UND ASSIMILATION

Die rechtliche, soziale und religiöse Sonderstellung der Portugiesen in Hamburg führte vor dem Hintergrund der jederzeit möglichen Aufkündbarkeit ihrer Aufenthaltserlaubnis zur Ausbildung einer starken Gemeindestruktur. Der Vorstand der portugiesisch-jüdischen Gemeinde vertrat die Mitglieder gegenüber der Stadt und bot ihnen ein gewisses Maß an Schutz, übte aber zugleich erheblichen Druck auf sie aus, um einerseits ein geschlossenes Auftreten zu ermöglichen und um andererseits möglichst wenig negatives Aufsehen in der christlichen Mehrheitsgesellschaft zu erregen. Zugleich pflegten die Mitglieder jedoch auch ihre portugiesisch-jüdische Identität in der Gemeinde und bemühten sich um den sozialen Zusam-

(L. Silveira: Privilégios, S. 20-21, S. 34-35 und S. 39-40; Archiv der Hansestadt Lübeck [künftig AHL], Altes Senatsarchiv [künftig ASA], Externa, Hispanica Nr. 9, Bl. 336-346; »Capítulos de Privilegios [...] de 1607«, in: Bertodano, Joseph Antonio Abreu y [Hg.], Colección de los Tratados de Paz, alianza, neutralidad [...], Reynado de Felipe III, 1. Teil, Madrid 1740, S. 375-382, hier S. 377; »Foral da Alfândega desta Cidade de Lisboa«, in: Sousa, José Roberto Monteiro de Campos Coelho e [Hg.], Systema, ou Collecção dos Regimentos reaes, Bd. 2, Lissabon 1783, S. 35-36).

22 J. Poettering: Handel, S. 114-138.

menhalt. Auf diese Weise gelang es der Gruppe, sich langfristig gegenüber der feindlichen Außenwelt zu behaupten.[23]

Ganz anders verhielten sich die Hamburger in Portugal. Sie brauchten sich nicht zusammenzuschließen, um ihren Aufenthalt zu sichern und ihre Rechte zu verteidigen. Verfügten sie über Kapital und waren sie im Sinne des Königs tätig, erhielten sie ohnedies Privilegien und soziale Auszeichnungen. Mit dem hansischen Konsul verfügten sie zwar über einen gemeinsamen Vertreter, doch ist seine Rolle nicht mit der des Vorstandes der portugiesisch-jüdischen Gemeinde in Hamburg vergleichbar. Die Hamburger gehörten keiner klar abgegrenzten Nation mit einer eigenen Verfassung an. Sie agierten viel individueller als die Portugiesen in Hamburg, verfolgten ihre persönlichen Vorteile und schlossen sich den entsprechenden Interessengruppen vor Ort an.[24]

Auch die Lebensumstände der Hamburger in Portugal unterschieden sich stark von denen der Portugiesen in Hamburg. Die Portugiesen, die nach Hamburg kamen, hatten ihr Heimatland oftmals aufgrund einer akuten Bedrohung durch die Inquisition verlassen.[25] Die Auswanderung war eine Flucht und nicht mit der Hoffnung auf eine Rückkehr verbunden. In der Regel nahmen sie daher ihre Familien mit, sodass zur portugiesischen Gemeinschaft in Hamburg von Beginn an auch Frauen, Kinder, alte Leute und einzelne Angehörige anderer Berufe zählten.

Bei den Hamburgern in Portugal handelte es sich dagegen fast ausschließlich um sehr junge Männer beziehungsweise Jugendliche. Sie waren alleinstehend und gingen nach Portugal, um dort ihre kaufmännischen Lehrjahre zu verbringen und die Grundlagen für ihr späteres Geschäft zu legen.[26] In der Regel lebten sie in Portugal im Haushalt ihrer Dienstherren. Selbst wenn diese ebenfalls deutscher Herkunft waren, scheint dort überwiegend Portugiesisch gesprochen worden zu sein,

23 Ebd., S. 288-313.

24 Ebd., S. 313-337.

25 Zu den Migrationsumständen vgl. ebd., S. 139-162.

26 Über die Hamburger, die nach Portugal gingen, geben die Konversionsregister Auskunft, die vom Lissabonner Inquisitionstribunal seit 1641 und von den Tribunalen in Évora und Coimbra etwas später angelegt wurden. Sie enthalten ausführliche Angaben zu den einzelnen Konvertiten: Name, Wohnort, Nationsangehörigkeit, Geburtsort, Verheiratung, Alter, Konfession, Beruf sowie Namen und Tätigkeit der Eltern. In dem halben Jahrhundert zwischen 1641 und 1691 traten allein 128 Hamburger vor dem Lissabonner Tribunal zum Katholizismus über. Das sind knapp 20 Prozent aller in diesem Zeitraum in den Lissabonner Registern verzeichneten Konvertiten (vgl. ANTT, TSO, Inquisição de Lisboa, S. 708-715).

sodass die jungen Kaufmannsgesellen sehr schnell die fremde Sprache lernten.[27] Die Kinder der in Portugal sesshaft gewordenen Hamburger konnten nur noch so wenig Deutsch, dass sie zum Spracherwerb nach Hamburg geschickt wurden.[28]

Die Portugiesen in Hamburg, zumindest die der ersten Generation, beherrschten dagegen die deutsche Sprache kaum. In den Gerichtsprozessen, an denen Portugiesen beteiligt waren, wurden regelmäßig Dolmetscher bemüht; und in den Bibliotheken der portugiesisch-jüdischen Gelehrten gab es zwar Bücher auf Hebräisch und Latein sowie in allen romanischen Sprachen, nicht jedoch auf Deutsch. Als Zweitsprache behielten die Hamburger Portugiesen ihre Sprache sogar noch bis ins 20. Jahrhundert bei.

Anders als die Hamburger lebten die Portugiesen selbst in den wenigen Fällen, in denen sie alleinstehend nach Hamburg gekommen waren, nicht bei Einheimischen, sondern ausschließlich bei anderen Portugiesen im Haushalt.[29] Ledige Kaufleute verheirateten sich so gut wie immer mit Portugiesinnen, die entweder aus der Hamburger Gemeinde oder der Diaspora kamen oder die sie kurz nach ihrer Einwanderung aus Portugal nachholten.[30] Unterstützt wurde das endogame Heiratsverhalten durch entsprechende Vorschriften der Gemeinde, denn die Portugiesen, die in Hamburg als Juden lebten, durften nur Frauen heiraten, die sich ebenfalls zum Judentum bekannten und ursprünglich von der Iberischen Halbinsel kamen. Um einen entsprechenden Nachschub an Frauen zu gewährleisten, richteten vermögende Portugiesen bereits 1615 einen gemeindeübergreifenden Verein zur Vermittlung armer Waisen und Jungfrauen iberisch-jüdischer Herkunft ein.[31]

Für die als Lutheraner in Portugal eintreffenden Hamburger stellte die katholische Konfession der Portugiesinnen dagegen kein Heiratshindernis dar. Denn wie die Konversionsregister der Inquisition zeigen, wechselten sehr viele von ihnen nach wenigen Jahren das Glaubensbekenntnis.[32] Zwar kehrten viele der jungen Kaufmannsgehilfen – auch jene, die konvertiert waren – nach einigen Jahren der Ausbildung in die Heimat zurück, um sich dort zu verheiraten und dauerhaft

27 Kaum einer der Konvertiten (vgl. Anm. 26) benötigte zum Zeitpunkt des Übertritts, der meist zwei bis drei Jahre nach der Ankunft stattfand, noch einen Dolmetscher.

28 J. Poettering: Handel, S. 181-203.

29 Ebd., S. 181-203.

30 Ebd., S. 250-269.

31 Swetschinski, Daniel: Reluctant Cosmopolitans. The Portuguese Jews of Seventeenth-Century Amsterdam, Oxford 2000, S. 178-181; Bodian, Miriam: »The ›Portuguese‹ Dowry Societies in Venice and Amsterdam. A Case Study in Communal Differentiation within the Marrano Diaspora«, in: Italia 6 (1987), S. 30-61.

32 Vgl. Anm. 26.

niederzulassen. Doch eine ganze Reihe von ihnen blieb auch in Portugal. Sie verheirateten sich in der Regel mit Portugiesinnen oder mit Töchtern von Paaren, bei denen der Vater eingewandert und die Mutter Portugiesin war.[33] Deutsche Frauen kamen so gut wie nie nach Portugal.

Die Mitglieder beider Migrantengruppen, die Hamburger wie die Portugiesen, konvertierten also im Rahmen ihrer Migration. Doch anders als die Hamburger in Portugal traten die Portugiesen in Hamburg in der Regel nicht zur Konfession der Mehrheitsgesellschaft, dem Luthertum, sondern zum Judentum über. Oft wird dies nicht als grundlegender Religionswechsel betrachtet, da sie als Neuchristen zur Religion ihrer Vorväter, ihrer ›eigentlichen‹ Religion zurückgekehrt seien. Doch der Wechsel war keineswegs eine Selbstverständlichkeit. Denn die Vorfahren der Einwanderer hatten das Judentum bereits über 100 Jahre zuvor abgelegt und die meisten Neuchristen in Portugal lebten den Katholizismus wie alle übrigen Portugiesen auch.[34] Diejenigen, die als Kryptojuden weiter den jüdischen Riten und Bräuchen anhingen, taten dies ohne religiöse Instruktion, ohne jüdische Gelehrte und fast ohne religiöse Bücher. Sie hatten sich entsprechend vom normativen Judentum entfernt. In Hamburg mussten sich die Portugiesen das Judentum daher unter großen Mühen neu aneignen. Um diesen komplexen und nicht immer reibungslos verlaufenden Prozess zu beschreiben, prägte der Historiker Yosef Kaplan den Begriff der »Neujuden«, in ironischer Analogie zu dem der Neuchristen.[35]

Vor diesem Hintergrund und angesichts der strukturellen Benachteiligung der Juden in Hamburg stellt sich die Frage, warum die Portugiesen das Judentum überhaupt annahmen. Warum blieben sie nicht beim Katholizismus oder schlossen sich der Religion der Mehrheitsgesellschaft an wie die Hamburger Kaufleute in Portugal? Tatsächlich hatten sich die ersten Portugiesen in Hamburg noch der von den Jesuiten geführten katholischen Gemeinde im benachbarten Altona angeschlossen.[36] Doch Katholiken waren in Hamburg nicht wohlgelitten. Schenkt man den

33 Zum Heiratsverhalten vgl. J. Poettering: Handel, S. 250-269.

34 Von einzelnen Portugiesen, die sich in Hamburg der jüdischen Gemeinde anschlossen, ist sogar bekannt, dass sie zuvor Altchristen waren, also nicht über jüdische Vorfahren verfügten (vgl. J. Poettering: Handel, S. 288-313).

35 Kaplan, Yosef: »Wayward New Christians and Stubborn New Jews. The Shaping of a Jewish Identity«, in: Jewish History 8 (1994), S. 27-41.

36 Linkemeyer, Carl: Das katholische Hamburg in Vergangenheit und Gegenwart, Hamburg 1931, S. 202-209; Dreves, Lebrecht Blücher: Geschichte der katholischen Gemeinden zu Hamburg und Altona, Schaffhausen 1850, S. 34 und 37f.; Pieper, Anton: Die Propaganda-Congregation und die nordischen Missionen im siebenzehnten

einschlägigen Darstellungen Glauben, wurde die katholische Gemeinde im Gegensatz zu der etwas später entstandenen portugiesisch-jüdischen Gemeinde nicht nur von der lutherischen Geistlichkeit und vom Pöbel angegriffen, sondern von der Hamburger Obrigkeit selbst schikaniert. Sie hätten die Bürger dazu aufgerufen, keine Geschäfte mit Katholiken abzuschließen und keine Wohnungen an sie zu vermieten.[37] Wer die katholische Messe in Altona besuchte und dadurch Ärger provozierte, sollte aus Hamburg ausgewiesen werden.

Auch die Konversion der Portugiesen zum Luthertum wurde nicht wirklich begrüßt. Der Kaufmann Manuel Álvares beispielsweise, einer der ersten erfolgreichen portugiesischen Kaufleute in Hamburg, trat zum Luthertum über, doch die Hamburger Theologen stellten die Ernsthaftigkeit seiner Konversion infrage.[38] Sie behaupteten, er sei nur konvertiert, um ein ehrliches Begräbnis zu erhalten. Auch seine Söhne konvertierten, doch falls sie Kaufleute geworden sein sollten, hatten sie zumindest in Hamburg in diesem Metier keinen Erfolg. So einfach wie den Hamburgern in Portugal wurde den Portugiesen in Hamburg der Konfessionswechsel nicht gemacht.

Dies alles – abgesehen von der Eigenmotivation – könnte zur Entscheidung der sich in Hamburg angesiedelten Portugiesen beigetragen haben, sich dem Judentum zuzuwenden. Ob sie tatsächlich mit weniger Schwierigkeiten zu kämpfen gehabt hätten, wären sie nicht zum Judentum übergetreten, sondern Katholiken geblieben, ist schwer zu beurteilen. Der Rat erklärte gegenüber dem Kaiser und den Vertretern Spaniens, die immer wieder für die Katholiken intervenierten, dass diese nicht schlechter gestellt seien als die Juden, dass er Leben und Eigentum wie auch Handel und Wandel von Katholiken und Juden stets gleichermaßen geschützt habe.[39] Dies kann jedoch bezweifelt werden, denn aus der Perspektive der Hamburger Obrigkeit, die an der Ansiedlung der fremden Kaufleute durchaus interessiert war, hatte das Bekenntnis der Portugiesen zur jüdischen Religion durchaus Vorteile. Als Katholiken hätten sie mit der Unterstützung des Kaisers und des spanischen Königs rechnen können, der zur Zeit ihrer ersten Niederlassung in Hamburg auch über Portugal herrschte. Sowohl Philipp II. als auch Philipp III. und Philipp IV. von Spanien hatten handfeste Ambitionen in Nordeuropa, die sich

Jahrhundert, Köln 1886, S. 17-21; Ehrenberg, Richard: Die Jesuiten-Mission in Altona, Altona 1893.

37 L.B. Dreves: Katholische Gemeinden, S. 37f.

38 H. Kellenbenz: Sephardim, S. 250f.; Kellenbenz, Hermann: Unternehmerkräfte im Hamburger Spanien- und Portugalhandel, 1590-1625, Hamburg 1954, S. 266; R. Ehrenberg: Jesuiten-Mission, S. 34f.; J. Braden: Judenpolitik, S. 101.

39 R. Ehrenberg: Jesuiten-Mission, S. 47 und 54.

nicht nur im Wunsch nach einer engen Bündnispolitik mit der Hanse, sondern teilweise sogar in Plänen kriegerischer Eroberung äußerten.[40] Hamburg lehnte die spanischen Annäherungsversuche mit Rücksicht auf seine Beziehungen zu den Vereinigten Niederlanden, die mit Spanien im Krieg lagen, ab. Als Katholiken hätten die portugiesischen Einwanderer jedoch eine Art Vorhut der spanischen Herrschaft in Hamburg gebildet, denn die spanische Krone plante zeitweise, in Hamburg und anderen Hansestädten Faktoreien nach dem Vorbild der ehemaligen portugiesischen Faktorei in Antwerpen zu errichten.[41] Die Kaufleute, denen von den Städten die freie Ausübung der katholischen Religion zugesichert werden sollte, hätten direkt mit der spanischen Krone zusammengearbeitet; der Faktor oder Konsul wäre ein Angestellter des Königs gewesen. Als Juden verloren die Portugiesen dagegen ihre enge Bindung an den Herkunftsstaat. Zwar fand trotz allem eine wirtschaftliche und diplomatische Kooperation statt – portugiesisch-jüdische Kaufleute waren ab den 1630er Jahren als Residenten und Agenten der spanischen und später auch portugiesischen Krone tätig –, doch als Juden waren sie in einer deutlich schwächeren Position. Als solche waren sie viel stärker auf den Schutz der hamburgischen Obrigkeit angewiesen und mussten daher auf deren Interessen Rücksicht nehmen. Dies betraf einerseits ihre Situation in Hamburg selbst, wo ihre Aufenthaltsgenehmigung jederzeit aufgekündigt werden konnte und wo sie sich zudem den teilweise gewalttätigen Übergriffen seitens der hamburgischen Bevölkerung ausgesetzt sahen. Andererseits betraf es aber auch die Verteidigung ihrer Rechte im Ausland. Insofern dürfte die religiöse Orientierung der Portugiesen in Richtung Judentum vonseiten der Hamburger Obrigkeit durchaus begrüßt worden sein.[42]

Nachdem sich die portugiesisch-jüdische Gemeinde erst einmal etabliert hatte, blieb den einzelnen Portugiesen kaum noch eine andere Wahl, als sich ihr anzuschließen. Denn nur gemeinsam konnten sie ihre Stellung in der Stadt und im

40 J. Poettering: Handel, S. 21-43, siehe dort auch die umfangreiche Literatur, die hierzu erschienen ist. Alcalá-Zamora y Queipo de Llano, José: España, Flandes y el Mar del Norte (1618-1639). La última ofensiva europea de los Austrias madrileños, Barcelona 1975, S. 181; Israel, Jonathan I.: »The Politics of International Trade Rivalry during the Thirty Years War. Gabriel de Roy and Olivares' Mercantilist Projects, 1621-1645«, in: The International History Review 8 (1986) 4, S. 517-549, hier S. 521ff.; Grafe, Regina: Der spanische Seehandel mit Nordwesteuropa von der Mitte des sechzehnten bis zur Mitte des siebzehnten Jahrhunderts, Saarbrücken 1998.

41 AHL, ASA, Externa, Hispanica, Nr. 9, Bl. 37v., 339; Biblioteca da Ajuda, Lissabon, Cod. 51-VIII-18, n. 341, fl. 147-148v.

42 J. Poettering: Handel, S. 61-87.

Handel behaupten. Nur weil die Gemeinde – teilweise in Kooperation mit anderen Gemeinden der Diaspora – einige der Funktionen übernahm, von denen die Portugiesen innerhalb der städtischen Strukturen ausgeschlossen waren, konnten sie sich letztlich im Handel behaupten.

KONSEQUENZEN FÜR DEN HANDEL

Drei Faktoren lassen sich aus der unterschiedlichen Migrations- und Integrationssituation ableiten, die neben ihrer rechtlichen Stellung langfristig zum größeren wirtschaftlichen Erfolg der Hamburger im Verhältnis zu dem der Portugiesen beigetragen haben dürften: Erstens fanden die Hamburger leichter Zugang zu den wirtschaftlich und politisch relevanten Kreisen als die Portugiesen, zweitens waren ihre Handelsnetzwerke aufgrund ihrer unbeschränkten Heiratspolitik, aber auch aufgrund der relativ nachgiebigen Haltung der Inquisition gegenüber ausländischen Protestanten belastbarer als die der Portugiesen und drittens waren die Geschäftsbeziehungen der Hamburger auf die Iberische Halbinsel aufgrund ihrer größeren Mobilität dauerhafter als die der Portugiesen.

Zum ersten Punkt: Die Konversion bedeutete für die Hamburger in Portugal den Eintritt in die katholische Gesellschaft. Dadurch boten sich ihnen viele soziale und politische Möglichkeiten, die sie für ihre Geschäfte nutzen konnten. Abgesehen davon, dass sie als Katholiken in portugiesische Familien einheiraten konnten, eröffnete sich ihnen mit der Konversion etwa die Möglichkeit, einer der katholischen Laienbruderschaften beizutreten. Diese wichtigen Institutionen waren nicht nur für das gesellschaftliche, sondern auch für das wirtschaftliche Leben in Portugal von Bedeutung.[43] Außerdem war die katholische Konfession natürlich Bedingung für die bereits erwähnte Habilitation der Kaufleute zum *Familiar* der Inquisition und die Aufnahme in einen Ritterorden. Die Ernennung zum *Familiar* ermöglichte wiederum die Aufnahme in die Petrus-Martyr-Bruderschaft, in der sich

43 Die Deutschen traten insbesondere der Bartholomäus-Bruderschaft und der Heilig-Kreuz-und-Sankt-Andreas-Bruderschaft bei (vgl. Hinsch, J.D.: »Die Bartholomäusbrüderschaft der Deutschen in Lissabon«, in: Hansische Geschichtsblätter 6, 2, Jg. 17 [1888], S. 3-27; Ehrhardt, Marion: Die Bartholomäus-Brüderschaft der Deutschen in Lissabon, Lissabon [1990]; V. Ribeiro: Privilégios, S. 17-21; Sousa, Luís de [Manuel de Sousa Coutinho]: História de S. Domingos, hg. v. M. Lopes de Almeida, Teil 1, Porto 1977 [zuerst 1623], S. 344-365).

im 17. Jahrhundert die Mitglieder der gesellschaftlichen Eliten bis hin zu den Angehörigen des königlichen Hofs versammelten.[44]

Während vielen Hamburgern in Portugal mithilfe der Konversion der soziale Aufstieg zugleich mit dem wirtschaftlichen gelang, konnten die erfolgreichen Portugiesen in Hamburg nur innerhalb ihrer eigenen Gruppe sozial aufsteigen, wenn man von den wenigen absieht, die als Agenten oder Residenten auswärtiger Mächte auch in der Mehrheitsgesellschaft über ein höheres Ansehen verfügten. Den Portugiesen blieb der Zutritt zu vielen wichtigen Kreisen verwehrt, insbesondere zu den »Versammlungen eines Ehrbaren Kaufmanns«, einem Gremium, das seit 1665 die Commerzdeputation und damit die offizielle und einflussreiche Vertretung der Hamburger Kaufmannschaft wählte.[45]

Der zweite Bereich, in dem die Hamburger aufgrund ihrer besseren Integration deutliche Vorteile gegenüber den Portugiesen genossen, betrifft die Struktur ihrer Handelsnetzwerke. Grundsätzlich verliehen Verwandtschaftsbeziehungen den Geschäftsbeziehungen ein zusätzliches Maß an Stabilität. Zum einen gab es unter Verwandten einen gewissen Vertrauensvorschuss, der bei der Wahl der Handelspartner zur Bevorzugung von Familienangehörigen führte. Noch wichtiger war jedoch zum anderen die Stärkung bereits bestehender Handelspartnerschaften durch entsprechende Heiraten. So ehelichten Kaufleute oftmals die Schwestern oder Töchter ihrer Geschäftspartner. Da sich die Hamburger nicht nur mit Hamburgerinnen verheirateten, sondern auch mit Portugiesinnen, verfügten sie über eine deutlich größere Auswahl an potenziellen Partnerinnen als die portugiesischen Juden, die sich auf portugiesisch-jüdische beziehungsweise neuchristliche Frauen beschränkten. Das bedeutet, dass die Hamburger bezüglich der Konsolidierung ihrer Handelsnetze durch entsprechende Eheschließungen weit mehr Möglichkeiten hatten als die Portugiesen.

Hinzu kommt, dass die Geschäftsbeziehungen der portugiesischen Juden zu ihren Verwandten in Portugal nicht sehr belastbar waren. Allgemein waren Handelsbeziehungen zu neuchristlichen Kaufleuten auf der Iberischen Halbinsel aufgrund ihrer permanenten Bedrohung durch die Inquisition risikoreicher als Han-

---

44 Torres, José Veiga: »Da Repressão Religiosa para a Promoção Social. A Inquisição como instância legitimadora da promoção social da burguesia mercantil«, in: Revista Crítica de Ciências Sociais 40 (1994), S. 109-135; Bethencourt, Francisco: História das Inquisições. Portugal, Espanha e Itália, Lissabon 1996, S. 91.

45 E. Baasch: Handelskammer, S. 218; Baasch, Ernst: »Zur Geschichte des Ehrb. Kaufmanns in Hamburg«, in: Festschrift für die Versammlung des Hansischen Geschichtsvereins und des Vereins für Niederdeutsche Sprachforschung am 23. und 24. Mai 1899 in Hamburg, Hamburg 1899, S. 1-66, hier S. 33.

delsbeziehungen zu dort lebenden altchristlichen portugiesischen oder fremden Kaufleuten. Neuchristliche Handelspartner konnten verhaftet werden oder mussten sich einer drohenden Verhaftung durch Flucht entziehen. Die ihnen anvertrauten Waren konnten konfisziert werden. Wenn die portugiesischen Juden in Hamburg mit Verwandten in Portugal Handel trieben, brachten sie diese in Gefahr, da in der Regel bekannt war, dass die Portugiesen in Hamburg als Juden lebten, was auch ihre Verwandten in Portugal verdächtig machte. Hamburger oder andere Fremde in Portugal waren dagegen kaum von der Inquisition gefährdet, wie die Zahl der Prozesse deutlich zeigt: Von den 32.000 in Portugal durchgeführten Inquisitionsprozessen betrafen rund 80 Prozent Neuchristen, aber nur fünf Prozent Ausländer.[46] Nur ein Viertel der betroffenen Ausländer wurde wegen Protestantismus angeklagt, die Mehrheit davon bereits im 16. Jahrhundert. Es sind de facto nur 26 Fälle bekannt, in denen fremde Kaufleute oder Handelsdiener angeklagt wurden. Zu groß war ihre Bedeutung für die Wirtschaft des Landes, als dass die Inquisition es hätte wagen können, ernsthaft gegen sie vorzugehen.

Außer auf Angehörige ihrer eigenen Nation griffen die in Hamburg lebenden Portugiesen daher in Portugal auch auf hamburgische oder niederländische Korrespondenten zurück. Die offiziellen Lissabonner Handelsvertreter des in Hamburg lebenden Luís Pereira da Silva waren beispielsweise Anfang der 1620er Jahre die beiden aus Hamburg stammenden Brüder Peter und Gerd Burmester. Außerdem bezog da Silva Waren von dem in Lissabon ansässigen Hamburger Christoph Meyer.[47] Der in Hamburg lebende Portugiese Jorge Pires Brandão ließ sich 1603 seinen Zucker aus Lissabon von Jácomo Diriques zusenden, einem Kaufmann, der dem Namen nach ebenfalls deutscher oder niederländischer Herkunft gewesen sein dürfte.[48]

Die dritte große Schwierigkeit, mit der die portugiesisch-jüdischen Kaufleute beim Handel mit der Iberischen Halbinsel zu kämpfen hatten, ergab sich aus ihrer eingeschränkten Mobilität. Mit einer Reise in die alte Heimat brachten sie sich selbst und ihre Geschäftspartner in Gefahr. Ihnen drohte die Verfolgung durch die Inquisition. Abgesehen davon war ihnen eine solche Reise vonseiten ihres Gemeindevorstandes verboten, da sie während dieser Zeit das Judentum nicht praktizieren konnten und befürchtet wurde, dass sie wieder zum Katholizismus zurück-

46 Hierbei handelt es sich nur um näherungsweise Angaben, zu den Details vgl. J. Poettering: Handel, S. 114-138.

47 Gemeentearchief Amsterdam [künftig GA], Not. Arch. 645B, blz. 1424-1427; Not. Arch. 646A, blz. 58, 59.

48 GA, Archief 5075, Inv. no. 619X, MF S. 105.

kehren würden.[49] Dies hatte zur Folge, dass die Portugiesen nach ihrer Auswanderung in der Regel keine neuen Beziehungen zu Geschäftspartnern auf der Iberischen Halbinsel knüpfen und die alten Kontakte nur sehr schwer pflegen konnten. Im Gegensatz zu den Hamburgern, die sich in Portugal niederließen, konnten die in Hamburg lebenden Portugiesen auch ihre Kinder nicht zur Ausbildung in die alte Heimat schicken oder diese dort gar geschäftsfördernde Ehen schließen lassen. Über kurz oder lang mussten die Geschäftsverbindungen der portugiesischen Juden zur Iberischen Halbinsel daher abreißen. Die aus der Vertreibung resultierende Migration bildete keine ausreichende Grundlage für den Aufbau langfristig funktionsfähiger Handelsnetzwerke.

FAZIT

Zurück zur Anfangsfrage: Was also machte die portugiesischen Juden als Migranten und Unternehmer so besonders? Warum zogen und ziehen sie die Aufmerksamkeit so sehr auf sich? Im Verlauf meiner Ausführungen wurde deutlich, dass es nicht so sehr an ihrer wirtschaftlichen Bedeutung lag und dass sie aufgrund ihrer verfolgungsbedingten Migration, ihrer rechtlichen Benachteiligung und ihrer sozialen Ausgrenzung auch gar nicht zu ›idealen‹ Unternehmern hätten werden können. Die Bedingungen, unter denen die Hamburger tätig waren, waren für das Geschäftsleben viel vorteilhafter.

Die Juden zogen die Aufmerksamkeit der Zeitgenossen wie auch der Historiker auf sich, weil sie so gut identifizierbar waren, weil sie Gemeinden bildeten und sich eine straffe Organisation gaben, weil sie sich gezwungen sahen, sich mit ihrer Identität auseinanderzusetzen und diese damit nicht nur bewahrten, sondern auch weiterentwickelten. Andere ethnische Gruppen gingen relativ rasch in der Mehrheitsgesellschaft auf. Waren die Kinder der Hamburger Kaufleute, die in Portugal lebten, eine portugiesische Mutter hatten und kaum Deutsch sprachen, noch Hamburger? Es ergibt wenig Sinn und ist oft auch gar nicht möglich, Gruppen von Menschen gleicher Herkunft zu erforschen, die auf dem Weg des geringsten Widerstandes ohne größeres Zögern ihre spezifische Identität aufgaben. Im Gegensatz zu den portugiesischen Juden bieten sich die Hamburger der Diaspora daher nur eingeschränkt als erforschbare Gruppe an.

49 Kaplan, Yosef: »The Travels of Portuguese Jews from Amsterdam to the ›Lands of Idolatry‹ (1644-1724)«, in: ders. (Hg.), Jews and Conversos. Studies in society and the inquisition, Jerusalem 1985, S. 197-224.

Georg Simmel hatte also nur zum Teil Recht, als er Fremdheit und Handelstätigkeit miteinander identifizierte. Beide Eigenschaften hängen zwar eng zusammen, doch viele Händler blieben nicht immer fremd und viele Fremde nicht immer Händler. Deswegen sind die Juden kein repräsentatives Beispiel, denn sie blieben deutlich länger Fremde als die meisten anderen migrantischen Unternehmer und es standen ihnen weniger alternative Tätigkeiten zum Gelderwerb offen als den anderen Fremden.

»Das Exil hat, wie alle Lagen des menschlichen Lebens, sein Gutes«

Französische Revolutionsemigranten in Hamburg und Altona

FRIEDEMANN PESTEL

Abstract: Im Laufe der 1790er Jahre erreichte eine fünfstellige Zahl französischer Emigranten, die vor der sich radikalisierenden Revolution flohen, die Freie Reichsstadt Hamburg sowie das dänische Altona. Gemessen an der lokalen Gesamtbevölkerung stellen die Revolutionsemigranten, eines der bedeutendsten Migrationsphänomene in der hamburgischen Geschichte dar. Allein diese Feststellung rechtfertigt die eingehendere Beschäftigung mit den Revolutionsemigranten. So verliehen sie dem städtischen Leben Hamburgs um 1800 wesentliche kulturelle und ökonomische Impulse, die einerseits Widerstände in Teilen der einheimischen Bevölkerung hervorriefen, andererseits Hamburg als Handels- und Reisezentrum weiter internationalisierten. Auf Basis einer knappen Charakterisierung der französischen Emigration insgesamt beleuchtet dieser Aufsatz die Zusammensetzung sowie die konkreten Aufnahme- und Aufenthaltsbedingungen der Emigranten in Hamburg und Altona. Das Hauptaugenmerk liegt sodann auf den wirtschaftlichen und kulturellen Transfers zwischen den Emigranten und der Hamburg-Altonaer Stadtgesellschaft: Unternehmen, Geschäfte, Gastronomie und Theater sowie Verlage und Schulen ermöglichen im Spannungsfeld von Angebot und Nachfrage, von Innovationen und Widerständen einen differenzierten Blick auf Fragen von Integration, Austausch und Konfrontation um 1800. Wechselseitige Wahrnehmungsmuster und Transferbeziehungen erweisen sich somit – auch wenn die Quellen nur ausschnitthafte Einblicke erlauben – als eine zentrale Facette der Beziehungsgeschichte zwischen Emigranten und Aufnahmegesellschaft.[1]

PROFIL EINES TRANSNATIONALEN MIGRATIONSPHÄNOMENS

Die französische Revolutionsemigration gehört zu den eher unbekannten Migrationsbewegungen der Neuzeit.[2] Nichtsdestoweniger markieren die ca. 150.000 Emigranten, die das revolutionäre Frankreich nach 1789 verließen, das erste explizit politische Migrationsphänomen in europäischer Dimension und darüber hinaus. Sie verteilten sich von Schweden bis Sizilien, von Portugal bis Russland, ließen sich in den jungen Vereinigten Staaten und den überseeischen Kolonialgebieten ebenso nieder wie im Osmanischen Reich und stießen vereinzelt bis nach Indien vor. Ihre politische und soziale Zusammensetzung war ausgesprochen heterogen: Entsprach der Anteil der Emigranten an der Bevölkerung Frankreichs rund 0,6 Prozent, gehörten nach einer älteren Erhebung 17 Prozent von ihnen dem Adel, 25 Prozent dem Klerus und mehr als die Hälfte dem nichtprivilegierten Dritten Stand an. Wesentliche Emigrationsmotive bildeten im Falle des Adels die Abschaffung der Standesprivilegien, die mit zunehmender Verfolgung wachsende persönliche Unsicherheit, die Loyalität zu emigrierten Mitgliedern der Königsfamilie und die Umgestaltung der adlig dominierten Armee. Für die Geistlichen waren die Ablehnung der Zivilkonstitution des Klerus sowie die Aufhebung der geistlichen Orden und Klöster ausschlaggebend.

Gerade der hohe Anteil von nicht-privilegierten Emigranten deutet jedoch auf komplexere Problemlagen hin: Loyalitäts- und Abhängigkeitsbeziehungen von Dienstpersonal, Grenzmigration während der Revolutionskriege oder die Emigration von Künstlern und Handwerken, die in den großen Häusern keine Aufträge

---

1 Mein Dank gilt Anna Karla für die Lektüre dieses Aufsatzes, Matthias Winkler für viele gemeinsame Diskussionen zu den Emigranten im Heiligen Römischen Reich deutscher Nation sowie Franklin Kopitzsch für wichtige Literaturhinweise.

2 Für das Folgende Pestel, Friedemann: Französische Revolutionsmigration nach 1789, Europäische Geschichte Online, http://www.ieg-ego.eu/pestelf-2017-de vom 01.02.2018; Rance, Karine: »L'historiographie de l'émigration«, in: Bourdin, Philippe (Hg.), Les noblesses françaises dans l'Europe de la Révolution, Rennes, Clermont-Ferrand 2010, S. 355-368; Carpenter, Kirsty: »Emigration in Politics and Imaginations«, in: David Andress (Hg.), The Oxford Handbook of the French Revolution, Oxford: Oxford University Press 2015, S. 330-345.

mehr erhielten. Aber auch für Adel und Klerus ist eine weitere Differenzierung notwendig. Je weiter sich die Emigranten von Frankreich entfernten, umso mehr wuchs der Anteil der ersten beiden Stände in den lokalen Emigrantengemeinschaften und umso größer war ihre öffentliche Sichtbarkeit. Darüber hinaus verließen keineswegs alle adligen Emigranten Frankreich bereits 1789 mit dem Sturm auf die Bastille; vielmehr erstreckte sich die Emigrationsphase bis zum Höhepunkt der jakobinischen Terreur 1793/94. Entsprechend finden sich unter den Emigranten auch solche politischen Protagonisten der frühen Revolutionsphasen, die keineswegs pauschal am Ancien Régime festhielten. Gerade Hamburg bildet ein eindrückliches Beispiel für das breite Spektrum an sozialen Kontexten, politischen Positionen und individuellen Emigrationsbiografien.

Ein weiteres Charakteristikum der Emigration war ihr provisorischer Charakter:[3] Die Mehrzahl der Emigranten beabsichtigte keine dauerhafte Niederlassung im Ausland, sondern erhoffte sich einen vorübergehenden Wiedergewinn an persönlicher Sicherheit, an politischen, religiösen und teils auch ökonomischen Handlungsspielräumen. Folglich behielten sie während ihres Exils die Entwicklungen im revolutionären Frankreich weiterhin im Auge. Ihr militärisches Engagement beim ersten Frankreich-Feldzug der Koalitionsmächte (1792) sowie im weiteren Verlauf der Koalitionskriege konnte den Kriegsverlauf nicht zu ihren Gunsten beeinflussen. Vielmehr löste das Vorrücken der Revolutionstruppen nach Norden in Richtung der Niederlande, nach Osten über den Rhein und nach Süden Richtung der italienischen Staaten neue migratorische Dynamiken aus. Infolgedessen verbrachten viele Emigranten ihre Exilzeit an mehreren Aufenthaltsorten.

In Frankreich wurde Emigration gesetzlich geahndet.[4] Zunächst drohte Ämterverlust und Besitzkonfiskation, seit dem Sturz der Monarchie 1792 stand auf das Verlassen Frankreichs bei der Rückkehr die Todesstrafe. Die Emigranten wurden für zivilrechtlich tot erklärt und gingen jeglicher Rechte und Besitzansprüche verlustig. Trotz des provisorischen Charakters des Exils verschoben sich die Denk- und Handlungshorizonte der Emigranten, je länger Revolution und Krieg andauerten. So lassen sich ab Mitte der 1790er Jahre durchaus mittel- und längerfristige Integrationsstrategien beobachten, die vor allem der Sicherung des Lebensunterhaltes dienten, je knapper die aus Frankreich mitgebrachten oder bezogenen materiellen Ressourcen wurden.

3 Pestel, Friedemann/Winkler, Matthias: »Provisorische Integration und Kulturtransfer. Französische Revolutionsemigranten im Heiligen Römischen Reich deutscher Nation«, in: Francia 43 (2016), S. 137-160.

4 Ragon, Marcel: La législation sur les émigrés 1789-1825, Paris 1904.

In Einzelfällen bereits unter der Herrschaft des Direktoriums nach 1795, massiv jedoch nach dem Staatsstreich Napoléon Bonapartes 1799 und der von ihm erlassenen Amnestie 1802 setzte eine Rückkehrbewegung ein. In der Zeit des napoleonischen Empires verblieb nur eine kleine Minderheit von Anhängern der bourbonischen Exilmonarchie in der Emigration, die ihrerseits mit der Restauration von 1814 zurückkehrte. Emigranten, die in der Regel aus freien Stücken, etwa aufgrund von Heiratsbeziehungen und Berufstätigkeit, in ihren Exilländern ansässig wurden, bildeten, wie sich auch für Hamburg zeigen lässt, eine Ausnahme.

HAMBURG – KONTINENTALES ZENTRUM DER EMIGRANTEN IN EUROPA[5]

Für die Emigranten, die vor allem Mitte der 1790er Jahre die nördlichen Reichsterritorien erreichten, war die Hansestadt meist nicht die erste Station ihres Exils. Ihre hohe Mobilität ergab sich weitgehend aus dem Verlauf der Revolutionskriege. Während sich die Emigranten vor 1792 maßgeblich an Rhein und Mosel konzentriert hatten, flohen viele von ihnen nach der gescheiterten preußisch-österreichischen Militärintervention und dem anschließenden Vorstoß der Revolutionstruppen auf das Reichsterritorium in nördlich und östlich gelegene Reichsgebiete.[6] Zwar war 1793 das gesamte Reich in den Krieg gegen die Französische Republik eingetreten, doch bemühte sich der Hamburger Senat nach Kräften, die Stadt aus den militärischen Aktionen herauszuhalten. Im Gefolge des preußischen

5 In der historischen Forschung, weniger im öffentlichen Bewusstsein, hat dieser Stellenwert in den letzten Jahren zunehmenden Niederschlag gefunden; Manske, Maike: Möglichkeiten und Grenzen des Kulturtransfers. Emigranten der Französischen Revolution in Hamburg, Bremen und Lübeck, Saarbrücken: Müller 2008; Aaslestad, Katherine: Place and Politics. Local Identity, Civic Culture, and German Nationalism in North Germany during the Revolutionary Era, Leiden: Brill 2005; Schmidt, Burghart: »›Französisches Emigranten Volck in Hamburg nach dem Leben gemahlt‹. Regionalgeschichtliche Überlegungen zum Wirtschafts- und Kulturtransfer im Zeitalter der Französischen Revolution«, in: Dirk Brietzke/Norbert Fischer/Arno Herzig (Hg.), Hamburg und sein norddeutsches Umland. Aspekte des Wandels seit der frühen Neuzeit. Festschrift für Franklin Kopitzsch, Hamburg: DOBU 2007, S. 97-120.

6 F. Pestel/M. Winkler: Provisorische Integration, S. 141-146.

Friedensschlusses in Basel 1795 wurden die nördlichen Reichsstände Teil der Neutralitätszone.[7]

Die Konsequenzen für die Emigranten waren ambivalent: Wer ab Mitte der 1790er Jahre nach Hamburg kam, oftmals ausgewiesen aus unmittelbar bedrohten Territorien, war dort vor dem Zugriff der Revolutionstruppen sicher. Gleichzeitig bedingte der neutrale Status aber auch die Aufnahme von diplomatischen Beziehungen zur französischen Republik, ab 1795 in Person des württembergisch-stämmigen Residenten Karl Friedrich Reinhard, zu dessen Aufgaben die Emigrantenüberwachung zählte.[8]

In diesen Jahren vollzog Hamburg einen Spagat zwischen der Zugehörigkeit zum weiterhin Krieg führenden Reichsverband, seinen Handelsinteressen und französischen Forderungen, emigrierten Republikfeinden keine Zuflucht zu bieten. Der Senat lavierte einigermaßen geschickt zwischen großzügiger Duldungspraxis, fehlenden Kontrollmöglichkeiten und einem liberalen Einbürgerungsrecht, das die Emigranten dem französischen Zugriff vollends entzog. Von den lokalen Gastgebern verlangte der Senat zwar, über die bei ihnen lebenden Emigranten Buch zu führen, duldete aber praktisch jeden, der nicht vollkommen mittellos war. Ähnlich großzügig gewährte man den – tendenziell weniger begüterten – Emigranten im dänischen Altona wie auch im benachbarten Lübeck Schutz. Bremen agierte dagegen deutlich restriktiver. Umgekehrt jedoch diente die massive Emigrantenaufnahme der französischen Außenpolitik Ende der 1790er Jahre auch als Argument, von den Hansestädten Subsidienzahlungen zu erzwingen, welche die Hamburger Stadtkasse vier Millionen Livres kosteten.[9]

Von ihrem Umfang her stand, nach derzeitigem Kenntnisstand, die Hamburg-Altonaer Emigrantenkolonie im europäischen Vergleich an zweiter Stelle nach London.[10] Im Umkehrschluss bildete Hamburg dadurch bereits rein demografisch die kontinentale »Hauptstadt« der französischen Emigration. Exakte Bevölkerungsdaten liegen allerdings nicht vor, denn die Emigranten wurden in Hamburg

---

7 Zur außenpolitischen Situation: Schmidt, Burghart: Hamburg im Zeitalter der Französischen Revolution und Napoleons (1789-1813), Hamburg: Verein für Hamburgische Geschichte 1998, Bd. 1, S. 130-146.

8 Zu ihm Delinière, Jean: Karl Friedrich Reinhard. Ein deutscher Aufklärer im Dienste Frankreichs (1761-1837), Stuttgart: Kohlhammer 1989, S. 106-136.

9 M. Manske: Möglichkeiten und Grenzen, S. 24f. und S. 30-46; B. Schmidt: Hamburg im Zeitalter der Französischen Revolution, S. 153f.

10 Carpenter, Kirsty: »London: Capital of the Emigration«, in: dies./Philip Mansel (Hg.), The French Emigrés in Europe and the Struggle against Revolution, 1789-1814, Basingstoke: Macmillan 1999, S. 43-67.

und Altona nicht systematisch erfasst, und die Schätzungen von Zeitgenossen gehen weit auseinander. Vorhandene Zahlen dürften insbesondere bei Familienmitgliedern und Dienstpersonal Unschärfen aufweisen. Ständige Neuankünfte und Abgänge sorgten zudem für permanente Fluktuation. In Hamburg, mit seinen ca. 110.000 bis 130.000 Einwohnern, dürfte sich die Emigrantenzahl über die 1790er Jahre hinweg auf bis zu 10.000 Personen belaufen haben. In Altona ließen sich bei 24.000 Einwohnern allein 4.000 Emigranten nieder.[11] Damit belegten Hamburg und Altona mit einem ungefähren Emigrantenanteil zwischen fünf und fünfzehn Prozent an der Gesamtbevölkerung Spitzenplätze in der Emigrantenaufnahme.

Adel und Klerus erweisen sich in Hamburg als wahrnehmungsprägend, wobei dieses Bild nicht zuletzt den meist aus gehobeneren Schichten stammenden einheimischen Kommentatoren geschuldet ist. Unabhängig vom erheblichen, aber nicht näher zu bestimmenden Anteil des Dritten Standes,[12] unterschieden sich die Emigranten soziostrukturell stark von der Aufnahmegesellschaft. Einen landständischen Adel gab es in der Freien Reichsstadt nicht. Zudem ließen sich in einer lutherischen Hochburg Tausende von Katholiken nieder. Die konfessionelle Differenz gab Vorbehalten Auftrieb, insbesondere wenn ganze Ordenskonvente um Aufnahme ersuchten oder lutherische Pfarrer Missionierungsgefahr witterten. Auch die Regelung der katholischen Religionsausübung erwies sich als schwierig.[13] Zu größeren Übergriffen kam es indes nicht, wenngleich etwa bei einem militärisch niedergeschlagenen Tumult von Handwerkern und Tagelöhnern gegen eine Werbeaktion für militärische Emigrantenverbände 1795 drei Einheimische ums Leben kamen. Berichte über einzelne Selbstmordfälle oder gar Hungertode

---

11 Meyer, Friedrich Johann Lorenz: Skizzen zu einem Gemälde von Hamburg, Hamburg: Nestler 1801-1804, Bd. 1, S. 53; B. Schmidt: Hamburg im Zeitalter der Französischen Revolution, S. 39, der eher zu niedrigeren Zahlen tendiert; M. Manske: Möglichkeiten und Grenzen, S. 27; Aaslestad, Katherine: »Napoleonic Empire and Migration«, in: Immanuel Ness (Hg.), Encyclopedia of Global Human Migration, Chichester: Wiley-Blackwell 2013, Bd. 4, S. 2266-2270; hier S. 2267; Kopitzsch, Franklin: »Ein Blick auf Altona zu Zeiten Rainvilles«, in: Bärbel Hedinger (Hg.), Rainvilles Fest. Panorama, Promenade, Tafelfreuden. Ein französischer Lustgarten im dänischen Altona, Hamburg: Altonaer Museum 1994, S. 67-75.

12 B. Schmidt: Französisches Emigranten Volck, S. 103-106 betont allerdings auf Basis einer ausschnitthaften französischen Emigrantenliste die Bedeutung des Dritten Standes, insbesondere der Kaufleute.

13 M. Manske: Möglichkeiten und Grenzen, S. 69-75.

unterstreichen die prekäre Lage kaum bemittelter Emigranten auch der höheren Stände; umgekehrt gab es aber auch karitative Initiativen zu ihren Gunsten.[14]

Politisch war das Profil der Emigranten durchaus heterogen. Dabei hoben die Emigranten in ihren Selbstzeugnissen immer wieder das liberale Klima in Hamburg hervor. Der Senat wiederum interessierte sich wenig für die politischen Orientierungen unter den Neuankömmlingen. Anhänger des Ancien Régime, konstitutionelle Monarchisten unterschiedlicher Couleur, bis hin zu republikanischen Sympathisanten lebten in Hamburg und Altona in getrennten Zirkeln, aber auf engem Raum zusammen – in unmittelbarer Nachbarschaft zum republikanischen französischen Residenten und einem Hafen, in dem permanent französische Schiffe anlegten. Unter diesem Gesichtspunkt bildete Hamburg eine Begegnungsstätte zwischen der Emigration und dem revolutionären Frankreich wie sonst nur die Schweiz, die Vereinigten Staaten und Konstantinopel.

In hohem Maße profitierten die Emigranten vom internationalen Stellenwert Hamburgs als Handels-, Verkehrs- und Kommunikationszentrum. Wie die folgenden beiden Beispiele zeigen, bildete die Stadt eine wichtige Station auf dem Weg nach Großbritannien und in die Vereinigten Staaten und wieder zurück. Darüber hinaus fungierte sie als Durchgangsort nach Osten Richtung Russland. Zudem lief der für die geografisch breit gestreuten Emigrantennetzwerke immens wichtige Briefverkehr zwischen dem europäischen Kontinent und Großbritannien und Nordamerika maßgeblich über den neutralen Knotenpunkt Hamburg.

Um die politische Dynamik in Frankreich nach dem Ende der Jakobinerherrschaft besser einschätzen zu können, schiffte sich im Sommer 1795 Charles Maurice de Talleyrand-Périgord, ehemaliger Bischof, Abgeordneter und ab 1792 de facto Emigrant, aus Philadelphia nach Hamburg ein. Hamburg war für ihn eine Zwischenstation für sein mittelfristiges politisches Comeback in Frankreich. Vor Ort trug er symbolträchtig die republikanische Kokarde zur Schau, betrieb Finanzgeschäfte und kam, unterstützt von alten Bekannten, an die benötigten Informationen aus Frankreich, nicht ohne bei den lokalen Emigranten eine zunehmende Exilmüdigkeit zu beobachten. Über Bremen, Amsterdam und Brüssel erreichte er schließlich 1796 Paris, um im darauffolgenden Jahr zum französischen Außenminister zu avancieren.[15] Dass er in dieser Funktion dann über seinen lokalen Ver-

14 B. Schmidt: Hamburg im Zeitalter der Französischen Revolution, S. 93; Diesbach, Ghislain de: Histoire de l'émigration 1789-1814, Paris: Perrin 1984, S. 354; F.J.L. Meyer: Skizzen, S. 70.

15 Willms, Johannes: Talleyrand. Virtuose der Macht 1754-1838, München: C.H. Beck 2011, S. 95f.; Ernst, Eberhard: Talleyrand in Amerika, 1794-1796. Ein Emigrantenschicksal zur Zeit der Französischen Revolution, Frankfurt a.M./New York: Peter Lang

treter Reinhard wiederum politischen Druck auf Hamburg wegen der dortigen Emigrantenpräsenz ausübte, gehört zur Wandlungsfähigkeit dieses politischen Chamäleons.

Auch der Emigrationsparcours des Marquis de La Fayette war eng mit Hamburg verbunden. Der ruhmreiche General der französischen Unterstützungstruppen im Amerikanischen Unabhängigkeitskrieg hatte in der Revolutionsarmee gedient und nach Kriegsbeginn die Seiten gewechselt. Was als Desertion begonnen hatte und in Emigration münden sollte, endete für La Fayette zunächst in fünf Jahren Festungshaft in Magdeburg und Olmütz. In dieser Zeit bemühte sich ein internationaler Unterstützerkreis aus Briten, Deutschen, Amerikanern und Emigranten über politische Lagergrenzen hinweg bei der preußischen, österreichischen und französischen Regierung um seine Freilassung. Diese Kontakte liefen maßgeblich über das Informationsdrehkreuz Hamburg, von wo aus Mitglieder der Kaufmannschaft und der Journalist Johann Wilhelm von Archenholtz als Lobbyisten agierten. Als La Fayette 1797 im Rahmen des Friedensschlusses zwischen Frankreich und Österreich freikam, wurde er in Hamburg jubelnd empfangen und lebte dann bis zur Rückkehr als Emigrant in Holstein.[16]

KULTURTRANSFER: EMIGRANTISCHE BERUFSFELDER UND KONTAKTZONEN MIT DER AUFNAHMEGESELLSCHAFT

Als Interpretationsrahmen der Beziehungen zwischen Emigranten und Aufnahmegesellschaft eignet sich das interdisziplinäre Konzept des Kulturtransfers. Maßgeblich zur Analyse der deutsch-französischen Beziehungen um 1800 entwickelt, hat es sich für die Emigrationsforschung zum Heiligen Römischen Reich als fruchtbar erwiesen, weil es die dynamischen und situativen Austauschkontexte zwischen Herkunfts- und Aufnahmegesellschaft, zwischen Ausgangs- und Ziel-

2000, S. 138-148; Waresquiel, Emmanuel de: Talleyrand. Le prince immobile, Paris: Fayard 2003, S. 199f.

16 Spalding, Paul S.: Lafayette: Prisoner of State, Columbia/SC 2010; ders.: »Hamburg als weltweites Kommunikationszentrum während Lafayettes Gefangenschaft und Exil (1792-1799)«, in: Johann Anselm Steiger/Sandra Richter (Hg.), Hamburg. Eine Metropolregion zwischen Früher Neuzeit und Aufklärung, Berlin: Akademie Verlag 2012, S. 349-357.

kultur ins Zentrum rückt.[17] Im Fokus stehen die historischen Akteure als Mittler, die in unterschiedlicher Weise in beiden Kontexten verankert waren und deren Praktiken materielle Güter und Texte, aber auch Fertigkeiten, Wahrnehmungsmuster und Wissensbestände zirkulieren ließen.

Die aus dem Kulturkontakt entstandenen Dynamiken und Handlungsspielräume erschließen sich jedoch oft erst auf den zweiten Blick. Eine erste Sichtung zeitgenössischer Urteile über die Emigranten legt vielmehr den Eindruck vorherrschender und andauernder Konfrontation nahe. Politische und soziale Stereotypen des Ancien Régime prägten die Wahrnehmung auch und gerade in Hamburg.

Eine Karikatur mit dem Titel »Französisches Emigranten Volck. in Hamburg nach den [sic!] Leben gemahlt« präsentiert ein solch stereotypes Panorama:[18] An der Spitze eines durchweg männlichen Emigrantenzuges steht ein beleibter, arroganter und hochdekorierter Adliger, der auffallende Ähnlichkeit mit dem bourbonischen Exilkönig Ludwig XVIII. besitzt, gefolgt von einem hageren, abgehärmten Provinzadligen und einem zwielichtigen, krummbeinigen Offizier. Es schließen sich ein frömmelnder, weltabgewandter Geistlicher in ziviler Kleidung und eine Trias von Angehörigen des Dritten Standes an, inklusive Taschendieb. Keiner von ihnen würdigt den Betrachter des Defilees eines Blickes. Diese Karikatur visualisiert somit die Urteile jener Zeitgenossen, welche die französischen Emigranten als arrogant, eitel, müßig und sittenverderbt darstellten. Solche Wahrnehmungen fußten auf Fremd- und Feindbildkonstruktionen, die einerseits Annahmen über den vermeintlich leichtlebigen, flatterhaften französischen »Nationalcharakter« folgten, andererseits aber in erster Linie als Abwehrhaltung, als asymmetrische Gegenfolie zu Selbstbeschreibungen und somit auch als Kritik an heimischen Zuständen funktionierten.[19]

Ähnlich stereotype Zuschreibungen finden sich auf der französischen Seite. Auf der *Mental Map* der Emigranten lag Hamburg im tiefsten Nordeuropa. Das in Publizistik und Memoiren prominente Verdikt *Le Nord* verband die Stadt und ihre Bewohner aufgrund des Essens, der Sprache und des vorherrschenden Unterneh-

---

17 Lüsebrink, Hans-Jürgen/Reichardt, Rolf (Hg.): Kulturtransfer im Epochenumbruch. Frankreich-Deutschland 1770 bis 1815, Leipzig: Leipziger Universitätsverlag 1997; F. Pestel/M. Winkler: Provisorische Integration.

18 Vgl. auch K. Aaslestad: Place and Politics, S. 133, https://upload.wikimedia.org/wikipedia/commons/4/4e/Franzoesisches_Emigranten_Volck_in_Hamburg.png vom 01.02. 2018.

19 Vgl. Höpel, Thomas (Hg.): Deutschlandbilder, Frankreichbilder, 1700-1850. Rezeption und Abgrenzung zweier Kulturen, Leipzig: Leipziger Universitätsverlag 2001; M. Manske: Möglichkeiten und Grenzen, S. 54.

mergeistes mit Unkultiviertheit, lebensfeindlicher Schwerfälligkeit und schrankenlosem Geschäftssinn.[20] Auch hier entpuppen sich Vorannahmen bei näherem Blick als Selbstvergewisserungen angesichts der Erfahrung von Entwurzelung, Identitätsverlust und Unsicherheit im Exil. Methodisch ist es daher geboten, solche Konfrontationsmuster nicht pauschal als Ablehnung zu interpretieren, sondern in erster Linie als Resultat einer großenteils unfreiwilligen Kontaktsituation, in der sich die Akteure auf den verschiedenen Seiten notgedrungen, dann aber durchaus aktiv miteinander arrangieren mussten.

Entsprechend existieren auch deutlich positivere Urteile über die Exilsituation. 1795 erschien in Hamburg die deutsche Übersetzung der Memoiren des vor Ort lebenden Generals Charles François Dumouriez.[21] Zunächst erklärter Revolutionsanhänger und kurzzeitiger französischer Außenminister, hatte er als General der Revolutionsarmee 1792 gegen die Koalitionstruppen gekämpft, bevor er die Seiten wechselte und nunmehr aus dem Hamburger Exil heraus seinen emigrierten Landsleuten zu einem möglichst unvoreingenommenen Umgang mit ihren Aufnahmegesellschaften riet. Bei seinem Appell hatte er, ganz in der Logik des Provisoriums, den möglichen längerfristigen Nutzen von Exilerfahrung im Blick:

> »Das Exil hat, wie alle Lagen des menschlichen Lebens, sein Gutes; es ist ein Stand, wo man Vergleichungen anzustellen Gelegenheit findet, die man sonst nie angestellt haben würde; ein Stand, der uns neue Aufschlüsse giebt, unsere Seelenstärke durch Entsagung und Entbehrung vermehrt, uns nachsichtsvoll und gesellschaftlich macht, um uns und die, welche uns aufgenommen haben, ein Band der gefühlvollen Dankbarkeit und der Wohlthätigkeit flicht. Der Mensch, der von Natur rechtschaffen, weise und vernünftig ist, bringt aus dieser gezwungenen Wallfahrt einen Schatz männlicher und sanfter Tugenden zurück, die ihn geschickter machen, seinem Vaterlande zu dienen und ihn zu einer allgemeinen Menschenliebe leiten, welche die schrecklichen Folgen des Nationalegoismus vermindert.«[22]

Der Umstand, dass dieser Text kurz nach Erscheinen des französischen Originals ins Deutsche übersetzt wurde, belegt nicht nur die Relevanz solcher Positionsbestimmungen für die Aufnahmegesellschaft. Sie erlaubt auch den Rückschluss auf

---

20 F.J.L. Meyer: Skizzen, S. 64f.; G. de Diesbach: Histoire de l'émigration, S. 338; M. Manske: Möglichkeiten und Grenzen, S. 110 und 114.

21 Dumouriez, Charles François: Das Leben des Generals Dümouriez. Von ihm selbst, Hamburg: Hoffmann 1795.

22 Hier zit. nach Dumouriez, Charles François: »Ueber das Exil: Nebst Rathschlägen für die französischen Ausgewanderten von allen Classen«, in: Beiträge zur Beruhigung und Aufklärung 5 (1796), S. 244-249, hier S. 246.

ein bestimmtes Interesse an den Emigranten aufseiten des deutschen Lesepublikums.

Der massive Emigrantenzuzug blieb in der Hamburger Bevölkerung nicht ohne Widerhall. Neben kulturellen Stereotypisierungen finden sich gerade aus den ärmeren Schichten wiederholte Klagen über steigende Preise für Unterkünfte und Lebensmittel, teils verbunden mit Ausweisungsforderungen.[23] Diese jedoch monokausal auf die Emigranten zurückzuführen, erweist sich bei näherer Betrachtung als schwierig. Hamburg erlebte um 1800 Spannungen zwischen wirtschaftlichem Aufschwung, Bevölkerungswachstum und krisenhaften Einbrüchen; zugleich waren die 1790er Jahre in ganz Europa Kriegsjahre, die sich auf die Lebenshaltungskosten auswirkten.[24] Auch wenn sich Emigranten als Sündenböcke zu eignen schienen, zeigt der Blick auf den Gesamtkontext, dass sich der einheimischen Bevölkerung im Gegenzug erhebliche Verdienstmöglichkeiten eröffneten, gerade bei Emigranten, die sich mit lokalen Währungen nicht auskannten und zum Teil über erhebliche Vermögensreserven verfügten, wenngleich diese im Laufe der Jahre abschmolzen.[25]

Einen wesentlichen Aspekt der sozialen Interaktion bildete die sprachliche Verständigung.[26] Systematischer Fremdsprachenerwerb im provisorischen Exil dürfte eine Ausnahme dargestellt haben, auch wenn zahlreiche Alltagssituationen wie Marktbesuche und Einkäufe rudimentäre Sprachkontakte eröffnet haben dürften. Auch tat sich die junge Generation mit dem Deutschen erheblich leichter als ihre Eltern. Insgesamt aber blieb die *Lingua Franca* im Exil das Französische. Den Emigranten kam hier auf deutscher Seite die Frankophilie der gehobenen Schichten zugute. Zudem erwies sich diese kulturelle Disposition als wichtiges Berufsfeld. Gerade wenig begüterte Geistliche verdingten sich als Hauslehrer oder eröffneten, wie zahlreiche Zeitungsannoncen belegen, in Hamburg Schulen, in denen sie einheimische und auswärtige Kinder in und auf Französisch unterrichteten.[27]

---

23 B. Schmidt: Hamburg im Zeitalter der Französischen Revolution, S. 92-94; K. Aaslestad: Place and Politics, S. 135; F.J.L. Meyer: Skizzen, S. 60.

24 B. Schmidt: Französisches Emigranten Volck.

25 F.J.L. Meyer: Skizzen, S. 54.

26 M. Manske: Möglichkeiten und Grenzen, S. 113-117.

27 Siehe etwa die Annoncen im *Spectateur du Nord*; zur Erziehungsproblematik Pestel, Friedemann: »Educating against Revolution. French Émigré Schools and the Challenge of the Next Generation«, in: European History Quarterly 47 (2017), S. 229-256.

Innerhalb der Emigrantenkolonie bildeten sich vielfältige Soziabilitätsformen wie Promenaden, Kaffeehausbesuche und Abendgesellschaften aus.[28] Mit Blick auf das Exil als Provisorium wäre es jedoch verkürzt, diese primär französischen Begegnungsforen als Integrationsverweigerung zu interpretieren. Vielmehr ließ sich dadurch die wiederholte Erfahrung politischer und sozialer Marginalisierung im Salon ebenso kompensieren wie die gerade von Adligen als erniedrigend empfundene notwendige Berufstätigkeit.[29] Darüber hinaus profitierten vor allem adlige Emigranten von den zahlreichen Einladungen seitens des lokalen Patriziats, adliger Funktionsträger in Altona oder auswärtiger Gesandter.[30] Umgekehrt führten spätere Geistesgrößen wie Barthold Georg Niebuhr oder Karl August Varnhagen van Ense ihr erwachendes Interesse an den politisch-historischen Zeitläufen auch auf die teils hitzigen politischen Debatten Hamburger Emigranten zurück.[31]

Einige Emigranten mit hohem sozialen oder professionellen Prestige erfreuten sich besonderer Nachfrage. Einen markanten Fall bildete der renommierte Maler Jean Laurent Mosnier.[32] Sein Emigrationsparcours führte ihn zunächst nach London, bevor er sich, wie eine Reihe weiterer Künstlermigranten, für vier Jahre in Hamburg niederließ, um anschließend als Hofmaler nach Russland zu gehen. Als der neben Élisabeth Vigée Le Brun führende französische Porträtmaler seiner Zeit erlangte er in seinen Hamburger Jahren eine Quasi-Monopolstellung in einer Stadt ohne künstlerische Tradition, ohne Ausstellungsbetrieb, aber mit einem reichen Patriziat und zahlungskräftigen Besuchern. Entsprechend häufig wurde Mosnier zu Gesellschaften geladen und führte in seinem Atelier, das mit zentralen Arbeiten seiner Pariser und Londoner Jahre werbewirksam bestückt war, einen Salon, der

28 Vgl. zum Kaffeehaus-Boom Schnude, Martina: »›... Für Deutschland ein Muster‹ – Hamburgs alte Kaffeehäuser«, in: B. Hedinger (Hg.): Rainvilles Fest, S. 131-140.

29 M. Manske: Möglichkeiten und Grenzen, 109f.

30 G. de Diesbach: Histoire de l'émigration, S. 340.

31 Karla, Anna: »Die verschlafene Revolution von 1789. Französisch-deutsches Revolutionserzählen im Modus der Zeitgenossenschaft«, in: Décultot, Elisabeth/Fulda, Daniel (Hg.): Sattelzeit. Historiographiegeschichtliche Revisionen, Berlin: De Gruyter 2016, S. 198-217, hier S. 209; Varnhagen von Ense, Karl August: Denkwürdigkeiten des eignen Lebens, hg. von Konrad Feilchenfeldt, Frankfurt a.M.: Deutscher Klassiker Verlag 1987, S. 141-149.

32 Walczak, Gerrit: »Jean-Laurent Mosnier in Hamburg«, in: Volker Plagemann (Hg.), Die Kunst in Hamburg von der Aufklärung in die Moderne, Hamburg: Dölling und Galitz 2002, S. 185-199; Mildenberger, Hermann: »Jean Laurent Mosnier. Der exilierte Hofmaler der Königin in Hamburg«, in: Hans Dickel/Christoph Martin Vogtherr (Hg.), Preußen. Die Kunst und das Individuum, Berlin: Akademie Verlag 2003, S. 57-79.

ihm viele Besuche und Aufträge eintrug. Als Vertreter der französischen Porträtschule, in die er englische Elemente integriert hatte, waren die Malsitzungen bei ihm konkurrenzlos und somit entsprechend begehrt und teuer. Im »temporären Kunstzentrum«[33] Hamburg malte Mosnier Einheimische und Auswärtige, darunter den preußischen Prinzen Louis Ferdinand, der sieben Jahre später im Kampf gegen die französische Armee bei Saalfeld fiel, seltener jedoch Emigranten. Dafür porträtierte er den republikanischen Residenten Reinhard. Mosniers Hamburger Porträtgalerie unterstreicht, dass einerseits Soziabilität und Berufstätigkeit im Exil fließend ineinander übergingen und Berufstätigkeit andererseits eine kulturelle wie soziale und politische Transferpraxis darstellte. Anteil am plötzlichen künstlerischen Aufschwung hatte übrigens auch das wachsende Angebot an Kunstobjekten französischer Provenienz, die auf dem Wege der Konfiskation oder des Notverkaufs preisgünstig zu Hamburger Händlern, Auktionatoren und Sammlern gelangten.[34]

Die Beobachtungen des durchaus emigrantenkritischen Hamburger Domherrn Friedrich Johann Lorenz Meyer geben einen weiteren Einblick in die Vielfalt, Kreativität wie auch die Prekarität emigrantischer Berufstätigkeit in Hamburg, wenn diese nicht wie im Falle von Mosnier an das vorrevolutionäre Frankreich anknüpfen konnte:

»Nur wenige hatten aus den Trümmern ihres vormaligen Glücks so viel gerettet, um in unseren […] Gegenden Grundstücke zu kaufen. Die Rolle des bei weitem grössern Theils ehemaliger Privilegirter und Betitelter, ist viel untergeordneter. – Ein französischer Bischof ist Mitinteressent in der Unternehmung einer Mehlfabrik in Ottensen […]. Ein anderer Bischof ist Unternehmer einer Lohgerberei […]. Ein vormaliger General lebt von Schriftstellerei, und übersetzt in seiner langen Musse deutsche Werke; jener treibt, römischen Augurn gleich, die Wahrsagerei aus dem Vogelflug über den politischen Himmels- und Erdkreis; ein andrer General ist bescheidner Tapetenfabrikant; noch einer treibt Papierhandel und diskontirt. – Ein Marquis misst Damen Schuhe an, und ist folglich, *en se mettant aux pieds des Dames* [indem er sich den Damen zu Füßen wirft, F.P.], eben nicht weit aus seinem vormaligen Wirkungskreis geworfen. – Dagegen handelt ein *Duc et Pair de France* mit Lichtern, und sogar Pfundweise; ein andrer vornehmen Standes, färbt Band. – Ein ehemaliger Kapitain der königlichen Armeen, dient jetzt seinem damals unter ihm stehenden Leutnant, jetzigem Gastwirth, als Kellermeister und Aufwärter der Trinkgäste. – Der Sohn eines

33 Walczak, Gerrit: »Das unvermutete Kunstzentrum: Künstlermigration nach Hamburg um 1800«, in: Birgit Ulrike Münch u.a. (Hg.), Von kurzer Dauer? Fallbeispiele zu temporären Kunstzentren der Vormoderne, Petersberg: Imhof 2016, S. 150-168.

34 F.J.L. Meyer: Skizzen, S. 299f.

Gouverneur de Province, ist Restaurateur, zu eben diesem Geschäft hat sich ein Vicomte mit seinem vormaligen Koch associirt. Der Erbe des grossen Namen Fenelon hält eine Landschenke. – Und nun, die vielen Fabrikanten von allerlei Gattungen; die Kleinhändler in vielen Waren; die Färber, Seidenwäscher; die Sprach- Sing- Tanz- Fecht- und Schulmeister; die Kaffeschenken, die Eis- und Limonadenmacher. [...] in der That ist dieser Gegenstand interessant und reichhaltig genug, zu einer ausführlichen Darstellung des Glückswechsels der menschlichen Dinge.«[35]

Wenig verwunderlich fiel Meyers Augenmerk vor allem auf Adlige und Geistliche, die im Exil in dem Moment berufstätig wurden, als ihre Ressourcen zum Lebensunterhalt nicht mehr ausreichten. Wie seine Aufzählung zeigt, waren sie dabei erstaunlich kreativ, verbanden eigene Fähigkeiten mit örtlicher Nachfrage und technischen Innovationen. Hier konnte das Provisorium Exil zum beruflichen Laboratorium werden.[36] Viele solcher Unternehmungen scheiterten nach kurzer Zeit, andere führten zu erheblichen ökonomischen Erfolgen, insbesondere wenn man die in Hamburg tätigen französischen Kaufmannsfamilien in die Betrachtung einbezieht, die weniger öffentliches Aufsehen erregten als adlige Mausefallenhändler.[37]

Unter dem Gesichtspunkt der Standesidentität war Berufstätigkeit gerade für Adlige problematisch. In Frankreich war sie auf wenige Bereiche wie Landwirtschaft, Militär und Bergbau beschränkt gewesen, ansonsten drohte der Verlust der Adelsprivilegien.[38] Zwar waren diese am Beginn der Revolution aufgehoben worden, aber in dem Maße, in dem viele Emigranten auf eine Restauration des Adelsstandes hofften, hielten sie auch im Exil an ständischen Praktiken fest, sodass zwangsweise Berufstätigkeit immer eine problematische Erfahrung blieb, auch wenn sie lebensnotwendig wurde. Einen Ausweg aus diesem Dilemma brachte ein Identitätswechsel: Adlige übten ihren Beruf unter bürgerlichen oder ausländischen Aliasnamen aus.[39]

Bezeichnenderweise ging Meyer nicht auf die Berufstätigkeit von Frauen ein, die oftmals allein oder nur von ihren Kindern begleitet ins Exil gingen oder dort zum Teil getrennt von Ehemännern lebten, die in militärischen Emigrantenverbänden Dienst taten. Die Verschiebung der Geschlechterrollen und Erweiterung weiblicher Handlungsspielräume spiegelte sich in der Erwerbstätigkeit besonders

35 Ebd., S. 66-69.

36 Als Überblick M. Manske: Möglichkeiten und Grenzen, S. 107-113.

37 B. Schmidt: Französisches Emigranten Volck, S. 106.

38 Zu diesem Problem siehe auch F. Pestel/M. Winkler: Provisorische Integration, S. 150.

39 G. de Diesbach: Histoire de l'émigration, S. 344.

wider: Emigrantinnen wurden zu Gesellschafterinnen, Salondamen, Schriftstellerinnen, sie waren vor allem aber als Putzmacherinnen, Blumenfabrikantinnen oder Parfümeriebesitzerinnern tätig. Neben Geschlechterrollen wurden auch hier Standesgrenzen immer wieder überschritten, etwa bei adligen Wäscheaufseherinnen, Krankenpflegerinnen oder Wasserträgerinnen.[40]

Breitenwirksamkeit erlangte emigrantische Berufstätigkeit in Hamburg, weil eine französische Infrastruktur aus Geschäften, Cafés, Restaurants, Buchhandlungen und einem Theater entstand. Die einheimischen Oberschichten fragten vorrangig eng mit ihrem frankophilen Lebensstil verbundene Luxusgüter wie Modeartikel, Parfums und Juwelen nach. Hatten sie diese Produkte vor der Revolution direkt aus Frankreich bezogen, erhielten sie sie nun über die Emigranten, die sie ihnen zudem gleichsam »authentisch« vorführten. Für zeitgenössische Beobachter entwickelte sich die Hamburger Geschäftslandschaft zu einem »Klein Paris«.[41]

Unter den Buchhandlungen und Verlagen ist besonders das Geschäft von Pierre François Fauche hervorzuheben. Als einer der wichtigsten Emigrationsverleger machte er Hamburg neben London und der Schweiz zu einem Zentrum der Emigrationspublizistik, wobei er sich marktorientiert und folglich politisch flexibel zeigte. Einerseits druckte Fauche die Erziehungsromane einer konstitutionellen Monarchistin wie Stéphanie de Genlis, andererseits beschäftigte er mit Antoine de Rivarol einen der großen französischen Sprachtheoretiker, der als glühender Royalist jedoch umstritten war. Mit dem *Spectateur du Nord* beherbergte Fauche zudem eine der wichtigsten Emigrationszeitschriften, die es auf immerhin 500 Abonnenten brachte.[42] In umgekehrter Transferrichtung brachte der *Spectateur* einem vor allem französischen Publikum die zeitgenössische deutsche Literatur näher, etwa den lokalen Vertreter Friedrich Gottlieb Klopstock.

Zwei für Hamburg spezifische Orte des Kulturtransfers verdienen aufgrund ihrer Langlebigkeit und Breitenwirkung besonderes Augenmerk: die französische Gastronomielandschaft sowie das französische Theater. Augenfällig in den Emigrationsmemoiren und Korrespondenzen sind die wiederholten Klagen über das

40 Ebd., S. 342; Manske, Maike: »*Femmes émigrées:* Exil und Gender am Beispiel adliger Emigrantinnen der Französischen Revolution (1789-1812)«, in: Hella Ehlers u.a. (Hg.), Migration – Geschlecht – Lebenswege: Sozial- und geisteswissenschaftliche Beiträge, Münster: Lit 2015, S. 101-122.

41 Vgl. K. Aaslestad: Place and Politics, S. 152.

42 Candaux, Jean-Daniel: »Pour une géographie des imprimeurs de l'émigration et de la Contre-Révolution«, in: Annales Benjamin Constant 30 (2006), S. 227-251; G. de Diesbach: Histoire de l'émigration, S. 350; Hazard, Paul: »Le Spectateur du Nord«, in: Revue d'histoire littéraire de la France 13 (1906), S. 26-50.

norddeutsche Essen. Daher nimmt es nicht wunder, dass sich durch die Emigranten die gastronomische Situation in Hamburg nachhaltig änderte, wie ein Bericht aus dem Jahr 1801 in der Zeitschrift *Hamburg und Altona* unterstreicht: »Vor der Revolution wußte man nichts von französischen Restaurationen, englischen Tavernen, Beefsteak-houses, Eisbuden usw. Jetzt findet man deren in Menge, fast in allen Straßen.«[43] Das war nicht zuletzt das Verdienst sowohl arbeitslos gewordener Köche aus großen französischen Adelshäusern wie auch von Vertretern anderer Berufsgruppen, die nun allesamt private Restaurants eröffneten.[44] Das größte und berühmteste dieser Lokale war *Rainvilles Garten* an der Ottenser Elbchaussee, benannt nach seinem Besitzer César Lubin Claude Rainville – vor seiner Emigration Adjutant bei Dumouriez.[45] Im ersten bedeutenden norddeutschen Landgasthaus bot Rainville seinen Gästen über ein halbes Jahrhundert lang ein Genusserlebnis, das über bloße Kulinarik hinausging. Das Lokal lebte maßgeblich von seiner malerischen und touristisch einschlägigen Lage am Elbstrand, zu dem hinab Rainville Terrassen anliegen ließ und dadurch seinen Gästen die französische Art des Promenierens als elegantem Zeitvertreib nahebrachte. Auch das Speisen im Freien kam durch Rainvilles Gastgarten oder auf der Terrasse von Daniel Louis Jacob in Mode.

Einheimische Gäste wie auch Touristen und internationale Besucher kamen in Scharen. An Sommerwochenenden veranstaltete Rainville Vergnügungen im englischen Vauxhall-Stil mit Kulissendekorationen, Illuminationen und Feuerwerk, umrahmt von mehreren Orchestern. Solche Veranstaltungen zogen bis zu 10.000 Besucher an und brachten Rainville an seine Kapazitätsgrenzen. Daraufhin versuchte er, den Restaurantbesuch durch ein Abonnementsystem zu steuern. *Rainvilles Garten* wurde zu einem ökonomischen und gesellschaftlichen Erfolg, weil es Rainville gelang, die einheimische und auswärtige Nachfrage gezielt zu stimulieren, indem er französische gastronomische Praktiken nach Hamburg brachte, diese aber erweiterte und adaptierte, etwa um Formen englischer Freiluftunterhaltung. Damit bediente er den kosmopolitischen Geist Hamburgs und zog eine politisch und international breit gefächerte Gästeschar an: Das dänische Königshaus nahm Besuche in *Rainvilles Garten* ins Programm seiner Staatsvisiten auf.[46] Die

43 Zit. nach M. Manske: Möglichkeiten und Grenzen, S. 82.

44 F.J.L. Meyer: Skizzen, S. 83-91.

45 Ausführlich dazu B. Hedinger (Hg.): Rainvilles Fest; Grobecker, Kurt: Louis C. Jacob. Zwei Jahrhunderte Restaurant- und Hotel-Geschichte, Hamburg: Kabel 1996.

46 Hedinger, Bärbel: »Rainvilles Garten. Ein kulturhistorischer Prospekt«, in: dies. (Hg.): Rainvilles Fest, S. 9-66, hier S. 41.

Revolutionshelden Dumouriez und La Fayette verkehrten bei Rainville ebenso wie Admiral Nelson und später Heinrich Heine.

Doch auch die Gegenseite schätzte den öffentlichkeitswirksamen Ort. So wollte der Generalkonsul der französischen Republik Lagau am 14. Juli 1798 ausgerechnet im Restaurant des in Frankreich geächteten und mit dem Tode bedrohten Emigranten ein Revolutionsfest zum Jahrestag des Bastillesturms veranstalten. Rainville hatte damit offensichtlich kein Problem, wohl aber die Altonaer Polizei, die das Fest aus Sorge um die öffentliche Ordnung untersagte. Stattfinden konnte aber am 4. Juli 1806 die Feier zum 30. Jahrestag der Amerikanischen Unabhängigkeitserklärung.[47] Als einer der wenigen Emigranten blieb Rainville dauerhaft in Hamburg, auch während der späteren französischen Besetzung und Annexion. Entsprechend zeigte er sich politisch variabel. Als der napoleonische General Louis Nicolas Davout 1813 alle mittellosen Franzosen aus der Stadt auswies, nahm Rainville sie bei sich auf und versorgte sie, wofür er dann nach der bourbonischen Restauration in Frankreich den Lilienorden erhielt.

Hamburgisch-emigrantisch gemischt war das Publikum auch im französischen Theater, das 1794 am Valentinskamp seine Pforten öffnete.[48] 1796 übersiedelte es ans Dammtor und bestand dort bis zum Abzug französischer Truppen am Ende des Empire. Seinen Kern bildete eine französischsprachige Schauspieltruppe aus Brüssel, die von dort vor den Revolutionstruppen geflohen war. In Hamburg erweiterte sie sich um eine Ballettkompanie sowie ein viel gerühmtes Orchester, in dem mehrere Emigranten mitspielten, die ihr aristokratisches Dilettantentum zum Beruf machten. Somit ergab sich auf der Bühne und im Orchestergraben ein buntes Gemisch aus Brüsseler Schauspielern, emigrierten *und* republikanischen Franzosen sowie Hamburger Künstlern. Das Theater spielte täglich französische Schauspiele und Opern, wie sie auch in Paris auf den Spielplänen standen. An den Wochenenden, an denen aufgrund eines Senatsverbots keine Aufführungen stattfinden konnten, fanden Lesungen statt. Gerade für adlige Emigranten diente der Theaterbesuch einmal mehr der sozialen Selbstvergewisserung. Verkaufte man auch tagsüber Blumen oder Mausefallen; abends im Theater war man wieder Comtesse oder Marquis. Um das Theater herum siedelten sich Cafés und Restaurants an, verkauften Emigranten französische Mode und Bücher.

---

47 Ebd., S. 47.

48 Für das Folgende Rance, Karine: »Le théâtre français de Hambourg«, in: Philippe Bourdin/Gérard Loubinoux (Hg.), Les arts de la scène & la Révolution française, Vizille/Clermont-Ferrand: Musée de la Révolution française/Presses universitaires Blaise Pascal 2004, S. 235-248; M. Manske: Möglichkeiten und Grenzen, S. 77-80; F.J.L. Meyer: Skizzen, S. 180-186.

Wo immer französische Lebensart in die Öffentlichkeit trat, war auf einheimischer Seite wie bei Domherr Meyer die Klage über Frivolität und Sittenverfall nicht weit, auch wenn die angebotenen Vergnügungen und Ausschweifungen teils längere Traditionen hatten:

»die geputzten Lustdirnen in den ersten Ranglogen; die Taschendiebe im Parterre und am Eingang; die französischen Libellisten, mit ihrem ungestraft höhnenden Gebelle; die bachantischen Gelage in einigen Stadt- und Dorf-Guinguettes; die *parties fines* und unterhaltenden Mädchen; die schwarzen Titusperücken; die auf den Gassen sichtbaren fleischfarben durchscheinenden Pantalons und die blossen weiblichen Schultern; die zu drei viertem Theil nackten Tänzerinnen; der unmässige Aufwand der liederlichen Dienstmägde; die Wohlgerüche aus den *Magazins des parfumeries*; die Knoblauchdämpfe aus den Restaurationsküchen: – – sind das alles nicht Pariser Civilisationen? – –«[49]

Das französische Publikum partizipierte an den Theateraufführungen auch politisch. Wurden im aufklärerisch geprägten Spielplan Stücke politisch-historischen Inhalts gespielt, die etwa Anspielungen auf die Bourbonen enthielten, so versuchten sich an den entsprechenden Stellen Emigranten und Republikaner im Applaus respektive Pfeifen und Zischen zu übertreffen, oder enthusiastische, aber tatenarme junge Royalisten zückten zumindest im Zuschauerraum ihre Schwerter.[50] Zu ähnlichen Szenen kam es bei einem vom Residenten Reinhard organisierten Fest französischer Republikaner anlässlich der Ankunft La Fayettes 1797, bei dem die Theatertruppe gleichfalls mitwirkte. Als wäre es nicht schon bemerkenswert genug, dass der Vertreter der Republik in Harvestehude eine Ehrung für einen geächteten Emigranten ausrichtete, sangen die teilweise ebenso emigrierten Sänger des französischen Theaters patriotisch-republikanische Lieder, was bei ihren anwesenden Exilgenossen für Empörung sorgte.[51]

Das einheimische wie internationale Publikum besuchte das Theater zum einen wegen des französischen Repertoires, zum anderen wegen des exzellenten Orchesters. Ähnlich wie im Bereich der Gastronomie sah die Mehrzahl der Besucher die Aufführungen als Bereicherung und kam dadurch auch immer wieder mit Emigranten in Kontakt. Das deutsche Theater am Gänsemarkt hingegen zog in Vergleichen oft den Kürzeren. In der Folge trat wenige Monate nach Eröffnung des französischen Theaters der Direktor des »als die schlechteste unter allen

49 F.J.L. Meyer: Skizzen, S. 172f.

50 K. Rance: Le théâtre français, S. 243f.

51 K.A. Varnhagen von Ense: Denkwürdigkeiten, S. 190-193.

Bühnen in Deutschland«[52] verschrienen Gänsemarkt-Theaters ob der Konkurrenz zurück, nicht ohne dem Senat vorzuwerfen, aus der Emigrantenbühne eine Art »Hoftheater« machen zu wollen. Diese Kritik war insofern zutreffend, als der Kulturtransfer im Exil asymmetrische Konstellationen hervorbrachte, mithin Orte abseits der künstlerischen Zentren ungeahnte Qualitätszuwächse erfuhren, die ohne die Revolution und Emigration nicht zustande gekommen wären. Das galt in Hamburg für das Theater ebenso wie für die Gastronomie oder den Kunstmarkt.

AUSBLICK UND FAZIT

Nach 1800 kehrte mit der schrittweisen Lockerung der Emigrantengesetze und Napoléon Bonapartes weitreichender Amnestie von 1802 ein Großteil der Emigranten nach Frankreich zurück. Dem französischen Residenten kam hierbei die delikate Aufgabe zu, für seine Landsleute, mit denen er bereits länger in Hamburg zusammengelebt hatte, die Reisepässe – oft genug auf falsche Namen – auszustellen. Sein Portier verdiente unterdessen am Verkauf blau-weiß-roter republikanischer Kokarden.[53] Doch mit dem Fortgang mehrerer Tausend Emigranten endete Hamburgs Franzosenzeit bekanntlich nicht. Unter der späteren französischen Besatzung und schließlich Eingliederung ins Empire bestanden nicht nur emigrantische Institutionen weiter. Vielmehr übernahmen im Dienste der napoleonischen Administration auch ehemalige Emigranten führende Positionen, etwa in der Justiz und beim Zoll. Ihr Verhältnis zu den noch verbliebenen Exilgenossen gestaltete sich dabei relativ spannungsfrei. Die unter imperialen Vorzeichen wiederkehrenden Emigranten dienten als wichtige Verbindungsleute nach Frankreich und erleichterten letztlich, bis auf wenige Ausnahmen, die Rückkehr der noch verbliebenen Exilfranzosen nach der bourbonischen Restauration 1814/15.[54]

In der Zusammenschau lassen sich drei markante Aspekte der französischen Revolutionsemigration in Hamburg hervorheben: Erstens bildete die Hamburger Emigrantenkolonie nach derzeitigem Forschungsstand die größte auf dem europäischen Kontinent. Die Attraktivität Hamburg-Altonas als Exilort erklärt sich großenteils aus den Dynamiken der Revolutionskriege, Hamburgs neutraler Position gegenüber dem revolutionären Frankreich sowie der ausgesprochen liberalen Aufnahmepolitik des Senats und der dänischen Regierung. Dies war bemerkenswerterweise auch dann noch der Fall, als die Emigrantenzahlen eine, bezogen auf

52 So eine Flugschrift zit nach: M. Manske: Möglichkeiten und Grenzen, S. 79.

53 G. de Diesbach: Histoire de l'émigration, S. 356.

54 Ebd., S. 358.

die lokale Bevölkerungszahl, ungeahnte Dimension erreichten. Französischen Emigranten gehörten um 1800 unübersehbar zum Straßenbild Hamburgs. Insgesamt lässt sich konstatieren, dass die frühneuzeitliche hamburgische Gesellschaft diese Herausforderung humanitär bewältigt hat. Dabei blieb der Aufenthalt in Hamburg für die allermeisten Emigranten ein Provisorium – in Abhängigkeit von der politischen Lage in Frankreich. Erwartungen eines hohen Grades von Integration oder gar Assimilation in die Aufnahmegesellschaft wären daher anachronistisch.

Zweitens ergibt sich allen Stereotypisierungen und ablehnenden Urteilen auf emigrantischer wie einheimischer Seite zum Trotz hinsichtlich der Beziehungen zwischen beiden Gruppen ein differenziertes Bild. Das schließt Positivurteile über die grundsätzliche Rechtschaffenheit der Emigranten[55] und eine Verfeinerung der Lebensweise, insbesondere für die Oberschichten, ebenso mit ein wie die tägliche lebenspraktische Bewältigung der Emigrantenpräsenz. Teil dieser situativen Logik war, dass kulturelle Transferprozesse kein bloßes Elitenphänomen darstellten, sondern sich maßgeblich aus der Notwendigkeit ergaben, den Lebensunterhalt durch Berufstätigkeit zu sichern. Die aus diesen Aktivitäten entstandene, für Hamburg charakteristische Infrastruktur bediente eine gleichermaßen emigrantische wie einheimische Nachfrage.

Drittens besaß die Hamburger Emigrantenkolonie eine starke transnationale Verankerung. Sie war eingebunden in europäische und transatlantische Kommunikations-, Handels- und Migrationsbeziehungen. Auch wenn für die Emigranten Hamburg nur eine von mehreren Stationen bildete, profitierten sie vor allem ökonomisch von der transnationalen Dynamik der Handelsstadt, die ihrerseits durch ihre Anwesenheit ein Stück weit internationaler wurde.

55 So der Jurist Johann Ludwig Gries; vgl. M. Manske: Möglichkeiten und Grenzen, S. 58.

Hamburg in der Perzeption heimwehkranker Migranten des frühen 19. Jahrhunderts

CLAUDIA SCHNURMANN

Abstract: Heimweh galt in der Frühen Neuzeit als Krankheit und wird heute eher als normale Reaktion auf Ortsveränderungen verharmlost. Tatsächlich kann dieses Gefühl des Entwurzeltseins die Integration in die neue Heimat erschweren. Bislang unbeachtet geblieben sind Erkenntnismöglichkeiten, die Sehnsuchtsbekundungen nach bestimmten Orten über die Orte selbst und deren Verständnis erlauben. Was sagt das sehnsuchtsvolle Schmachten nach Hamburg über Hamburg selbst aus? Was vermissten die Migranten in Hamburg und wie beschrieben sie den Gegenstand ihrer Sehnsucht? Entstanden ihre verbalen Träumereien spontan aus der ureigenen Gefühlslage oder bauten sie unwissentlich auf kollektiv verinnerlichte Wahrnehmungen? Am Beispiel von Äußerungen ausgewählter Exilhamburger und deren Angehörigen sollen Egodokumente der Jahre 1800 bis 1848 unter dem Aspekt untersucht werden, welche Rolle die Stadt Hamburg als Idee und konkreter urbaner Raum im Seelenhaushalt ehemalige Bewohner der Elbmetropole spielte.

Was verbindet das Stadionlied des HSV *Hamburg meine Perle*[1] und den Shanty aus dem 19. Jahrhundert *Rolling home to dear old Hamborg*[2]? Unüberhörbar ist es die Sehnsucht hartgesottener Männer nach Hamburg. Das Gefühl von Heimweh begleitet Migranten zeit-, raum-, und kulturübergreifend als eine universelle Reaktion auf den freiwillig oder unfreiwillig herbeigeführten Verlust oder die zeitweilige Aufgabe der ursprünglichen Heimat, der man sich durch Herkunft, emotionale Einbettung und Erleben verbunden fühlt. Es wurde und wird von Künstlern besungen, gemalt, filmisch umgesetzt, karikiert, poetisch und prosaisch verarbeitet und von Wissenschaftlern untersucht.[3] Historiker beschäftigen sich, obwohl die Migrationsgeschichte zu den intensiv beackerten Forschungsfeldern gehört,[4] erst seit wenigen Dekaden mit dem Phänomen Heimweh als Begleiterscheinung von Migration als einer erkenntnisleitenden Kategorie.[5] Unabhängig von der objektiven Besonderheit und der tatsächlichen geografischen Entfernung resultiert Heimweh aus der gefühlten Entfernung und der Unmöglichkeit zur unmittelbaren

---

1 Lotto King Karl: »Wenn ich weit, weit bin/Ob in Juve oder Rom/dann denk ich ›Hamburg meine Perle‹ und singe:/home sweet home!//« Refrain: »Oh Hamburg meine Perle/du wunderschöne Stadt/du bist mein Zuhaus, du bist mein Leben/du bist die Stadt auf die ich kann, auf die ich kann« (zitiert nach Lotto King Karl, Hamburg Lyrics, http://www.magistrix.de/lyrics/Lotto%20King%20Karl/Hamburg-Meine-Perle-37049.html vom 11.08.2016).

2 »Rolling home, rolling home rolling home/across the sea/rolling home to di old Hamborg/rolling home, mien Deern to di«. Es existieren diverse Textvarianten; siehe die Version auf der Website der Freien und Hansestadt Hamburg (http://www.hamburg.de/contentblob/297172/a5870ad1a026b256d05622ff54718909/data/rolling-home.pdf vom 01.02.2018).

3 Castelnuovo, Frigessi/Risso, M.: Emigration und Nostalgia. Sozialgeschichte, Theorie und Mythos psychischer Krankheit von Auswanderern, Frankfurt a.M. 1986; Koopmann, Helmut: »Heimat, Fremde und Exil im neunzehnten Jahrhundert«, in: Hans J. Knobloch/Helmut Koopmann (Hg.), Das verschlafene 19. Jahrhundert? Zur deutschen Literatur zwischen Klassik und Moderne, Würzburg 2005, S. 25-42; Fisher, Shirley: Heimweh, das Syndrom und seine Bewältigung, Göttingen 1991; Seeba, Hinrich C.: »Heimweh im Exil. Anmerkungen zu einer verdrängten Sehnsucht«, in: Exilforschung im historischen Rom, München 2012, S. 276-288.

4 Bade, Klaus et al. (Hg.): Enzyklopädie Migration in Europa vom 17. Jahrhundert bis zur Gegenwart, Paderborn 2007; Oltmer, Jochen (Hg.): Handbuch Staat und Migration in Deutschland seit dem 17. Jahrhundert, Berlin/Boston 2016.

5 Matt, Susan J.: Homesickness: An American History, Oxford 2011; Donig, Natalia/Flegel, Silke (Hg.): Heimat als Erfahrung und Entwurf, Münster 2009.

Rückkehr in die ersehnte, entrückte Umgebung – unabhängig von technischen und finanziellen Möglichkeiten. Heimwehgefühle kann ein Mensch gegenüber jedem Raum beziehungsweise Zeitraum generieren, den er als seine Heimat, das Synonym für Schutz, Sicherheit und Geborgenheit, und damit als einzig möglichen Ort zur Erfüllung seiner seelischen Bedürfnisse empfindet. Man kann Heimweh nach einem verschlafenen Dorf genauso erleiden wie nach einer Weltstadt. Ein Geruch, ein Geschmack, eine Melodie, die anheimelnde Klangfarbe einer Stimme oder ein Wort, gesprochen im vertrauten Dialekt, kann eine Heimwehattacke unabhängig von ansonsten guter körperlicher und mentaler Verfassung auslösen und sich nachteilig auf Assimilation oder Integration in der noch als fremd empfundenen und daher bedrohlich oder ablehnend erscheinenden neuen Umgebung auswirken.

Im Zentrum steht eine Perspektive, die bei allem Interesse für die Verbindung von Migrations- und Emotionsforschung bislang nicht angemessen berücksichtigt wurde.[6] Hier interessiert, was die Inhalte der Sehnsuchtsbekundungen von Migranten speziell nach der Stadt Hamburg – über das Faktum der emotionalen Misere des Entfernt-Entrückten hinaus – über den mentalen wie realen Gegenstand ihrer Begierden aussagen. Im Folgenden sollen anhand von Aussagen heimwehkranker Exilhamburger in der ersten Hälfte des 19. Jahrhunderts etwaige Bedeutungsformen Hamburgs skizziert werden. Im Mittelpunkt stehen nicht die möglichen Rückschlüsse, die das Bekunden von Heimweh bei Exilhamburgern auf deren Haltung zu ihrer neuen Umwelt erlauben, sondern die Darstellung und Analyse dessen, wie Bildungsbürger jener Phase das beschrieben, was sie in, an und von Hamburg ersehnten, verklärten oder ablehnten. Welches Hamburg erinnerten sie? Was, wie oder wer war und verkörperte in ihrer Vorstellung »dear old Hamborg«, das liebe alte Hamburg? Wie individuell und originell gestalteten sich die Erinnerungen ehemaliger Insider an das, was ihnen Hamburg in der Außensicht bedeutete?

6 Morone, Tommaso: Nostalgia: Die Sehnsucht nach der Heimat, Ndr. Ethnopsychologische Mitteilungen 3/1, 1994, S. 167-171, agem-ethnomedizin.de vom 01.02.2018; Benthien, Claudia/Fleig, Anne/Kasten, Ingrid (Hg.): Emotionalität. Zur Geschichte der Gefühle, Köln 2000, darin speziell Kessel, Martina: »Das Trauma der Affektkontrolle. Zur Sehnsucht nach Gefühlen im 19. Jahrhundert«, S. 156, https://www.slm.uni-hamburg.de/germanistik/personen/benthien/downloads/emotionalitaet-kessel.pdf vom 01.02.2018; Lehnert, Gertrud (Hg.): Raum und Gefühl: Der Spatial Turn und die neue Emotionsforschung, Bielefeld 2014.

DIE GENESE DES BEGRIFFS HEIMWEH

Zum besseren Verständnis der zeitgenössischen Kommentare wird eine knappe Einführung in die Genese des Schlüsselbegriffs Heimweh versucht.[7] Das Wissen um den seelisch-körperlichen Schmerz Heimweh ist relativ jung. Die Vorstellung von Heimweh als Krankheit, ein *morbus genuinus*, entstand seit dem späten 16. Jahrhundert in der Schweiz.[8] 1688 avancierte das Phänomen der pathologischen Sehnsucht nach dem Vertrauten in der Fremde zu der begrifflich spezifizierten Krankheit Nostalgia.[9] Schnell kam es zu einer gewissen räumlichen Erweiterung der Seelenkrankheit oder »Gemüthskrankheit«. In den germanischen Sprachen konzentrierte sich der Schmerz auf das Fehlen des individuell-konkreten Heims (*homesickness*, *heimwee*, Heimweh oder *hjemve*). In den romanischen Sprachen erweiterte sich der Schmerz über die Sehnsucht nach einem individuellen Ort und das *desiderium patriae* als die Sehnsucht nach dem individuellen Herkunftsort zu einer nationalisierten Nostalgia, einem politisch-territorialen Konstrukt.

Das private, eng konturierte Heimweh mutierte zur großflächigen *nostalgia helvetorum*,[10] zum *morbus helveticum* und zur *maladie du pays* (1765).[11] Mit dieser Nationalisierung einer individuellen affektiven Psychose rückte der Züricher Arzt Johann Jacob Scheuchzer (1672-1733) 1705 die Reaktion Schweizer Söldner in französischen Diensten auf veränderte Luft- und Luftdruckverhältnisse und ein

7 »Heimweh, n. desiderium patriae«, in: Deutsches Wörterbuch von Jacob und Wilhelm Grimm, Leipzig 1854-1961, woerterbuchnetz.de vom 01.02.2018.

8 Leuschner, Udo: Heimweh. Wie die Entfremdung von der Heimat zum Problem wurde – Die ›Nostalgia‹ im Wandel des wissenschaftlichen Zeitgeistes, Sehn-Sucht: 26 Essays zur Dialektik von Nostalgie und Utopie, www.udo-leuschner.de vom 01.02.2018; Illbruck, Helmut: Nostalgia. Origins and Ends of an Unenlightened Disease, Chicago 2012.

9 Hofer, Johannes: Dissertatio medica de Nostalgia, oder Heimwehe. Typis J. Bertschii, Basel 1688.

10 Scheuchzer, Johann Jacob: Dissertatio De Nostalgia Helvetorum, 1731, nach Karl Jaspers, Gesammelte Schriften zur Psychopathologie, Berlin 2013, S. 82; Schmidt, Andreas: »Heimweh und Heimkehr. Zur Gefühlskultur in einer komplexen Welt«, in: Silke Göttsch/Christel Köhle-Hezinger (Hg.), Komplexe Welt. Kulturelle Ordnungssysteme als Orientierung, München/Berlin 2003, S. 38. Einen Nachkömmling dieser Sichtweise liefert der Roman von Spyri, Johanna: Heidi's Lehr- und Wanderjahre. Eine Geschichte für Kinder und auch für solche, welche die Kinder lieb haben, Gotha 1880.

11 Heiniger, Manuela: Der mündige Bürger. Politische Anthropologie in Jeremias Gotthelfs Bildern und Sagen aus der Schweiz, Hildesheim/Zürich/New York 2015, S. 279.

Übermaß schwarzer Galle in das allseits anerkannte medizinische Konzept der Säftelehre beziehungsweise Humoralpathologie in die Nähe zur Melancholie, die ebenfalls durch ein Übermaß an schwarzer Galle (*melas* = schwarz, *chole* = Galle) verursacht werde.[12] Diese profane Auffassung und politische Instrumentalisierung eines medizinischen Konstrukts[13] konkurrierte zunehmend mit der philosophisch-religiösen Sublimierung des Heimwehs, das als Mittel christlicher Erlösungshoffnung und Heilserfüllung eingesetzt wurde. Laurence Sterne (1713-1768) in *Tristam Shandy*[14] und Johann Heinrich Jung-Stilling (1740-1817) in seinem Werk *Das Heimweh*[15] verbreiteten in diesem Sinne die Wirkung des »wahren himmlischen Heimweh's«.[16] Sie beeinflussten nachhaltig den Göttinger Naturwissenschaftler Johann Friedrich Blumenbach (1752-1840)[17] und Frühromantiker wie den norddeutschen Schriftsteller Matthias Claudius (1740-1815), der sich ohne Scheu zu seinem Heimweh nach Wandsbek bekannte und deswegen 1777 eine gut

12 Scheuchzer, Johann Jacob: »Von dem Heimwehe«, in: Friedrich Kluge (Hg.), Heimweh. Ein wortgeschichtlicher Versuch, Freiburg 1901; Tackius, Eberhardus: Dissertatio Inauguralis medica exhibens aegrum Nostalgia Laborantem, Giessen 1707; Knobloch, Hans-Jörg/Koopmann, Helmut (Hg.): Heimweh; Schmidt, Johann Joachim: »Über das Wesen und System der Krankheiten des Organs der Seele«, in: Versuch über die psychologische Behandlungsart der Krankheiten des Organs der Seele, Hamburg 1797, S. 22; William Falconer's der Arzneywissenschaft Doctors und der königlichen Societät der Aerzte zu London Mitglieds Abhandlung über den Einfluß der Leidenschaften auf die Krankheiten des Körpers: Preißschrift welcher die Fothergillische Medaille zuerkannt wurde/Aus dem Englischen übersetzt und mit einigen Zusätzen vermehrt von Dr. Christian Friedrich Michaelis Arzt am Johannishospital zu Leipzig, Leipzig 1789, speziell Kapitel 24: »Das Heimweh (Nostalgia)«, S. 114ff. Bunke, Simon: Heimweh. Studien zur Kultur- und Literaturgeschichte einer tödlichen Krankheit, Freiburg 2009; Schmitz, Florian: »Raumprojektion-Projektionsraum. Bemerkungen zur Konstituierung des doppelten Raumes ›Schweiz‹«, in: Manfred Pfaffenthaler/Stefanie Lerch et al. (Hg.), Räume und Dinge: Kulturwissenschaftliche Perspektiven, Bielefeld 2014, S. 61-90.

13 Heiniger, Manuela: Der mündige Bürger, S. 279.

14 Sterne, Laurence: The Life and Opinions of Tristam Shandy, Gentleman, 1759-1767.

15 Jung-Stilling, Johann Heinrich: Das Heimweh, Marburg 1794-1796.

16 Jung-Stilling, Johann Heinrich: Der Schlüssel zum Heimweh, Marburg 1796.

17 Blumenbach, Johann Friedrich: Über die natürlichen Verschiedenheiten im Menschengeschlechte, Leipzig 1798, S. 55: »sogenannte Gemüthskrankheiten, als: Melancholie, Heimweh, (nostalgia) u.s.w. vielleicht auch Satyriasis und Nymphomanie. Kretinenkrankheit (Cretinismus).« (deutschestextarchiv.de vom 01.02.2018).

dotierte Stelle in Darmstadt aufgab.[18] Johann Wolfgang Goethe (1749-1832) und Friedrich Schiller (1759-1805) hingegen vermieden in ihren Werken den neumodischen Begriff Heimweh, obwohl etwa Goethes *Iphigenie auf Tauris* (1787) und die freiheitsbewegten Schweizer in Schillers *Wilhelm Tell* (1804) malerisch an Heimweh litten[19] und der Hesse und Schwabe brieflich über das europaweit bekannte Heimweh Schweizer Söldner beim fehlenden Klang des Kuhreigens diskutierten.[20]

HEIMWEH ALS ZEICHEN VON MÄNNLICHKEIT

Es besteht ein gravierender Unterschied, ob man sich geborgen im vertrauten Umfeld als Gelehrter und etablierter Hofrat im heimeligen Weimar, im Elfenbeinturm der Göttinger Georgia Augusta mit dem Problem Heimweh oder dessen paradoxem Pendant, dem exotisch-verlockenden Fernweh – ebenfalls damals eine modische Neuschöpfung und Schlüsselbegriff romantischer Dichtung – beschäftigte, oder ob man Heimweh dank der eigenen Mobilität – berufsbedingt, infolge politischer Sachzwänge – leidvoll »erfahren« hatte und sich in privaten oder öffent-

---

18 Brandt, Martin Gottlieb Wilhelm: Karoline Perthes geb. Claudius, Saarbrücken 1861, S. 12; Claudius, Matthias: »Darmstadt«, an Johann Heinrich Voss, 01.10.1776, in: Paul Eckhoff (Hg.), Briefe von Matthias und Rebecca Claudius an Johann Heinrich und Ernstine Voss, 1774-1814, Wandsbeck 1915, S. 28ff, ContentServer_20160802_164930.pdf vom 29.07.2016.

19 Monolog der Titelheldin *Iphigenie* in dem gleichnamigen Drama, 1. Aufzug: »Und an dem Ufer steh ich lange Tage, das Land der Griechen mit der Seele suchend [...]« (Johann Wolfgang von Goethe, Iphigenie auf Tauris. Ein Schauspiel, Leipzig 1787).

20 Leuschner, Udo: Wie die Entfremdung von der Heimat zum Problem wurde; Goethe an Schiller, Weimar 13.01.1804: »der Schweizer fühlt nicht das Heimwehe [...] weil er ihn nicht hört, weil seinem Ohr ein Jugendbedürfniß mangelt.« (wissen-im-netz.info vom 01.02.2018); Zur Bedeutung der Melodie des Kuhreigens in der Theaterinszenierung von *Wilhelm Tell* (1804), den Schiller in den Regieanweisungen vorschrieb – (2. Aufzug V 823-860): »Mit heißen Tränen wirst du dich dereinst/heim sehnen nach den väterlichen Bergen,/und dieses heerdenreihens melodie [...] mit Schmerzenssehnsucht wird sie dich ergreifen,/wenn sie dir anklingt auf der fremden Erde./O mächtig ist der trieb des Vaterlands«. Altenburg, Detlef: »Den Tag der Freiheit nicht schauen, aber hören. Zur Funktion und Bedeutung der Musik in Schillers ›Wilhelm Tell‹«, in: Das Parlament 29.03./04.04.2005/NMZ Neue musikzeitung print (www.nmz.de vom 01.02.2018); H. Illbruck, Nostalgia, S. 81ff.

lichen Texten über die eigene Befindlichkeit ausließ. Heimweh nach dem Hamburg im Vormärz (1815-1848) war noch nicht zu einem Phänomen kindlicher Gefühlsentwicklung, noch zu keinem »grauen Zwerg Heimweh« an den Ferienheimbetten in Erich Kästners Roman *Das doppelte Lottchen* (1942/1949) geworden.[21] Heimweh galt dem wohlsituierten, gebildeten Hamburger Biedermeier als comme il faut. Manche gestandenen Hamburger Kaufleute, Künstler und Gelehrte fern der Heimat badeten stolzbewegt ob ihrer Tiefgründigkeit, Sensibilität und Treue geradezu lustvoll in ihrer Sehnsucht nach Heimat. Selbstironie und Witz verstärkten die weiche Empfindsamkeit und zarte Männlichkeit. Ein typischer Vertreter dieses spöttisch aufgelockerten Wechselbads der Gefühle war Heinrich Heine (1797-1856). Der Migrant, Exdüsseldorfer und Exhamburger schimpfte aus seiner Pariser Matratzengruft über *Krähwinkel* und erlitt gleichzeitig geschickt inszenierte Höllenqualen der Sehnsucht nach Hamburg/Hammonia und der Mutter am Dammtor.[22] Heimweh galt in dem Verständnis der Zeitgenossen des späten 18. Jahrhunderts und der ersten Dekaden des 19. Jahrhunderts nicht als verächtliche Leidenschaft, die es zu überwinden galt.

Heimweh galt als modischer Ausdruck[23] für ein höchst respektables, verständliches Leiden, das ehrliche, empfindsame Männer ergriff. Diese Vermännlichung des Gefühls war eventuell ein Echo auf die frühneuzeitlichen Opfer der Krankheit, brave schweizerische Söldner, die ihre Entscheidung, für fremde Herren zu kämpfen und so für die Versorgung ihrer Familien aufzukommen, mit heftigen Sehnsuchtsanfällen nach der Schweizer Bergwelt hatten bezahlen müssen.[24] Starke

21 Kästner, Erich: Das doppelte Lottchen. Ein Roman für Kinder, Berlin 1949, Kapitel 1.

22 Heine, Heinrich: Deutschland. Ein Wintermärchen, caput xxiv, http://gutenberg.spiegel.de/buch/deutschland-ein-wintermarchen-383/25 vom 01.02.2018: »Ich hatte das Heimweh bekommen.../Ich seufzte des Nachts, und sehnte mich,/Daß ich sie wiedersähe,/Die alte Frau, die am Dammtor wohnt [...]«.

23 Karl Gutzkow prägte 1835 den Begriff »deutsche Heimwehnatur«; Jacob Grimm verfasste 1830 den Text »De desiderio patriae«; erst 1850 fand das Modewort Heimweh den Weg in die fünfte Auflage der Kinder- und Hausmärchen der Brüder Grimm, dazu Röllecke, Heinz: »Zu Straßburg auf der Schanz': Clemens Brentanos Kreation eines Wunderhorn-Liedes«, in: Konrad Feilchenfeld/Kristina Hasenpflug et al. (Hg.), Goethezeit-Zeit für Goethe. Auf den Spuren deutscher Lyriküberlieferung, Berlin 2003, S. 168.

24 Siehe dazu das Lemma »Home-Sickness« in der Encyclopaedia Americana. Popular Dictionary of Arts, Sciences, Literature, History, Politics and Biography, brought down to the present time; including a copious Collection of original articles in American Biography; on the Basis of the seventh edition of the German Conversations-Lexicon,

wehrhafte Männer mit weichen Herzen – dies entsprach perfekt dem Männlichkeitsideal des kultiviert-kosmopolitischen Hamburgers erst in der Epoche der Empfindsamkeit und dann des Biedermeiers/der Romantik –, die sich weder ihrer Tränen schämten, die bei zahlreichen Gelegenheiten von sogenannten »Kettenweinern« gerne vergossen wurden,[25] noch sich mit Liebesbekundungen gegenüber Freunden, Verwandten und Geschäftspartnern zurückhielten. Im Vormärz war die Hamburger Männerwelt noch weit entfernt von dem Ideal hanseatischer Reserviertheit, in Anlehnung an das beneidete Vorbild britisch vornehmer Zurückhaltung.

Der Deutschamerikaner Francis Lieber (1798-1872), seit 1829 durch seine Heirat mit der gebürtigen Hamburgerin Mathilde Oppenheimer (1805-1890) mit einer erfolgreichen, sehr wohlhabenden Hamburger Familie verschwägert, unterstrich genau diese Begeisterung für die Verbindung von Krankheit und Sensibilität, die sich in Heimweh äußerte. Der biedermeierliche Macho schrieb »Home-Sickness« ausschließlich Männern zu, Frauen kannten nach seiner Einschätzung vor allem »love, jealousy, and maternal affection«. Diese seien »the deepest springs of emotion in the female heart«.[26] In der von ihm von 1828 bis 1833 produzierten *Encyclopaedia Americana* ehrte er Heimweh als ein Leiden, ein Gefühl der Trauer, das sich bei »men of great sensibility« »at a separation from the paternal home and native soil« zu einer echten Krankheit entwickeln könne.[27] Der Berliner Emigrant, der via Hamburg (1826) und London (1826/27) 1827 in die USA ausgewandert war und ab 1835 in Columbia/South Carolina lebte, kannte dieses Gefühl nur zu gut. In seinen ersten Jahren in den USA, 1827-1829 litt er häufig Heimwehattacken nach fernen Verwandten, geliebten Orten und seiner überaus

edited by Francis Lieber, 13 vols., Bd. 6, Philadelphia 1831, S. 407; Frauen verdrängten lange Heimweh als Ausdruck unzulässiger Eigenliebe, siehe Aussagen der Hamburgerin Caroline Bertheau 1831 bei Fuhrmann, Siri: Soziale Rollen von Frauen in Religionsgemeinschaften. Ein Forschungsbericht, Münster 2003, S. 92. Die emanzipierte Schriftstellerin Amalia Schoppe hingegen erlaubte sich diese Regung, siehe ihr Bericht ihrer Atlantikpassage 1851 in Thomsen, Hargen (Hg.): Amalia Schoppe »[...] das wunderbarste Wesen, so ich je sah«. Eine Schriftstellerin des Biedermeier (1791-1858) in Briefen und Schriften, Bielefeld 2008, S. 644-651.

25 Schings, Hans-Jürgen: Empfindsamkeit. Gefühlskultur des 18. Jahrhunderts, http://universal_lexikon.deacademic.com/233717/Empfindsamkeit%3A_Gefühlskultur_des_18._Jahrhunderts vom 01.02.2018.

26 »Woman«, in: Encyclopaedia Americana, Bd. 13, Philadelphia 1833, S. 240.

27 »Home-Sickness«, in: Encyclopaedia Americana, Bd. 6, Philadelphia 1831, S. 407.

reizvollen Verlobten. Er schrieb über Heimweh[28] und sprach darüber unter ›brünstigen‹ Tränen mit Hamburger Bekannten, die sich vorübergehend in US-amerikanischen Handelsmetropolen aufhielten. Zusammen mit dem Hamburger Kaufmann Johann Heinrich Gossler jun. (1804-1879) bekämpfte Lieber in Boston 1828 Heimweh mit selbstgebrühtem Kaffee. Bei seinen künftigen Schwägern, den gebürtigen Hamburger Unternehmern Gustav und Theodor Oppenheimer jammerte er in New York über sein schweres Migrantenlos, während Theodor Oppenheimer erstaunlich wenig Heimweh nach seiner Geburtsstadt Hamburg verspürte und sich stattdessen nach seiner zweiten Heimat London und seiner Frau in seinem neuen Wohnort auf Puerto Rico verzehrte.[29]

Ein gemeinsamer Bekannter des Lieber-Oppenheimer Clans, der gebürtige Hamburger Kaufmann und jüngere Bruder des Kaffeekochers Johann Heinrich Gossler jun., der charmante Gustav Gossler (1813-1844), entwickelte eine eigene Taktik mit seinem Heimweh nach Hamburg umzugehen: Öffentlich gerierte sich der junge dynamisch-erfolgreiche Vertreter in der Bostoner Dependance des Handelshauses Berenberg, Gossler & Co. als fröhlicher, amüsanter Salonlöwe, doch verriet er seinen Gefühlszustand dadurch, dass er in geselliger Runde der Bostoner Hautevolee Hamburger Delikatessen servierte. Lebensmittel dienen oft als Chiffre, als Indikator seelischer Bedürfnisse, die man mit materiellen Dingen aus der Heimat glaubt beseitigen oder befriedigen zu können.[30] In der imaginierten Nähe brieflicher Dialoge mit seiner Familie machte der junge Mann aus seinem Herzen keine Mördergrube. Er betonte sein Wissen, dass das Phänomen Heimweh allmählich die Sphäre des ernsthaften Krankheitsbildes tugendhafter Männer verließ und zum modischen Spleen gut situierter, überspannter Traumtänzer (in Anlehnung an die Helden romantischer Dichtungen) trivialisiert werden konnte.

---

28 Lieber, Francis: The Stranger in America: or, letters to a gentleman in Germany, comprising sketches of the manners, society, and national peculiarities of the United States, Philadelphia 1835; The Huntington Library: San Marino/Calif = THL LI 2866 Francis Lieber, Philadelphia, an Karl Joseph Anton Mittermaier, Heidelberg, 01.06.1835.

29 »I am getting homesick seperated [!] from my Dolores«, THL LI 5188 Theodor Oppenheimer, New York, an Mathilde Lieber, Columbia/SC, 12.09.1838. Schnurmann, Claudia: Brücken aus Papier. Atlantischer Wissenstransfer in dem Briefnetzwerk des deutsch-amerikanischen Ehepaars Francis und Mathilde Lieber, 1827-1872, Münster 2014, passim.

30 »went back to Gossler, where we ate Hamburg Bologna and drank exquisite Burgundy« THL LI 4751 Francis Lieber, Boston, an Mathilde Lieber, Columbia/SC, 06.07.1838; »He is a fine, nay a noble hearted boy, very different from his brothers«, THL LI 4754 Francis Lieber, Boston, an Mathilde Lieber, Columbia/SC, 14.08.1838.

Expressiv verbis wehrte er sich gegen den Verdacht, bei ihm könne dies zutreffen. Sein auffallend verklausuliertes Heimweh schien echt – oder wollte er nur seiner Familie gefallen und deren Erwartungen erfüllen, dass ein guter Sohn, ein guter Bruder, um bürgerlicher Gefühlsetikette und familiärer Loyalität zu entsprechen, einfach Heimweh nach der fernen Familie haben müsse? War die Begründung für sein Heimweh vielleicht weniger der räumlichen Entfernung zu der Familie als deren Vorbehalte und Vorurteile gegen die USA und deren angeblicher materialistischer Mentalität geschuldet – für einen erfolgreichen Kaufmann eine leicht abgehobene oder unrealistisch edle Einschätzung? Doch vielleicht hatte Lieber gerade diese Haltung gemeint, als er den gewieften Geschäftsmann Gustav Gossler gegenüber seiner Frau Mathilde als »noble boy« beschrieben hatte – empfand Lieber den jüngeren Freund als nobel, weil er das Männlichkeitsideal der hamburgisch-neuenglischen Handelselite erfüllte: harter Geschäftsmann, weicher Kern? In seinen Briefen vermengte Gustav Gossler genau diese Ebenen; auf kühle Wirtschaftsanalysen folgte eine emotionale Bestandsangabe. 1842 schrieb er aus Boston an seinen Vater, den erfolgreichen Kaufmann in Hamburg:

> »[...] ich bin überzeugt dass es mir nie fürs Leben hier gefallen kann, dieses ist kein kindisches Aufwallen, oder das Schwärmen eines Jünglings wenn er am Heimweh leidet, 10 Jahre bin ich jetzt in der Fremde und 9 davon in Boston, also weiss ich was ich zu erwarten habe & wie unendlich viel ich vermisse, denn die Americaner sind so kalt und egoistisch, dass es unnütz ist annäherungen zu machen, mann kommt doch nie auf einen permanent intimen fuss [...]«.[31]

Tragischerweise sollte Gustav Gossler seine ersehnte Rückkehr nicht mehr erleben; er starb kurz vor der Abfahrt 1844 in den ungeliebten USA.

HEIMWEH NACH DER HEIMELIGKEIT DER FAMILIE

Anders der Hamburger Kaufmann Alfred Beneke (1822-1890), der Sohn Ferdinand Benekes (1774-1848).[32] Der junge Beneke war 1842 nach Kuba gereist, um dort bei einem in Hamburger Geschäftskreisen wohlbekannten Handelshaus

31 Staatsarchiv der Freien und Hansestadt Hamburg [StAHH] 622-1/9 Familie Berenberg Konv 34/6 Gustav Gossler, Boston, an Johann Heinrich Gossler sen., Hamburg, 01.04. 1842.

32 Siehe Hatje, Frank/Smith, Ariane/Bremer, Juliane et al. (Hg.): Ferdinand Beneke, Die Tagebücher, 10 Bde., Göttingen 2012ff.

(Weber, Balbiani & Co) seinen kaufmännischen Feinschliff zu bekommen.[33] Anfangs war der junge Mann begeistert von dem Leben auf der tropischen Karibikinsel voll üppiger Vegetation, Wärme und kreolischer Entspanntheit. Dann verschlechterte sich sein Zustand. Er nörgelte über seinen Chef Balbiani, die gesellschaftlichen Zustände in der spanischen Kolonie mit Sklaverei, Katholizismus und dolce far niente. Er verriet sich und sein bemüht verdrängtes Heimweh dadurch, dass er sich häufig in Briefen an seine Verwandten nach Hamburger Neuigkeiten erkundigte, über den Tod Hamburger Honoratioren philosophierte und nach den fernen Freunden weinte: Emotionales Unbehagen wurde scheinbar rational, mit beruflichen Erwägungen aufgefangen. Der Kaufmann Alfred Beneke schrieb im Mai 1843 seinen Eltern:

»[…] Ihr werdet nun schon aus früheren Briefen ersehen haben, dass ich hier lange nicht mehr so gerne bin, als ich anfangs glaubte & hoffte. Dies hat mancherlei Gründe. Zuerst sehe ich hier keine Aussicht weiter zu kommen, ferner ist Balbiani nicht der Mann, um meine Liebe zu haben. Es ist sehr schwer, über ihn zu urtheilen, weshalb ich es auch bleiben lasse. Seine Hauptschattenseite scheint mir, dass er nichts weiter, als Kaufmann ist. Dabei scheint er misstrauisch, egoistisch, Kleinigkeitskrämer; - kurz, ich kann, wie man zu sagen pflegt, ›kein Herz zu ihm fassen‹. […]«.[34]

Er reiste schließlich 1844 weiter nach New York, wo er sich in einem Kreis ihm wohlbekannter Bremer und Hamburger Kaufleute bewegte. Seine Kritik an Kuba und Balbiani war nur vorgeschoben gewesen. Tatsächlich hatte ihn Heimweh gequält, das er vor seiner Familie brieflich zu verbergen gesucht hatte. Den angeblich so unsensiblen Chef hatte er nicht täuschen können, der den Onkel seines Angestellten, Friedrich Beneke in Hamburg, informiert hatte: Ferdinand Beneke schrieb an den Sohn (07.01.1844): »Balbiani in seinem Briefe an Fritz [Friedrich Beneke] [...] meint, Deine Krankheit könne auch wohl von Heimweh herrühren!«[35] In New York schien sich sein Gesundheitszustand zu bessern, doch betonte

33 Zeuske, Michael: »Preußen und Westindien. Handels- und Konsularsbeziehungen«, in: Sandra Carreras/Günther Maihold (Hg.), Preussen und Lateinamerika: Im Spannungsfeld von Kommerz, Macht und Kultur, Münster 2004, S. 188f.

34 StAHH 622-1/121 Familie Beneke J 5a Alfred Beneke, Havana/Kuba, an seine Eltern, Hamburg, 16.05.1843.

35 Bestand StAHH 622-1/121 Familie Beneke; Renate Hauschild-Thiessen, Alfred Beneke, ein junger Hamburger Kaufmann in New York. Briefe an seine Angehörigen aus den Jahren 1844 bis 1847; dies., Ein Hamburger auf Kuba: Briefe und Notizen des

er so auffallend seine Begeisterung für die USA und stellte so häufig Vergleiche zwischen Hamburg und New York an, dass man ihm seine völlige Zufriedenheit mit seiner Situation nicht ganz abnehmen kann. Man könnte sagen, er verglich Sehenswürdigkeiten, landschaftliche Schönheiten in den USA mit Hamburger Gegebenheiten, um seiner Familie eine Vorstellung von Amerika zu verschaffen – manche dieser Vergleiche fielen auffallend liebevoll aus und deuten eine zarte Sehnsucht an: So redete er von »unserer Elbe« und zeigte subtile Ambivalenz, als er schrieb, er fühle sich »mit all' den lieben Fesseln [...] an Hamburg gekettet.«[36]

Seine Begeisterung für die USA weckte den Widerspruch der besorgten Eltern. Sie deuteten Lob für die Neue Welt als unangebrachte Kritik an ihrer Welt Hamburg und der eigenen Familie und reagierten heftig auf diesen scheinbaren Liebesentzug. Der konservative Vater fürchtete 1844, der Sohn könne von dessen »liberalen Freunden erobert werden«;[37] die Mutter fürchtete eine Distanz des Sohnes zu seinen Landsleuten. Mehrfach forderte sie dessen philanthropisches Engagement zugunsten armer deutscher Emigranten in New York. Der Sohn reagierte, indem er zur Beruhigung seiner Eltern und seiner Sehnsucht nach der Familie unterschiedliche Methoden praktizierte. Er übte sich in brieflicher Familienzusammenführung und fiktiver Translokation, indem er in Gedanken sein Heim, seine Familie, zu sich holte: »fahrt einmal im Geiste in eure Bildnisse, die hinter mir hängen, und seht euch bei mir um, es ist Sonntag Morgen, ich sitze im kirschroten Schlafrock auf dem Sofa«[38]; oder seine Gedanken wanderten über den Großen Teich und ergingen sich in »mein Hinüberdenken in Euren Kreis«, um das Heimweh in eine vertrauensbestärkende Kraft zu verwandeln.[39]

Seine häufig formulierten Beteuerungen, ihm gehe es gut, er liebe New York, sowie die Versuche, briefliche Nähe durch imaginierte Besuche herzustellen, lassen aufhorchen – die Familie daheim erwartete demonstrative Heimwehbekundungen und beruhigend negative Kritik an den USA als Indiz für Rückkehrbereit-

Kaufmanns Alfred Beneke 1842-1844, Hamburg 1971; Schnurmann, Brücken aus Papier, passim.

36 StAHH 622-1/121 Familie Beneke J 5a Alfred Beneke, New York, an seine Eltern, Hamburg, 28.04.1844.

37 Vgl. Renate Hauschild-Thiessen, Alfred Beneke, Briefe an seine Angehörigen aus den Jahren 1844-47, in: Zeitschrift des Vereins für Hamburgische Geschichte 51/1965, S. 49-100, S. 58.

38 StAHH 622-1/121 Familie Beneke J 5b Alfred Beneke, New York, an seine Familie, Hamburg, 09.02.1845.

39 StAHH 622-1/121 Familie Beneke J 5b Alfred Beneke, New York, an seine Familie, Hamburg, 22.07.1844.

schaft und familiäre Solidarität. Der Wahlhamburger und gebürtige Bremer Ferdinand Beneke lobte Hamburg in der Hoffnung, der Sohn möge aus Liebe seine Wurzeln nicht kappen. In mahnenden Worten setzte der besorgte Vater Hamburg und Vaterland (*patria*) in frühneuzeitlicher Tradition in eins und den Sohn emotional geschickt unter Druck:

»Es freut uns alle, dass Du dich dort so glücklich fühlst u dir dort alles so wohl gefällt, Veramerikaner mir nur darüber nicht! Vergiß darüber nicht dein schönes herrliches Vaterland, Dein Vaterland, welches sich nicht bloß der Morgenröthe einer im guten fortschreitenden Zukunft erfreut sondern auch die wundervolle Abendröthe eines tiefen historischen Hintergrundes [...]«.[40]

Auf die Mahnung des Vaters, Hamburg, tatsächlich jedoch die Familie bloß nicht zu vergessen, antwortete der gehorsame Sohn, er werde sein »Möglichstes gegen das veramerikanern tun«.[41] Die Furcht der Mutter, der ferne Sohn könne eine Amerikanerin heirateten und damit so schlechte Erfahrungen machen, wie Johann Heinrich Gossler jun., der 1829 eine höchst anspruchsvolle Angehörige aus der neuenglischen High Society geehelicht hatte, konterte er spöttisch: »Bleibe ich hier, so heirathe ich eine hiesige. Man findet hier ebenso gute, wie in Hamburg. Du musst nicht glauben, dass alle Frauen so sind wie Mad. Gossler.«[42]

Beneke verweigerte sich mit wechselndem Erfolg den Erwartungen, Heimweh als Solidaritätsbeweis, Ausdruck kindlicher Liebe und Treueerklärung, als Chiffre für den Zusammenhalt innerhalb der Familie über Entfernungen hinweg zu demonstrieren – sein Verhalten entsprach nicht dem Usus seiner Zeit, nach dem man tränenreich sein Befinden kundtat.[43] Er litt leise. Nur subtile Bemerkungen lassen vermuten, dass er sowohl in Kuba als auch in New York mit Heimweh kämpfte, dies jedoch nicht zulassen wollte und sein Heimweh sich auf ein Hamburg als zufällige Kulisse für den eigentlichen Fixpunkt, das Leben mit Familie und Freunden bezog. Bei ihm war für die Ausbildung des emotionalen Defizits der reale Raum Hamburg sekundär. Die emotionale Bindung an die Familie bildete den eigentlichen Bezugspunkt: Liebe zur Familie wurde auf die Liebe zu dem, was die

40 StAHH 622-1/121 Familie Beneke J 6 Ferdinand Beneke, Hamburg, an Alfred Beneke, New York, 27.10.1844.

41 StAHH 622-1/121 Familie Beneke J 5b Alfred Beneke, New York, an seine Mutter, Hamburg, 09.02.1845.

42 Ebd., 29.06.1845.

43 StAHH 622-1/121 Familie Beneke J 6 Ferdinand Beneke, Hamburg, an Alfred Beneke, Havana/Kuba, 21.08.1842.

Alleinstellungsmerkmale Hamburgs ausmachte – die Flusslage, auf »unsere Elbe« übertragen – eine Liebe, die vorher bei Barthold Hinrich Brockes[44] oder später bei Wolfgang Borchert anklingt.[45]

Zu einem Inbegriff für familiäre Liebe, für Familienkult beziehungsweise den Kult um die Familie als Nukleus der Gesellschaft avancierte unter dem Eindruck von Kriegen und radikalen gesamtgesellschaftlichen Veränderungen seit Beginn des 19. Jahrhunderts das Weihnachtsfest. Es ist bezeichnend, welch großen Raum Fantasien über Weihnachtsfeste der eigenen fernen Familie in der Korrespondenz heimwehkranker Hamburger einnehmen. Ein Beispiel liefert der spätere Schwiegervater von Francis Lieber, der Hamburger Kaufmann Georg Oppenheimer (1777-1838). Um die überaus lästige Napoleonische Kontinentalsperre (1806-1813) zu unterlaufen, verbrachte er 1808 das Weihnachtsfest auf der englischen Nordseeinsel Helgoland – zu dem Zeitpunkt noch kein beliebter Urlaubsort der Reichen. Helgoland wurde als Schmuggelhochburg frequentiert, mit deren Hilfe der gelähmte Hamburger Handel den lebenswichtigen Kontakt zu Großbritannien aufrechterhalten wollte. So hoch die strategische Lage Helgolands geschätzt wurde, so heftig missachteten die kultivierten Hamburger Kaufleute die Inselbewohner. Voreingenommen schrieb der vereinsamte Mann an die Nanny seiner Kinder, eine gewisse Rosa Maria Varnhagen (1783-1840), die Schwester von Karl Varnhagen van Ense und Schwägerin von Rachel Varnhagen:

»Werthe Freundin [...] ich habe meinen Weihnachtsabend ganz anders zugebracht als Sie, und ich beneide Sie wirklich um den Ihrigen [...] denken Sie sich wenn Sie es ohne Rührung können, den Vater von sechs liebenswürdigen Kindern in der Mitte von zwölf [...] halbbetrunkenen, den schlechtesten, tabakrauchenden, schmutzigen Fischern u. Schiffern, die an

44 »So dacht' ich, als ich jüngst an uns'rer Elbe stand« (Brockes, Barthold Heinrich: »Die Elbe«, in: Jrdisches Vergnügen in Gott bestehend in Physicalisch und Moralischen Gedichten, Hamburg 1727, S. 161).

45 Borchert, Wolfgang: »Die Elbe. Blick von Blankenese«, in: Olaf Irlenkäuser/Stephan Samtleben, Hamburg. 69 Dichter und ihre Stadt, Hamburg 2006, S. 201f: »[...] darunter liegt die Elbe [...] Vielleicht sind wir gar nicht so weit ab vom Himmel. Wir in Blankenese. Wir in Barmbek, [...] die Elbe [...] und sie riecht nach Hamburg [...] und sie sagen: Elbe. Sie sagen das weich und wehmütig [...]«. Borchert, Wolfgang, »Hamburg«, in: ders., Das Gesamtwerk. Mit einem biographischen Nachwort von Bernhard Meyer-Marwitz, Halle/Saale 1961, S. 91: »[...] Das geben wir zu [...], daß uns der Strom, der breite graue Strom verführt hat, unserer Sehnsucht nach den Meeren nachzusegeln [...] um wiederzukehren [...] krank und klein vor Heimweh nach unserm kleinen blauen Teich inmitten der grünhelmigen Türme und grauroten Dächer. Hamburg, [...]«.

der Seite ihrer ebenso niedrigen Frauen und von ihnen unterstützt die ekelhaftesten Lieder singen [...] und um uns der Melankolie hinzugeben die uns bei diesen Bachanalien ergriff mussten wir mit den Wölfen heulen und mit schmausen, mit trinken, ja mit tanzen und singen, [...] Um dem [...] eine erträgliche Wandlung zu geben stimmten wir andere Lieder an, [...] von Goethe und Schiller gedichtet, und von Mozart und Rückert componirt [...] und der Abend dauerte uns eine Ewigkeit.. Meine Einbildungskraft führte mich oft nach dem ValentinsKamp, ich sah den prächtigen Baum, die Freude meiner Kinder [...], hörte wie man von dem abwesenden Vater sprach [...] das Traumbild machte mich für den Augenblick glücklich, aber der Gedanke das es nur Traumbild, und ich von den lieben Meinigen so sehr entfernt war, Stunden und Tagelang unglücklich [...]«.[46]

Nicht minder klagte Gustav Gossler in den USA und weinte der fernen Gegenwart der Familie und zugleich der entrückten Kindheit in Hamburg nach; er fürchtete nicht nur Weihnachten in der Ferne, er litt auch mit der Schwester, die erstmals das Familienfest ohne den Vater begehen musste – Johann Heinrich Gossler sen. war im Frühjahr 1842 gestorben:

»[...] – Diese Zeilen wirst Du gegen Jahresschluß erhalten, [...] & dann denke auch deines einsamen Bruders, der allein viele Tausend Meilen von allen Lieben getrennt, [...] Wie einsam wird jetzt das fröhliche Weihnachtsfest an Euch vorübergehen, alle die fröhlichen Lichter & das Jauchzen der Uebrigen wird um so schwerer auf Euch fallen, da Er nicht mehr bey uns ist, der unsere Aller Wünsche zu erforschen strebte & uns von Kindesbeinen an mit so vielen Zeichen seiner reinen Liebe beschenkte.– [...] aufrichtige Freunde lasse ich hier nicht zurück, die Leute sind zu kalt & egoistisch als dass sie wirkliche Freundschaft empfinden, und ohnedem hat das Leben keinen Reitz für mich. – [...].«[47]

Auch bei ihm agierte Hamburg primär als emotionaler Sehnsuchtsraum und Folie für seine Sehnsucht nach der Familie. Die Stadt als konkretes Gebilde war dabei von nebensächlicher Bedeutung. Aktuelles Heimweh des Erwachsenen verschmolz mit Weihnachten als dem Inbegriff der christlichen Familie, dem emotionalen Bedürfnis nach kindlicher Geborgenheit und Nähe: ein Bedürfnis, das Männer unterschiedlicher Charaktere und Generationen wie Gustav Gossler 1844, Georg Oppenheimer 1808/09 oder der Hamburgische Amerikaner auf Zeit, der ledige Friedrich Gerstäker 1838 spürten. Im tiefen Ohio jammerte ein vereinsamter Gerstäker (1816-1872) nach dem Familienfest Weihnachten in Hamburg und

46 Jagiellonska Biblioteka Krakau Collection Varnhagen, Georg Oppenheimer, Helgoland, an Rosa Maria Varnhagen, Hamburg, 26.02.1809.

47 StAHH 622-1/28 Familie Gossler 42, fol. 6-8.

stellte interessante Analogien her, indem er Heimweh als »moralische Seekrankheit« bezeichnete.[48] Weihnachten galt den der norddeutschen Heimat Fernen als Kulminationspunkt von Liebe, Geborgenheit und Glück, als der emotionale Höhepunkt im lutherischen Kalender bürgerlicher Christen.

Hamburg konnte bei manchem heimwehkranken Hamburger primär als emotionaler Fixpunkt fungieren – unabhängig von städtischen Realitäten, urbaner Entwicklung oder Topografie. Das eigene Heim, die eigene Familie bildete den Kern, um den alles kreiste, auf den sich unbefriedigte Gefühle und Wünsche richteten. Die Stadt bildete lediglich die Kulisse für dieses Drama der Emotionen. Dieses Heimweh betraf menschliche Beziehungen in zwei unterschiedlichen Richtungen beziehungsweise auf zwei Zeitebenen. Zum einen konnten die unerfüllten Sehnsüchte der jeweiligen Gegenwart, den vermissten, geliebten Menschen zufällig in dem bekannten Umfeld Hamburg gelten. Das konnte Eltern und Geschwister betreffen, aber auch den Partner und die eigenen Sprösslinge.[49] Zum anderen konnten sich Hamburger wie Menschen anderer geografischer Herkunft nach ihrer Vergangenheit sehnen, die sich mit der Erinnerung an den Ort der eigenen Geschichte verband – hier ist die Nähe zwischen dem heutigen Sprachverständnis von Heimweh und Nostalgie offensichtlich. Man sehnte sich als erwachsener Mensch angesichts von Pflichten und Problemen zurück in die scheinbare Geborgenheit des Elternhauses und das unkomplizierte Glück eines idealisierten Kindseins.

DER STADTRAUM HAMBURG ALS SEHNSUCHTSRAUM

Daneben findet sich auch das Phänomen, dass Heimweh tatsächlich auch nach dem realen Hamburg als Ansammlung von Natur, Architektur und Menschen

48 Gerstäker, Friedrich: Mein lieber Herzensfreund; ders.: »Heimweh und Auswanderung. Eine Skizze«, in: 2 Welttheilen, Bd. 1, Leipzig 1854, S. 17; ders.: Briefe an seinen Freund Adolph Hermann Schultz 1835-1854, Braunschweig 1982.

49 Das Glück über positive persönliche Beziehungen überträgt sich auf die Stadt und lässt eine positive Einstellung zu der Stadt entstehen, ohne enge Bindung und austauschbar. THL LI 4806, Francis Lieber, Wittenberg/Preußen, an Mathilde Lieber, Hamburg, 17.07.1844: »I was so happy in Hamburg! There – I was again obliged to repress a rising lump, which might have ended in a wet eye. [...] but I was in a state in which I could not trust myself. One touch – and the vessel would have run over. [...] suppose my homesickness to Hamb keeps on [...]«. Zum Kontext siehe Schnurmann, Claudia (Hg.): ›A Sea of Love‹. The Hamburg Correspondence of the Atlantic Couple Francis and Mathilde Lieber, 1839-1945, Leiden 2018.

gefühlt und verbalisiert werden konnte. Ein Beispiel für diese Begeisterung für die konkrete Stadt Hamburg formulierte gekonnt und auf sprachliche Wirkung bedacht die frühere Nanny im Hause Oppenheimer, die mittlerweile mit dem bekannten Hamburger Arzt Dr. David Assing verheiratete Rosa Maria Varnhagen: Dies zeigte sie in einem Briefentwurf vom September 1833 an den schwäbischen Dichter Justinus Kerner (1786-1862). Ihre Rückkehr von einer Württembergreise und Ankunft in ihrer Wahlheimat beschrieb sie anschaulich:

»[...] und die freudige Rührung und Bewegung kann ich Ihnen nicht beschreiben mit welcher ich auf der Elbe vom Dampfschiffe aus die Thürme von Hamburg und Altona wieder erblickte, und beide Städte im hellen Morgenlicht vor mir liegen sah. Dazu war die Luft sehr bewegt, die Elbe schlug schöne Wellen, der Wind war laut und lustig, die Möwen kreischten auf der Oberfläche des Wassers, alles war Licht, Leben, Bewegung um uns. Einige Mitreisende, welche Hamburg zum erstenmale besuchten konnten sich nicht genug an dem schönen Anblick ergötzen. Meine Kinder jubelten: unser Hamburg, unser liebes schönes Hamburg [...]«.[50]

Dieser Briefentwurf kommt spontan aus der Situation entstanden daher: Die Reisende, die nach längerer Abwesenheit in ihre Wahlheimat Hamburg zurückkehrt, lässt ihrer tiefen Zuneigung zu Hamburg freien Lauf und vermischt sinnliche Wahrnehmung und Emotionales zu einem eindrucksvollen Potpourri. Man riecht geradezu den Fluss, spürt den Wellengang, hört das Kreischen der Möwen, sieht die Reflexionen der Sonne auf dem Wasser und die Türme der Kirchen: Gott, Natur und Stadt bilden eine sinnlich erfahrbare harmonische Einheit. Die Heilung des Wehs nach der Heimat scheint diese individuelle Perzeption zu veranlassen. Ist diese Perzeption wirklich Ausdruck der Individualität? Rosa Maria Assing war sehr belesen, gebildet in der Kunst ihrer Zeit und künstlerisch aktiv. Sie kannte Künstler. Die Maler Otto (1807-1871) und Erwin Speckter (1806-1835), die Schriftsteller Justinus Kerner, Heinrich Heine und Adelbert von Chamisso (1781-1838) gehörten zu ihrem engsten Freundeskreis. Sie wird einige der vielen Städtelobpreisungen, der Lithografien und Skizzen (gezeichnet und geschrieben) der zeitgenössischen Hamburger Gelehrten- und Künstlerszene gekannt haben – ihr Brief an Kerner liest sich wie Adaptionen von Werken eines Brockes,[51] eines

50 Jagiellonische Biblioteka Krakau Collection Varnhagen Kiste V 16, Rosa Maria Assing, Hamburg, an Justinus Kerner, datiert Ende Oktober 1833.

51 B.H. Brockes: Die Elbe.

Friedrich von Hagedorn,[52] eines Friedrich Johann Meyer Lorenz (1760-1844)[53] oder Kapitel aus der Zeitschrift Hamburg und Altona. Eine Zeitschrift zur Geschichte der Zeit, der Sitten und des Geschmaks.

FAZIT

Beschrieb man Hamburg als das Objekt seiner Sehnsucht, lieferte man nicht unbedingt einen genuin persönlichen Eindruck, sondern rekapitulierte unbewusst kollektiv Erlerntes: Man nahm wahr und erinnerte das, was man wahrzunehmen und zu erinnern gelernt hatte. Die Stadt Hamburg definiert sich seit ihren Anfängen über die Flusslage und den Hafen, von daher wurde Hamburg meist von Süden beziehungsweise von Westen von der Wasserseite her beschrieben und abgebildet: Die süddeutschen Kartografen Johann Baptist Homann (1664-1724) und Matthias Seutter (1678-1757) taten dies genauso wie viele Drucker, Kartenstecher und Lithografen nach ihnen bei den aufwendig ausgestalteten Kartuschen mit Ansichten Hamburgs vom Südufer der Elbe, die ihre großformatigen Stadtpläne und Atlanten ergänzten.[54] Obwohl man sich Hamburg auch von der Landseite nähern konnte und kann, dominieren Aufrisse der Flussfront als Beleg dessen, was das Besondere der Stadt ausmacht. Mit der Betonung der Türme der fünf Hamburger Hauptkirchen stellte man sich in die Tradition eines neuen Jerusalems, ein Image, das auch andere deutsche Städte, etwa das Heilige Köln für die katholische Konfession mit dem beeindruckenden Kranz der romanischen und gotischen Kirchen, für sich beanspruchten. Die rheinische Protestantin Rosa Maria Assing geb. Varnhagen übernahm diese geradezu kanonisierte Sehweise vom lutherischen Hamburg als Hochburg des Glaubens und des Kommerzes ebenso wie der englische Maler William Turner (1775-1851), der 1835 Hamburg besuchte und in seinem Skizzenbuch Impressionen von Hamburg, der Elbe und dem Hafen festhielt.[55]

52 Siehe Moede, Martina (Hg.): Hamburg Gedichte, Neumünster 2011, passim.

53 »Morgenansicht der Elbe, und des Havens«, 1/1, 1800, S. 9ff.; Meyer, Friedrich Johann Lorenz: Skizzen zu einem Gemälde von Hamburg, Hamburg 1800-1802, Digitalisate in der Bayerischen StaatsBibliothek München, http://www.mdz-nbn-resolving.de/urn/resolver.pl?urn=urn:nbn:de:bvb:12-bsb11094739-2 vom 01.02.2018.

54 Siehe Kartensammlung der Staats- und Universitätsbibliothek Hamburg, Historische Hamburg Karten, digitalisate.sub.uni-hamburg.de vom 01.02.2018.

55 The Sketchbooks of Joseph Mallord William Turner, Hamburg and Copenhagen Sketchbook (Turner bequest CCCV) Tate, http://www.tate.org.uk/art/sketchbook/hamburg-and-copenhagen-skethbook-65933/69 vom 28.07.2016.

Die teils sensationsgierigen, teils ehrlich mitleidsvollen Beschreibungen des niedergebrannten Hamburgs, die nach dem Großen Brand vom Mai 1842 in der internationalen Presse kursierten, griffen exakt dieses lang tradierte Image der Stadt als Zentrum von Mammon und Geist sowie die einmalige Kombination von Topografie und Nimbus auf. Mit ihrem subtilen Appell an etablierte Sehweisen und das Selbstverständnis der Stadtbürger sollten heimwehkranke Exilhamburger im Reich, in den USA oder England ihr Scherflein zum Wiederaufbau beitragen und ihrer unerfüllten Sehnsucht eine konstruktive Wirkung abgewinnen.[56] Der emotional angeschlagene Gustav Gossler reagierte in einem Brief aus dem fernen Boston am 28. November 1842 ergriffen auf die schweren Zerstörungen, die Hamburg in jenen Maitagen 1842 (05.05.-08.05.1842) widerfahren waren, als sei ein Mensch namens Hamburg schwer verwundet worden: Der verletzte Stadtkörper stand ebenbürtig neben der Adressatin seines Schreibens, seine Schwester Susanne; wie die Schwester bekam die Stadt das höchst positiv konnotierte Adjektiv »lieb« zugeschrieben, das laut Grimms Wörterbuch ursprünglich einer Person vorbehalten gewesen war, »der man seine innige Zuneigung zugewendet hat«:[57]

»Meine liebe gute Susanne [...] Das Bild meines lieben Hamburgs welches Du mir vorgezeichnet ist wirklich schrecklich, fürchterlich müssen die durchlebten Schreckens Tage gewesen seyn, [...] – Gottlob nach allem was ich höre herrscht ja ein vortrefflicher Geist, und [...] rastlose Thätigkeit und Gottes Beistand werden den alten Flor schön wiederherstellen, sodaß nach Verlauf einiger Jahre die Wunden wenigstens vernarbt seyn werden.«[58]

Beschrieben heimwehkranke Hamburger Migranten im Biedermeier das Ziel ihrer Sehnsüchte, mögen sie überzeugt gewesen sein, dass ihre Sicht auf die Stadt ein Resultat ihrer individuellen Kreativität, Erinnerung und Wahrnehmung darstellte und als Ausdruck der ureigenen einmaligen Befindlichkeit entstanden sei. Tatsächlich folgten zumeist sowohl die Ausformungen des Heimwehs bestimmten

56 Dannenberg, Carl Wilhelm (Hg.): Synchronistik der Schreckenstage von Hamburg vom 5. bis 8. Mai 1842 und deren Folgen, Hamburg 1842; Schleiden, Carl Heinrich: Versuch einer Geschichte des grossen Brandes in Hamburg vom 5. bis 8. Mai 1842, Hamburg 1843, https://archive.org/details/versucheinerges00schlgoog vom 01.02.2018.

57 »Lieb« in Deutsches Wörterbuch von Jacob Grimm und Wilhelm Grimm, Bd. 12, Sp. 896 bis 913, http://woerterbuchnetz.de/DWB/?sigle=DWB&mode=Vernetzung&lemid=GL05387 vom 01.02.2018.

58 StAHH 622-1/28 Familie Gossler 42, 6-8 Gustav Gossler, Boston, an Susanne Chapeaurouge, Hamburg, 28.11.1842.

modisch etablierten Mustern als auch die Perzeption der konkreten Stadt Hamburg einem gesellschaftlich akzeptierten Kanon von Sehgewohnheiten und Identitäten, die in der Hamburghymne *Hammonia* seit 1828[59] anklingen. Somit lassen ihre Aussagen häufig mehr über die kollektiv verinnerlichten Ideale und Erwartungen von Hamburgern und Exilhamburgern von ihrer Stadt als über konkrete individuelle Wahrnehmung erkennen. Heimweh war nicht nur eine seelische Reaktion, es diente dem Migranten als Mittel der Selbstvergewisserung, indem es dem seiner Heimat verunsichert Entrückten in seiner neuen Umgebung eine vertraute Identität sicherte. Zugleich erlauben die Elemente von Heimwehbekundungen, wenn sie sich über seelische Befindlichkeiten hinaus auf konkrete geografische, topografische, architektonische oder kulturelle Gegebenheiten einer Stadt wie Hamburg beziehen, Rückschlüsse auf die kollektiv verinnerlichten, unbewusst tradierten Ideale und Selbstbilder und Identitäten derer, die in dem Stadtraum lebten und leben.

Diese Bilder, im 17. Jahrhundert entstanden und im 19. Jahrhundert in der Stadtrepublik und von Exilhamburgern gepflegt, leben bis heute fort – man beachte nur aktuelle Werbefilme der Freien und Hansestadt Hamburg,[60] Schlager von Hans Albers oder Freddy Quinn, Zitate an der Wand von Terminal 1 des Hamburger Flughafens, die musikalische Liebeserklärung von Lotto King Karl (*Hamburg meine Perle*) oder das amüsante Gespräch der heimwehkranken Journalistin Dagmar Seifert mit der »weltoffenen, arroganten und zärtlichen« Stadt Hamburg, die sich für das Lob mit einem lakonischen »da nich für« bedankt.[61]

---

59 Die Hamburghymne *Hammonia* (Text: Georg Nikolaus Bärmann, Melodie: Albert Methfessel, 29.09.1828 uraufgeführt) rekreiert akustisch in ihrem Text eine Vorstellung Hamburgs wie auf Landkarten des 18. Jahrhunderts visuell geschaffen: Ausgehend von einer Sicht von der Südseite auf die Kirchtürme als Verweis auf Hamburg als irdische Version des himmlischen Jerusalems folgt als zweiter Schritt die Darstellung der Bürger als Garant innerer Ordnung, und dann die Raison d'Être der Stadt, deren Handel, Schifffahrt und Gewerbe.

60 *Die Hälfte von zwei*, Hamburg Marketing 2014, https://VIMEO.COM/107136735 vom 01.02.2018.

61 Seifert, Dagmar: Es hat mich wieder erwischt, http://www.gutenmorgenhamburg.de/59.html vom 26.07.2016.

»Mit dem Kopf in der Türkei, mit dem Fuß in der BRD«

Zugänge zur Geschichte politischer Flüchtlinge aus der Türkei im Hamburg der 1980er Jahre

DAVID TEMPLIN

Abstract: Der Artikel befasst sich mit der bislang nicht erforschten Geschichte politischer Flüchtlinge aus der Türkei in den 1980er Jahren am Beispiel Hamburgs. Dazu werden exemplarisch drei Zugänge zu einer möglichen Geschichtsschreibung über Exilanten aus der Türkei skizziert: erstens die Analyse der öffentlichen Debatte und politischen Maßnahmen rund um Fragen des Asyls, zweitens die Untersuchung des Lebens im Exil – von politischer Betätigung über die Wahrnehmungen und Erfahrungen der Exilanten bis zu kultureller Produktion – und drittens der Fokus auf den Rassismus der deutschen Mehrheitsgesellschaft und die Reaktionen der Betroffenen. Der Blick auf zentrale Ereignisse dieser Geschichte macht deutlich, dass die 1980er Jahre auch im Hamburger Exil ein konfliktträchtiges Jahrzehnt darstellten.

»Die chaotischen Zustände in der Türkei lassen den Türken die hiesigen Verhältnisse in immer grellerem Licht erscheinen. Ein jüngst nach Hamburg gekommener anatolischer Landarbeiter brachte von zu Hause drei Vorstellungen über die Bundesrepublik Deutschland mit: 1. Dort braucht man nicht zu arbeiten und bekommt mehr Geld als zu Hause verdient werden kann. 2. Jeden Abend werden die Straßen gescheuert, so sauber ist es dort. 3. An den Straßen stehen Mädchen, die man jederzeit sich nehmen kann. Der erste und der letzte, für türkische Begriffe ganz unvorstellbare Punkte, treibt junge Männer in Scharen hierher.«[1]

Dieses Zitat aus einem internen Bericht des Hamburger Innensenators Werner Staak (SPD) vom Januar 1980 verweist weniger auf die realen Motivationen von Asylsuchenden aus der Türkei, als es uns einen Einblick in das Bild verschafft, das in Teilen der westdeutschen Gesellschaft der frühen 1980er Jahre von diesen herrschte. In einer Zeit als in der Türkei bürgerkriegsartige Zustände und politische Morde zum Alltag zählten – ein halbes Jahr vor dem Militärputsch –, spielten diese als »chaotisch« entkontextualisierten Verhältnisse in der Bewertung der Migration aus der Türkei durch die Hamburger Innenbehörde offensichtlich nur eine Nebenrolle. Der verachtende Blick auf die »anatolische[n] Landarbeiter« war jedoch nicht nur in der Behörde präsent, sondern Ausdruck eines verbreiteten gesellschaftlichen Rassismus.

Die Geschichte der Migration aus der Türkei nach Deutschland und der westdeutschen Wahrnehmungen dieser Migration ist – angesichts ihrer gesellschaftlichen Bedeutung – historiografisch bislang nur unzureichend erforscht worden.[2] Für die Geschichte politischer Flüchtlinge trifft das besonders zu.[3] Im Folgenden soll anhand von drei thematischen Zugängen das Potenzial verdeutlicht werden, das in einer Erforschung der Geschichte von Asylsuchenden aus der Türkei mit Blick auf eine Großstadt wie Hamburg liegen könnte. In den Blick genommen werden sollen (1) die öffentliche Debatte um die Gewährung von Asyl, (2) Fragen des Exils und der Exilpolitik, also die Perspektive auf die Immigranten als politische Akteure,[4] und (3) der deutsche Rassismus gegen Türken – der sich zwar nicht

---

1 Staatsarchiv der Freien und Hansestadt Hamburg [StAHH] 131-11, 5789, Senator Werner Staak: Türken in Hamburg, 17.01.1980, S. 11f. Ich danke Lara Breyer und Julian Schoppenhauer für ihre Unterstützung bei den Recherchen für diesen Text.

2 Das Standardwerk zum Thema bildet Hunn, Karin: »Nächstes Jahr kehren wir zurück ...« Die Geschichte der türkischen »Gastarbeiter« in der Bundesrepublik, Göttingen: Wallstein 2005.

3 Zu chilenischen Exilanten als einer anderen Gruppe politischer Flüchtlinge in diesem Zeitraum vgl. Wright, Thomas C.: »Chilean Political Exile in Western Europe«, in: Kim Christiaens/Idesbald Goddeeris/Magaly Rodríguez García (Hg.), European Solidarity with Chile, 1970s-1980s, Frankfurt a.M.: Peter Lang 2014, S. 47-66; Wojak, Irmtrud/Holz, Pedro: »Chilenische Exilanten in der Bundesrepublik Deutschland (1973-1989)«, in: Exilforschung. Ein Internationales Jahrbuch 18 (2000), S. 168-190.

4 Aus Gründen der besseren Lesbarkeit wird im Folgenden die männliche Form verwendet, auch wenn alle Geschlechter gemeint sind.

spezifisch gegen Asylsuchende richtete, sich in den 1980er Jahren aber auch mit Blick auf die Asylfrage deutlich verschärfte – sowie Formen der migrantischen, auch von Exilanten getragenen Gegenwehr.

»AUSLÄNDER-FLUT«: DIE ÖFFENTLICHE DEBATTE UM ASYL

In der Geschichte des Asyls in der Bundesrepublik Deutschland ist der Übergang von den 1970er zu den 1980er Jahren als Einschnitt zu werten. Das Asylrecht, das vor dem Hintergrund der Erfahrung des Nationalsozialismus 1949 im Grundgesetz verankert worden war, war relativ weitreichend, wurde in den ersten Nachkriegsjahrzehnten aber nur in geringem Maße in Anspruch genommen.[5] Bis in die 1970er Jahre lag die Zahl der Asylbewerber pro Jahr bei wenigen Tausend Menschen. Darunter waren viele Flüchtlinge aus Ländern des »Ostblocks«, die vor dem Hintergrund des Kalten Krieges relativ wohlwollend aufgenommen wurden.[6] Seit den 1970er Jahren kamen aber verstärkt auch politische Flüchtlinge aus Militärdiktaturen wie Griechenland oder Chile. Das Jahr 1980 markiert insofern eine Zäsur, als die Zahl der Asylanträge mit über 107.000 einen ersten Höhepunkt erreichte.[7] Immigration nach Westdeutschland war bis 1973 in erster Linie staatlich erwünschte und regulierte Arbeitsmigration gewesen. Doch die Vorstellung einer raschen Rückkehr der angeworbenen »Gastarbeiter« erwies sich in den 1970er Jahren zunehmend als Illusion. Über Geburten und Familiennachzug stieg die Zahl der ausländischen Bevölkerung bis 1979 auf über vier Millionen Menschen

5 Die folgenden Ausführungen beruhen auf dem Artikel Templin, David: »Asyl in Hamburg? Flüchtlinge aus der Türkei und die Debatte um Asyl und Auslieferung in den frühen achtziger Jahren«, in: Forschungsstelle für Zeitgeschichte in Hamburg (Hg.), Zeitgeschichte in Hamburg 2016, Hamburg: Selbstverlag 2017, S. 68-87.

6 Gegenüber vietnamesischen *Boat People* entwickelte sich eine regelrechte »Willkommenskultur«, vgl. Bösch, Frank: »Engagement für Flüchtlinge. Die Aufnahme vietnamesischer ›Boat People‹ in der Bundesrepublik«, in: Zeithistorische Forschungen/Studies in Contemporary History 14 (2017) 1, S. 13-40.

7 Poutrus, Patrice G.: »Asyl im Kalten Krieg – Eine Parallelgeschichte aus dem geteilten Nachkriegsdeutschland«, in: Totalitarismus und Demokratie 2 (2005), S. 273-288; Herbert, Ulrich: Geschichte der Ausländerpolitik in Deutschland. Saisonarbeiter, Zwangsarbeiter, Gastarbeiter, Flüchtlinge, München: C.H. Beck 2001, S. 263.

an. Dabei stellten Personen mit türkischer Staatsangehörigkeit seit 1971 den größten Anteil.[8]

Mit der Zuspitzung der innenpolitischen Konflikte in der Türkei – 1978/79 gab es jährlich zwischen 1.000 und 1.500 Todesopfer politischer Gewalt im Land – erhöhten sich auch die Zahlen derjenigen Türken und Kurden, die in Europa und der Bundesrepublik Asyl beantragten: Von 809 (1976) stiegen sie sprunghaft auf 18.044 (1979) und schließlich auf knapp 58.000 (1980) an.[9] Die Zahl der Antragsteller in Hamburg lag 1980 bei 2.031, insgesamt waren es im gesamten folgenden Jahrzehnt rund 10.000.[10]

Die öffentliche Debatte, die sich um 1980 in der Bundesrepublik am Anstieg der Asylbewerberzahlen entzündete, trug Züge eines Katastrophendiskurses und war von Stereotypen geprägt, die auf Neuformierungen, aber auch Kontinuitäten rassistischer Einstellungen in der Gesellschaft verweisen. Hamburg bildete dabei keine Ausnahme, vielmehr tat sich auch das *Hamburger Abendblatt* mit Schlagzeilen wie »Tausende kommen, wir alle zahlen« oder Begrifflichkeiten wie »Ausländer-Flut« hervor.[11] Eine ablehnende Haltung gegenüber Asylsuchenden ließ sich aber nicht nur in den Medien, sondern auch in Politik und Verwaltung ausmachen. Ein Hamburger Behördenmitarbeiter etwa wurde im *Abendblatt* mit den Worten zitiert: »Sie kommen wie die Motten im Licht« – eine Äußerung, die Migranten in klassisch rassistischer Weise den Status von lästigen Tieren zuwies.[12] Wenn der CDU-Fraktionsvorsitzende Hartmut Perschau davon sprach, das »Ausländerproblem« Hamburgs lasse sich in »das Türken- und das Asylantenproblem« unterteilen, machte er nicht nur deutlich, dass »Ausländer« generell ein »Problem« darstellten, sondern markierte »Türken« und »Asylanten« als zwei besonders abzulehnende Personengruppen.[13] Eine solche Haltung fand in den hohen Ablehnungsquoten des Bundesamtes für die Anerkennung ausländischer Flüchtlinge

---

8 Ebd., S. 232f.; K. Hunn: Nächstes Jahr, S. 208.

9 Ebd., S. 455; Szatkowski, Tim: Die Bundesrepublik Deutschland und die Türkei 1978 bis 1983, Berlin/Boston: De Gruyter Oldenbourg 2016, S. 30. Zur Situation in der Türkei vgl. Zürcher, Erik J.: Turkey. A Modern History, London/New York: Tauris 1998, S. 253-291.

10 Belege bei D. Templin: Asyl in Hamburg?, S. 73.

11 Hoffmann, Egbert A.: »Tausende kommen, wir alle zahlen: Hamburg zieht Asylanten an wie ein Magnet«, in: Hamburger Abendblatt (HA), 13.06.1981, S. 3; ders.: »Hamburg stoppt Ausländer-Flut«, in: HA, 04./05.07.1981, S. 1.

12 E.A. Hoffmann: Tausende kommen.

13 Ruppersberg, Veit: »Prämie soll Ausländern die Heimkehr erleichtern«, in: HA, 18.03. 1982, S. 6.

eine scheinbare Bestätigung. In der Kategorie des »Scheinasylanten« fand die weit verbreitete Vorstellung ihren Ausdruck, die meisten Asylsuchenden seien Betrüger, die lediglich das deutsche Sozialsystem ausnutzen würden.

Der sozialdemokratische Senat Hamburgs trug diesen Diskurs mit und führte, auch unter der medialen Stimmungsmache, zunehmend restriktive Maßnahmen ein. Dabei setzte er unter anderem auf die verstärkte Abschiebung abgelehnter Asylsuchender. Die Anerkennungsquote türkischer Antragsteller lag im Zeitraum 1979 bis 1983 bundesweit bei nur zwei Prozent.[14] Zum Teil werteten Gerichte selbst Folter – die nach Errichtung der Militärdiktatur im September 1980 in der Türkei vermehrt zum Einsatz kam – nicht als Zeichen politischer Verfolgung. Erst mit den wachsenden exilpolitischen Protesten, die auf Verfolgungsmaßnahmen, staatliche Folter und Tötungen aufmerksam machten, begann sich der Blick auf die Verhältnisse in der Türkei in der westdeutschen Öffentlichkeit allmählich zu verändern. Insbesondere in der Debatte um die Auslieferung politischer Oppositioneller, die mit dem Selbstmord von Kemal Altun im August 1983 einen tragischen Höhepunkt fand, wurden kritische Stimmen vernehmbarer. Auch in Hamburg waren linke Oppositionelle aus der Türkei von Auslieferung bedroht – so im Fall von Hüseyin Inci, dessen Auslieferung jedoch nach größeren Protesten verweigert wurde.[15] Größeren Einfluss auf die Praxis der Asylgewährung scheinen diese Entwicklungen nicht gehabt zu haben, auch wenn eine intensive Auswertung etwa von Verwaltungs- und Gerichtsakten zu Asylentscheidungen noch aussteht.

»Revolutionär« oder »Einwanderer«? Alltag, Politik und Kultur im Exil

Auch wenn im öffentlichen Diskurs der westdeutschen Gesellschaft ein anderes Bild von den Asylsuchenden aus der Türkei vorherrschte, handelte es sich bei einem signifikanten Teil von ihnen um politisch Verfolgte oder Menschen, die vor den politischen Zuständen geflohen waren. Viele von ihnen waren – im Unterschied zu den Arbeitsmigranten der 1960er und frühen 1970er Jahre – Studierende und Intellektuelle. Ihr Exodus brachte es mit sich, dass die politischen Exil-Communities, die in europäischen Ländern wie der Bundesrepublik bereits seit Längerem bestanden, an Zulauf gewannen. In den 1970er Jahren hatten türkische und kurdische Arbeitsmigranten und Studierende politische Organisationen gebildet, die sich in der Regel an den jeweiligen Parteien im Herkunftsland orientierten und

14 T. Szatkowski: Die Bundesrepublik, S. 33.

15 D. Templin: Asyl in Hamburg, S. 77-85.

in Form von Vereinen konstituierten.[16] Für die neu eintreffenden politischen Flüchtlinge bildeten sie Netzwerke, die das »Ankommen« im neuen Land erleichterten.[17]

Während die Geschichtsschreibung zu Fragen des Exils bislang vor allem die NS-Zeit intensiv erforscht hat, liegt es nahe, mit entsprechenden Fragestellungen auch migrantische Exilgemeinschaften, die sich nach 1945 in der Bundesrepublik konstituierten, in den Blick zu nehmen.[18] Diese lassen sich allerdings nicht isoliert, sondern nur unter Einbeziehung der Entwicklungen in der Türkei, aber auch der Verbindungen zu Exilanten in anderen europäischen Ländern verstehen. Vier Aspekte einer solchen Geschichte sollen hier skizziert werden: erstens die Entwicklung einer Protestbewegung im Exil, für die die Situation im Herkunftsland im Vordergrund stand; zweitens die Übertragung der politischen Organisationsformen und der politischen Konflikte auf das Exilland, einschließlich politischer Gewalt, die allein in Hamburg in den 1980er Jahren in mehreren Morden kulminierte; drittens die Wahrnehmung und Reflexion der eigenen Rolle und Situation im Exil; und viertens die kulturellen Ausdrucksformen von Exilanten.

Protestbewegungen im Exil

In der Geschichtsschreibung zu internationalen Solidaritätsbewegungen ist bislang kaum systematisch die Rolle und das Agieren von Migranten und Exilanten in solchen Bewegungen untersucht worden.[19] Blickt man auf die Proteste, die sich seit dem Militärputsch 1980 in europäischen Städten gegen das türkische Militärregime entwickelten, ist deren Einbeziehung in die Analyse jedoch unabdingbar.

---

16 Vgl. als Überblick: Özcan, Ertekin: Türkische Immigrantenorganisationen in der Bundesrepublik Deutschland, die Entwicklung politischer Organisationen und politischer Orientierung unter türkischen Arbeitsimmigranten in der Bundesrepublik Deutschland und Berlin West, Berlin: Hitit 1989.

17 Interview des Verfassers mit Mehmet Karakurt, Hamburg, 24.05.2016, 00:01:33. Der *Dev Yol*-Aktivist Karakurt war nach seiner Ankunft 1985 in Hamburg von seinen Genossen nach Solingen geschickt worden, wo ihm – auch über Kontakte zu Amnesty International und der SPD – eine Wohnung vermittelt und beim Asylantrag geholfen wurde.

18 Zur Begrifflichkeit vgl. Kuhlmann, Jenny: »Exil, Diaspora, Transmigration«, in: APuZ 42, 2014, S. 9-15.

19 Vgl. die Hinweise bei K. Christiaens/I. Goddeeris/M. Rodríguez García (Hg.): European Solidarity; Seibert, Niels: Vergessene Proteste. Internationalismus und Antirassismus 1964-1983, Münster: Unrast 2008.

Waren es doch politische Flüchtlinge, die Aktionen wie Hungerstreiks maßgeblich trugen und Praktiken wie Folter und Morde in der Türkei zu skandalisieren versuchten. Entsprechende exilpolitische Solidaritätsbewegungen artikulierten sich vielfach im Kontext eines erstarkenden Menschenrechtsdiskurses.[20] Interessante Forschungsperspektiven eröffnet dabei insbesondere die Untersuchung des Interagierens mit politischen Akteuren beziehungsweise Unterstützern auf deutscher Seite – von der radikalen Linken über Amnesty International und kirchliche Kreise bis zu den Grünen und Teilen der SPD. Für Hamburg lässt sich der Höhepunkt dieser Protestbewegung auf die Jahre 1980 bis 1982 datieren, als es europaweit und vor Ort mehrere Hungerstreiks gab, die schließlich dazu führten, dass die Bürgerschaft eine unabhängige Untersuchungskommission einsetzte. Diese bereiste 1983 die Türkei und legte schließlich ein kritisches Gutachten zu Menschenrechtsverletzungen in dem Land vor.[21] In der zweiten Hälfte des Jahrzehnts machten dann vor allem Anhänger der »Arbeiterpartei Kurdistans« (PKK) mit spektakulären Aktionen auf die Situation und den Krieg in den kurdischen Gebieten der Türkei aufmerksam. So kam es zwischen 1984 und 1987 zu Besetzungen der Parteizentralen von SPD, FDP und Grün-Alternativer Liste (GAL), des Verlagshauses Gruner & Jahr, der Redaktionsräume der *Hamburger Morgenpost*, des schwedischen Generalkonsulates, von Büros des Deutschen Roten Kreuzes und der Turkish Airlines sowie türkischer Einrichtungen.[22]

Politische Gewalt im Exil

Der Aufschwung kommunistischer, nationalistischer und islamistischer Gruppierungen und die damit verbundene politische Polarisierung der türkischen Gesellschaft schlug sich auch im Exil nieder. Um 1980 eskalierte die politische Gewalt und es kam in westdeutschen Städten zu mehreren Todesfällen. Nachdem der türkische Kommunist Celalettin Kesim am 5. Januar 1980 in West-Berlin aus einer Gruppe von »Grauen Wölfen« und Islamisten heraus erstochen worden war, lieferten sich Anhänger der faschistisch-nationalistischen MHP auf der einen und linker Gruppen auf der anderen Seite auch in Hamburg mehrfach Schlägereien.

20 Vgl. Eckel, Jan: Ambivalenz des Guten. Menschenrechte in der internationalen Politik seit den 1940er Jahren, Göttingen: Vandenhoeck & Ruprecht 2014.

21 D. Templin: Asyl in Hamburg, S. 78-81.

22 Zusammenstellung aus dem Hamburger Abendblatt, 1984-1987. Zur PKK vgl. Marcus, Aliza: Blood and Belief. The PKK and the Kurdish Fight for Independence, New York/London: New York University Press 2007.

Im Mai 1980 eskalierte der Konflikt im Stadtteil Eimsbüttel. Bei Schusswechseln wurde schließlich der 17-jährige rechte Jugendliche Yusuf Kaya getötet.[23]

Aber auch innerhalb der türkischen und kurdischen Linken spitzten sich die Auseinandersetzungen im Laufe der 1980er Jahre zu. Nachdem sich Teile der generell stark fragmentierten linken Bewegung – darunter die kommunistische Organisation *Devrimci Yol* (*Dev Yol*) und die PKK – im Gefolge des Militärputsches um 1982 als »Antifaschistisches Einheitskomitee im Ausland« zusammengeschlossen hatten, zerbrach dieses Bündnis Mitte der 1980er Jahre. Als der nach Schweden geflohene PKK-Dissident Çetin Güngör im November 1985 von einem PKK-Anhänger erschossen wurde, setzte das eine Gewaltspirale in Gang, die mehrere Aktivisten im Exil das Leben kostete.[24] Im Hamburger Stadtteil St. Georg traf es im Februar 1986 den 32-jährigen Sozialarbeiter und *Dev Yol*-Aktivisten Kürşat Timuroğlu, der auf offener Straße erschossen wurde.[25] Eineinhalb Jahre später kam es zu einem weiteren Todesfall im Zuge einer Schlägerei zwischen zwei linken türkischen Exilgruppen im Restaurant Emek im Hamburger Schanzenviertel. Der 31-jährige Aydin Erol starb, nachdem ein Freund von ihm zur Waffe gegriffen und in alkoholisiertem Zustand geschossen hatte. Die emotional aufgeladene Debatte, die folgte, spaltete auch die deutsche Linke. Jeweils ein Teil verortete sich auf der Seite einer der beiden beteiligten türkischen Exilgruppen.[26] Diese Vorfälle machen deutlich, dass die 1980er Jahre nicht nur in der Türkei selbst, sondern auch im Exil von politischer Gewalt mit zum Teil blutigen Folgen geprägt war.

---

23 Hoffmann, Barbara/Opperskalski, Michael/Solmaz, Erden: Graue Wölfe, Koranschulen, Idealistenvereine. Türkische Faschisten in der Bundesrepublik, Köln: Pahl-Rugenstein 1981, S. 101-104; »Mordversuch vor aller Augen«, in: HA, 29.05.1980, S. 4; »Blutige Türken-Kämpfe: Es begann mit Eifersucht«, in: HA, 30.05.1980, S. 3.

24 »BIRKOM«, in: Türkei Information, Nr. 12, März 1982, S. 1f.; »Die Kritik an BIRKOM«, in: Türkei Information, Nr. 20, 08.09.1983, S. 14; A. Marcus: Blood and Belief, S. 89-94; Devrimci Işçi: Übersetzungen aus »Devrimci Işçi« zur Situation in Kurdistan und zur Mordpolitik der PKK in Europa und dem Verhalten der türkischen und kurdischen Linken dazu, [ca. 1986], http://www.devrimci-isci.com/devrimci_isci/DI-Sonstige/Devrimci-Isci-Übersetzungen.pdf vom 01.02.2018.

25 »Schüsse auf Türken – blutiger Krieg unter Linken?«, in: HA, 27.02.1986, S. 3; »Ist das der Killer?«, in: HA, 01./02.03.1986, S. 4; »2300 Menschen im Trauerzug für Kürsat Timuroglu«, in: HA, 10.03.1986, S. 3.

26 »Streit um Politik – Türke erschossen«, in: HA, 26.10.1987, S. 3; Zeitschrift Schwarze Katze Hamburg (Hg.): Dokumentation zu den Auseinandersetzungen zwischen Avrupa´da Dev Genc und Göcmen im Restaurant EMEK am 23./24.10.87 in Hamburg. Hintergrund: Die Kämpfe in der Türkei, Hamburg 1988.

Dabei ist anzunehmen, dass sich die Konflikte des Herkunftslandes nicht einfach bruchlos im Exil fortsetzten, sondern die spezifische Situation des Exils bestimmte Konflikte erst hervorbrachte.

Reflexionen der eigenen Rolle im Exil

Obwohl sich der politische Aktivismus im Exil vielfach an den Entwicklungen im Herkunftsland orientierte – sei es durch die Übertragung von Elementen politischer Kultur und Organisation oder in Form der »Türkei-Solidarität« –, erscheint es vielversprechend, auch gegenläufige Entwicklungen in den Blick zu nehmen. Dazu ist zunächst einmal nach der Wahrnehmung der Akteure selbst zu fragen: Wie verorteten sich diese im Exil, welche Bezugnahmen auf das Exilland beziehungsweise die Exilstadt lassen sich ausmachen? Und wie reflektierten die Aktivisten ihr Verhältnis zur migrantischen Bevölkerung in Westdeutschland, aber auch zur deutschen Bevölkerung und zur deutschen Linken?

Die in deutscher Sprache zugänglichen Texte der Gruppe *Devrimci Işçi* (der Exilorganisation von *Dev Yol*) geben erste Hinweise auf diese Fragen. So schwankte die Gruppe zu Beginn der 1980er Jahre zwischen der Orientierung an einer »Revolution« in der Türkei und dem Anspruch, die türkischstämmigen Arbeitsmigranten in der Bundesrepublik in einer »klassenkämpferischen Bewegung« zu organisieren. Die Wendung »Mit dem Kopf in der Türkei, mit dem Fuß in der BRD« brachte die innere Orientierung an den Ereignissen im Herkunftsland deutlich zum Ausdruck.[27] Auch der *Dev Yol*-Aktivist Mehmet Karakurt erinnert sich rückblickend, »immer gedacht [zu haben], unser Aufenthalt ist nur vorübergehend, und bei der ersten Gelegenheit werden wir wieder zum Kampf in die Türkei«.[28] In ihren Texten konstatierte die Gruppe, durch ihre »Doppelnatur« als Exil-Linke und »Teil der in der BRD lebenden Arbeitsmigranten« wisse die türkische Linke »nicht, wohin sie gehört«.[29] Gleichzeitig kritisierte sie die paternalistische Haltung vieler deutscher Linker, denen sie vorwarf, »allzu leicht in die Rolle des Vormundes« zu schlüpfen.[30]

In ihrer Zeitschrift *Türkei Information* entspann sich 1982 eine Debatte um den umgekehrten Vorwurf, deutsche Linke für politische Interessen in der Türkei zu funktionalisieren. Der Aktivist Muhittin etwa fragte: »Wann werden wir endlich erkennen, daß wir in Deutschland leben und uns entsprechend verhalten

27 Türkei Information, Nr. 14, 17.08.1982, S. 13.

28 Interview des Verfassers mit Mehmet Karakurt, Hamburg, 24.05.2016, 01:45.28.

29 Türkei Information, Nr. 19, 07.06.1983, S. 10.

30 Devrimci Işçi: Ausländerfeindlichkeit und Ausländerpolitik, Köln 1983, S. 8.

müssen?« Für ihn bedeutete das vor allem, die Tausenden Arbeiter aus der Türkei zu organisieren, die »von der deutschen Bourgeoisie als Industrieroboter betrachtet werden«.[31] Demgegenüber gab der Aktivist Haydar aus Hamburg die Kritik an die deutsche Linke zurück. Unter dem Titel »Sie besaufen sich in den Kneipen und kritisieren uns« stellte er fest: »Solange die Zusammenarbeit mit Deutschen nicht entwickelt ist, ist es unmöglich, daß die türkische Linke hier in der BRD in der Öffentlichkeit ankommt.« Zwar konzedierte er, dass »der ganze Organisationskram unserer Aktionen von Deutschen erledigt« werde, warf diesen jedoch gleichzeitig vor, für die Revolution »in der BRD keinen Finger krumm« zu machen: »Diejenigen, die sich Revolutionäre nennen, schmusen bei Aktionen an allen Straßenecken und saufen in den Kneipen. Einige von ihnen nehmen zur Gewissensberuhigung an unseren Aktionen teil. Mit der Erleichterung, ihre Aufgabe erfüllt zu haben, kehren sie in die Kneipen zurück.«[32] Die kulturelle Kluft zwischen marxistischer Kaderdisziplin, wie sie für Teile der türkischen Linken prägend war, und den hedonistischen und alternativen Prägungen der westdeutschen Linken tritt hier deutlich zutage. Die markigen Worte verdecken allerdings die reale Zusammenarbeit, die es in den 1980er Jahren in Hamburg durchaus gab – beispielsweise zwischen *Devrimci Işçi* und dem Kommunistischen Bund oder der GAL. *Devrimci Işçi* spaltete sich schließlich 1985 unter anderem an der Frage der eigenen Identität als Exil-Linke. Ein Flügel gab in der Folge die Zeitschrift *Göçmen* (Einwanderer) heraus und setzte sich zum Ziel, eine »radikale und unabhängige Emigrantenbewegung« aufzubauen.[33]

Kulturelle Ausdrucksformen von Exilanten

Schließlich verspricht die Beschäftigung mit Leben und Alltag von politischen Flüchtlingen im Exil aber auch jenseits politikgeschichtlicher Fragestellungen produktive Zugänge. Analog zu bisherigen Arbeiten der Exilforschung[34] sind dabei etwa die kulturellen Ausdrucksformen und Produktionen zu nennen. In Hamburg lebten und wirkten in den 1980er Jahren bekannte Schriftsteller wie Aysel Özakın (Jg. 1942) und Dursun Akçam (1930-2003) oder Musiker wie Fuat Saka

31 Türkei Information, Nr. 15, 10.12.1982, S. 15.

32 Ebd.

33 Devrimci Işçi: Kamuoyuna/Erklärung, [ca. 1986], http://www.devrimci-isci.com/Sonstige/göcmen-Özel.pdf vom 01.02.2018.

34 Vgl. etwa Bannasch, Bettina/Rochus, Gerhild (Hg.): Handbuch der deutschsprachigen Exilliteratur. Von Heinrich Heine bis Herta Müller, Berlin/Boston: De Gruyter 2013.

(Jg. 1952).[35] Akçam hatte in der Türkei als Lehrer gearbeitet, als Vorsitzender in einer Lehrergewerkschaft gewirkt und eine regierungskritische Zeitung herausgegeben, bevor er 1980 ins Exil nach Westdeutschland ging. Er trat in Hamburg bei politischen Veranstaltungen auf und berichtete über die Lage in der Türkei oder gab Lesungen aus seinen Büchern.[36] 1982 veröffentlichte er das zweisprachige Buch »Alaman Ocağı/Deutsches Heim – Glück allein« mit dem Untertitel »Wie Türken Deutsche sehen«. Es enthält Erzählungen von 20 türkischen Immigranten aus ganz unterschiedlichen Milieus, die ihre Sicht auf Deutschland und die Deutschen schildern.[37] Indem der Exilant Akçam die Probleme, Wahrnehmungen und Erfahrungen, aber auch die Vorurteile ganz unterschiedlicher Türken in seinem Buch präsentierte, machte er sich zum Sprachrohr nicht nur der Exilanten, sondern vieler türkischer Immigranten.

»TÜRKEN RAUS!« – DEUTSCHER RASSISMUS UND MIGRANTISCHE GEGENWEHR

In Akçams Buch von 1982 tauchte der Rassismus, mit dem die türkischstämmigen Protagonisten im Alltag konfrontiert waren, immer wieder auf. So berichtete der Arbeiter Cemal Tümtürk von vergeblichen Versuchen, mit deutschen Nachbarn Kontakt aufzunehmen. Aus Gaststätten sei er mit den Worten »Türken haben hier keinen Zutritt« vertrieben worden. Der Student Kâmil Yılmaz fasste es in die Worte: »[Die Deutschen] tun alles, um die Türken von sich fernzuhalten, und beschweren sich anschließend, daß ›die Türken sich nicht integrieren wollen‹.«[38] Die zitierten Passagen geben nur einen Hinweis auf die subjektive Wahrnehmung von Formen des deutschen Rassismus im Alltag der Betroffenen. Eine Erforschung

35 Vgl. Dawletschin-Linder, Camilla/Dietert, Amke: Begegnungen – İlişkiler. Hamburg und die Türkei in Geschichte und Gegenwart, Hamburg: Landeszentrale für politische Bildung 2010, S. 196f. und S. 204.

36 Ebd., S. 196; StAHH, 136-3, 68, Flugblatt zur Informationsveranstaltung »Faschismus und die Türkei« am 02.05.1980; StAHH, 136-3, 66, Info Ausländerarbeit Altona. Für Ausländer und Deutsche, Januar 1982, S. 6.

37 Akçam, Dursun: Alaman Ocağı/Deutsches Heim – Glück allein. Wie Türken Deutsche sehen, Bornheim-Merten: Lamuv 1982. 2015 benannte das Bezirksamt Mitte einen Wanderweg in Wilhelmsburg nach Akçam.

38 Tümtürk, Cemal: »Für Türken kein Zutritt in diesem Lokal«, in: D. Akçam: Alaman Ocağı, S. 38-43, hier S. 42; Yılmaz, M. Kâmil: »Erst einmal Achtung vor dem Menschen«, in: D. Akçam: Alaman Ocağı, S. 49-52, hier S. 51.

dieser Rassismuserfahrungen, aber auch der Konjunkturen und Wandlungen des Rassismus gegen »Ausländer« und »Türken« in den 1970er und 1980er Jahren steht noch aus. Für die Jahre um 1980 lässt sich jedoch eine deutliche Zunahme türkenfeindlicher Einstellungen ausmachen.[39] Auf parteipolitischer Ebene gründete sich 1982 in Hamburg die NPD-nahe »Hamburger Liste für Ausländerstopp«, die zu den Bürgerschaftswahlen antrat.[40]

Der zunehmende Rassismus, der sich nicht nur, aber vor allem gegen Türken richtete, wurde erst 1985, nachdem es bereits zu mehreren Morden und Todesfällen gekommen war, in der lokalen Öffentlichkeit der Hansestadt verstärkt thematisiert. Im August 1980 waren die zwei Vietnamesen Nguyễn Ngọc Châu und Đỗ Anh Lân durch einen Brandanschlag der neonazistischen »Deutschen Aktionsgruppen« auf ein Flüchtlingsheim im Stadtteil Billbrook ums Leben gekommen.[41] Am 26. Mai 1982 folgte der Suizid der 24-jährigen Türkin Semra Ertan, die sich auf St. Pauli mit Benzin übergoss und anzündete. Ertan hatte am Tag zuvor ihre Tat gegenüber den Medien angekündigt und die zunehmende Ausländerfeindlichkeit als Grund genannt. Bis auf einen Artikel im *Stern* fand ihr Tod jedoch nur wenig Beachtung.[42] Ähnlich gering war die Aufmerksamkeit der Hamburger Öffentlichkeit, als drei arbeitslose Jugendliche, die der Neonazi- und HSV-Fanszene angehörten, im Juli 1985 den 29-jährigen Mehmet Kaymakcı nach einem Kneipenstreit in Langenhorn zusammenschlugen und ihm mit einem Stein den Schädel zertrümmerten. Einer der 19 bis 20 Jahre alten Täter war zuvor mehrfach durch das Zeigen des Hitlergrußes aufgefallen.[43]

---

39 Vgl. K. Hunn: Nächstes Jahr, S. 492ff.; U. Herbert: Geschichte der Ausländerpolitik, S. 239-241. Zeitgenössisch: Meinhardt, Rolf: Türken raus? oder Verteidigt den sozialen Frieden. Beiträge gegen die Ausländerfeindlichkeit, Reinbek: Rowohlt 1984. Zu Konjunkturen und Konfigurationen von Rassimus vgl. Bojadzijev, Manuela: Die windige Internationale. Rassismus und Kämpfe der Migration, Münster: Westfälisches Dampfboot 2012, S. 20-25.

40 »Ausländer: ›Das Volk hat es satt‹«, in: Der Spiegel, 18/1982, S. 32-35.

41 »Noch kein Hinweis auf die Täter«, in: HA, 23./24.08.1980, S. 5; Sundermeyer, Olaf: Rechter Terror in Deutschland. Eine Geschichte der Gewalt, München: C.H. Beck 2012, S. 35f.

42 Nikou, Lina: »›Mein Name ist Ausländer.‹ Alltagserfahrungen und Migrationspolitik in der Stadt«, in: Forschungsstelle für Zeitgeschichte in Hamburg (Hg.), 19 Tage Hamburg. Ereignisse und Entwicklungen der Stadtgeschichte seit den fünfziger Jahren, München/Hamburg: Dölling und Galitz 2012, S. 216-230, hier S. 216-218.

43 »Opfer lag erschlagen im Gebüsch«, in: HA, 25.07.1985, S. 7; »Gehört einer der Täter zu den Neo-Nazis?«, in: HA, 27.07.1985, S. 3.

Kaymakcıs Tod sollte nicht der letzte rassistische Mord in Hamburg bleiben. Ein halbes Jahr später, am Abend des 21. Dezember 1985, kam es zwischen Türken und Neonazi-Skinheads vor einem Lokal in Eilbek zu einer Auseinandersetzung. In deren Folge schlugen fünf Skinheads so stark auf den 26-jährigen Ramazan Avcı ein, dass dieser zwei Tage später im Krankenhaus seinen Verletzungen erlag. Avcı hinterließ eine schwangere Frau.[44] Im Unterschied zum Mord an Kaymakcı kam es jedoch zu einer öffentlichen Thematisierung von »Ausländerfeindlichkeit« und rassistischer Gewalt in der Hansestadt. Politiker wie der Bürgermeister Klaus von Dohnanyi zeigten sich betroffen und die Bürgerschaft debattierte über den Vorfall und dessen Hintergründe. Der türkische Generalkonsul schaltete sich in die Debatte ein und erklärte: »Unsere Landsleute fühlen sich als Ausländer unsicher und unwohl hier in Hamburg.«[45] In der Presse kamen auch Jugendliche aus Hamburg wie der 15-jährige Asir Öker zu Wort, der erklärte, jede Woche komme es zu Überfällen auf Türken. Der Polizei warf er vor, diese Taten nicht zu verfolgen.[46] Dass der leitende Ermittler ein halbes Jahr später erklärte, die Tat habe »nichts mit Ausländerhaß zu tun« gehabt und hätte prinzipiell jeden treffen können, bestätigte dieses Bild. Schließlich stellte sich sogar heraus, dass der Sohn des Hauptkommissars selbst ein Skinhead und mit einem der Täter befreundet war.[47]

Der Tod Avcıs war aber auch Auslöser verstärkter Prozesse von Selbstorganisierung türkischstämmiger Migranten in Hamburg. Dabei kam es zum einen zu gewalttätigen Aktionen, bei denen junge, zum Teil in Straßenbanden organisierte Türken unter Parolen wie »Rache für Ramazan« Neonazi-Skinheads überfielen. Ein Skin wurde dabei niedergestochen und schwebte für kurze Zeit in Lebensgefahr.[48] Zum anderen schlossen sich 20 türkische Vereine und Organisationen Anfang 1986 zum »Bündnis türkischer Einwanderer« (TGB) zusammen. Beteiligt

44 »Skinheads prügelten Türken halbtot«, in: HA, 23.12.1985, S. 4; »Nach Angriff auf Türken: Rechtsradikaler inhaftiert«, in: HA, Weihnachten 1985, S. 5; »Der Tod des Türken«, in: HA, 27.12.1985, S. 3; »Sie will noch keine Hilfe annehmen«, in: HA, 28./29.12.1985, S. 5.

45 »›Die Türken in Hamburg fühlen sich unsicher‹. Interview mit Generalkonsul Mehmet Nuri Ezen«, in: HA, 27.12.1985, S. 3; vgl. »Dohnanyi ist tief erschüttert«, in: HA, 27.12.1985, S. 1; »Bekenntnis gegen den Ausländerhaß«, in: HA, 16.01.1986, S. 13.

46 »Haftbefehl gegen den vierten Täter«, in: HA, 28.12.1985, S. 3.

47 »›Das hatte nichts mit Ausländerhaß zu tun‹«, in: HA, 29.05.1986, S. 9; »Verschonte der Kommissar den Mörder, weil sein Sohn Skinhead ist?«, in: HA, 30.05.1986, S. 6.

48 »Drei Türken riefen: ›Rache für Ramazan‹«, in: HA, 30.12.1985, S. 1; »Skinhead niedergestochen«, in: HA, 27.01.1986, S. 4

waren sowohl Sozialdemokraten und Kommunisten als auch konservative Gruppen, Sportvereine und Moscheen – bis hin zum islamistischen Verband Millî Görüş.[49] Zum Sprecher des Bündnisses wurde Hakkı Keskin, ein 42-jähriger Sozialdemokrat, der seit 1964 in der Bundesrepublik lebte und seit 1982 als Professor an der Hochschule für Angewandte Wissenschaften (HAW) unterrichtete. Als Ziel des Zusammenschlusses proklamierte er, »mit allen demokratischen Mitteln gegen die Ausländerfeindlichkeit vorzugehen«.[50] Politik und Behörden warf das Bündnis vor, den zunehmenden Rassismus zu verharmlosen. 10.000 bis 15.000 Menschen folgten nach dem Mord an Avcı einem Demonstrationsaufruf des TGB.[51] In den folgenden Jahren setzte sich das Bündnis nicht nur gegen Rassismus ein, sondern auch für eine neue Einwanderungspolitik und mehr Teilhabe von Immigranten. So forderte es vom Senat die Einführung des kommunalen Wahlrechts für Ausländer – eine Maßnahme, die die Hamburger SPD bereits Anfang der 1980er Jahre in Aussicht gestellt hatte und die nun wieder aktuell wurde. Letztlich scheiterte sie jedoch 1990 am Bundesverfassungsgericht.[52] Darüber hinaus setzte sich das TGB unter anderem für die doppelte Staatsbürgerschaft ein und protestierte gegen Abschiebungen.[53]

Den Begriff »Einwanderer« als Selbstbezeichnung zu benutzen, stellte vor dem Hintergrund des (west-)deutschen Selbstverständnisses, kein »Einwanderungsland« zu sein, aber auch angesichts der Rückkehrüberlegungen vieler Migranten selbst, bereits eine deutliche Positionierung dar. Jenseits der klassischen Vereine, der Selbsthilfeorganisationen und der Exil-Strukturen entstand damit eine politische Interessenvertretung der türkischen Immigranten. Allerdings fühlten sich beileibe nicht alle Migranten aus der Türkei durch das Bündnis repräsentiert. So wurden Anhänger von *Dev Yol*, die zu Beginn im TGB mitgearbeitet

---

49 »Ein türkisches Bündnis gegen den Rassismus«, in: HA, 12.03.1986, S. 9; vgl. TGB. Bündnis türkischer Einwanderer/Türkiye Göçmenler Birliği-Hamburg und VIA. Verband der Initiativgruppen in der Ausländerarbeit e.V. (Hg.): Vom Protest zum Bündnis. Protestodan Birliğe, Hamburg 1986.

50 »Aktion gegen Ausländerfeindlichkeit«, in: HA, 08.01.1986, S. 1.

51 »Skinheads und Punks: Neue Gewalt«, in: HA, 13.01.1986, S. 3; »SPD und alltäglicher Rassismus«, in: Arbeiterkampf, Nr. 267, 10.02.1986, S. 9.

52 »Ausländer fordern mehr Mitsprache«, in: HA, Pfingsten 1987, S. 4; »Einwanderer wollen Wahlrecht für Ausländer«, in: HA, 21.01.1988, S. 9; »Sie dürfen nicht wählen«, in: HA, 01.11.1990, S. 1.

53 »Keine Chance in Hamburg?«, in: HA, 29.10.1987, S. 4; »Protest der Einwanderer«, in: HA, 09./10.07.1988, S. 5; »Weniger Rechte für Ausländer?«, in: HA, 31.10.1989, S. 4.

hatten, aus diesem ausgeschlossen – unter anderem, weil sie darauf drangen, dass das Bündnis sich mit den türkischen Jugendlichen solidarisieren sollte, die in gewalttätige Konflikte mit Neonazis verwickelt waren. Die Exilanten von *Devrimci Işçi* unterstützten die Selbstorganisation dieser Jugendlichen der »zweiten Generation«, die sich nun in eigenen »Antifa«-Gruppen und »Selbstverteidigungskomitees« zusammenschlossen.[54]

Weitere Konflikte im TGB entzündeten sich an der Präsenz islamistischer Gruppen im Bündnis und der kemalistischen Orientierung seines Sprechers Keskin. Denn mit der Bezeichnung als »Bündnis türkischer Einwanderer« war eine implizite Ausgrenzung der kurdischen Immigranten aus der Türkei verbunden, die sich selbst nicht unbedingt als »Türken« verstanden.[55] In den 1990er Jahren ging aus dem TGB schließlich die »Türkische Gemeinde in Hamburg und Umgebung« hervor.[56] Eine Geschichtsschreibung dieser politischen Formierungsprozesse unter türkischen Immigranten, die jenseits der Orientierung an politischen Strukturen im Herkunftsland neue Allianzen eingingen, steht bislang noch aus.

FAZIT

Die Geschichte politischer Flüchtlinge aus der Türkei in Hamburg bietet vielfältige Anknüpfungspunkte für die zeithistorische Forschung. Sie reichen von Fragen der Migration und des Asyls, über die Geschichte des transnational vernetzten politischen Exils, bis hin zur Perspektive auf den Rassismus in der deutschen Gesellschaft und die Reaktionen von Migranten auf diesen. Auf den ersten Blick scheint es sich dabei um eine durchaus »blutige« Geschichte, eine Geschichte der tödlichen Auseinandersetzungen und gewalttätigen Konflikte zu handeln. Künftige Forschung müsste diese Deutung infrage stellen, die Fokussierung auf herausstechende Ereignisse überwinden und sich auch dem alltäglichen Leben und Handeln der Exilanten widmen. Wie sah ihr Alltag aus und wie funktionierten ihre sozialen

54 »Die Linke aus der Türkei und das Hamburger Bündnis türkischer Organisationen und Moscheen«, in: Arbeiterkampf, Nr. 267, 10.02.1986, S. 10; »Türkische Jugendliche organisieren sich gegen Rassismus«, in: Arbeiterkampf, Nr. 268, 10.03.1986, S. 24; AG Ausländer: »Eine Chance ist dahin«, in: Arbeiterkampf, Nr. 269, 07.04.1986, S. 12. Zu »Antifa«-Gruppen deutsch-türkischer Jugendlicher vgl. am Beispiel Berlins: AK Wantok (Hg.): Antifa Gençlik. Eine Dokumentation (1988-1994), Münster: Unrast 2014.

55 Ebd.

56 Meyer-Wellmann, Jens: »Stilles Gedenken an den von Neonazis getöteten Ramazan Avci«, in: HA, 21.12.2015, S. 16.

Netzwerke? Wie war ihr Verhältnis zu unterschiedlichen Teilen der deutschen Bevölkerung, aber auch zu denjenigen, die bereits Jahre zuvor als Arbeitsmigranten nach Deutschland gekommen waren? Insbesondere biografische Zugänge, der Blick auf die unterschiedlichen Lebenswege politischer Flüchtlinge zwischen der Türkei und dem westdeutschen Exil, versprechen hier produktive Erkenntnisse.

Einschnitte

Jüdische Ärzte aus Hamburg auf der Flucht ins Exil, in den Untergrund oder in den Tod, 1933-1945

Rebecca Schwoch

Abstract: Der Terminus Flucht als plötzliches, eiliges oder auch heimliches Verlassen eines Ortes aufgrund einer drohenden Gefahr wird gemeinhin mit dem Fliehen über eine geografische Grenze hinaus in Verbindung gesetzt. Ziel einer solchen Flucht ist jedoch nicht ausschließlich das Exil, also das Finden eines neuen Lebens- oder Wohnortes. Flucht kann durchaus auch der entbehrungsreiche Gang in den Untergrund sein. Und schließlich gibt es noch einen dritten Typus des Umgangs mit Flucht: den endgültigen, unumkehrbaren Weg in den Tod durch Suizid. Exil, Untergrund und Suizid sollen in diesem Aufsatz in der Klammer Flucht betrachtet und am Beispiel von jüdischen Ärzten aus Hamburg, deren Flucht mit dem Jahr 1933 einsetzte, verdeutlicht werden.

Zur Vorgeschichte

Trotz eines hohen Ansehens jüdischer Ärzte in den christlich dominierten deutschen Ländern waren antijüdische Vorurteile weit verbreitet. Im Laufe des 19. Jahrhunderts vermischte sich eine solche vorurteilsgeladene Haltung mit biologischen und rassischen Theorien und bekam eine geradezu militante Ausrichtung. Ein Großteil des deutschen Bildungsbürgertums, und damit auch der Ärzteschaft, zeigte einen Antisemitismus, der fest in seinem elitären Selbstverständnis verankert war. Mit der Gründung des Deutschen Reiches 1871 waren deutsche Juden zwar rechtlich gleichgestellt, eine soziale Integration folgte jedoch nicht. Zu sehr war schon die antisemitische Überzeugung, »das Jüdische« sei eine »Rasse« und daher durch die Taufe nicht zu beeinflussen, in die Gesellschaft eingedrungen.

Trotzdem oder vielleicht gerade deshalb waren die in den deutschen Ländern und dann im Deutschen Reich lebenden Juden sehr darum bemüht, sich durch Anpassung (dazu gehörte auch die Konvertierung), durch schulische und universitäre Bildung oder durch Identifizierung mit dem Vaterland Deutschland (sie zeigte sich deutlich an der Teilnahme am Ersten Weltkrieg) als »gute deutsche Staatsbürger« zu zeigen.

Laut Volkszählung des Jahres 1925 lebten 563.733 Deutsche im Deutschen Reich, die sich der jüdischen Religionsgemeinschaft zugehörig erklärten; laut Volkszählung des Jahres 1933 waren es 499.682, mithin etwa 0,9 Prozent der Gesamtbevölkerung.[1] Dies zeigt deutlich, dass Juden eine Minderheit der deutschen Gesamtbevölkerung bildeten. Vor diesem Hintergrund ist es umso interessanter, dass es Bereiche gab, in denen Juden dominant waren, beispielsweise in der Medizin: In Preußen wählten im Jahre 1888 27 Prozent aller Studenten das Medizinstudium, aber fast 60 Prozent aller jüdischen Studenten studierten Medizin. Das führte dazu, dass Juden unter den Medizinstudenten an einigen Universitäten stark hervortraten: In Berlin und Breslau stellten sie ein Drittel der Medizinstudenten. In der Tat versprach der Arztberuf den Juden Selbstständigkeit, Unabhängigkeit, Statusgewinn und relative Freiheit von beruflicher Diskriminierung. Monika Richarz bemerkt treffend: »Arzt zu sein bedeutete für jeden Kaufmannssohn aber vor allem den Aufstieg ins Bildungsbürgertum.«[2]

Allerdings waren jüdische Ärzte zu jeder Zeit von öffentlichen Ämtern oder den Spitzenpositionen innerhalb der universitären Hierarchien meist ausgeschlossen. Das Amt des Universitätsprofessors beispielsweise blieb für sie generell die absolute Ausnahme. Im Preußen der 1870er Jahre lag die Zahl jüdischer Professoren bei gerade einmal 1,7 Prozent und zu Beginn des 20. Jahrhunderts bei 2,6 Prozent, wobei der größte Teil der letztgenannten den medizinischen und philosophischen Fakultäten angehörte. 1909/1910 hatte die Berliner Universität keinen einzigen jüdischen Ordinarius.[3] Das war allen Juden bewusst. Deshalb sahen die

1 Vgl. Gruner, Wolf: Judenverfolgung in Berlin 1933-1945. Eine Chronologie der Behördenmassnahmen in der Reichshauptstadt, Berlin: Stiftung Topographie des Terrors 2009, S. 168-173.

2 Richarz, Monika: »Soziale Voraussetzungen des Medizinstudiums von Juden im 18. und 19. Jahrhundert«, in: Albrecht Scholz/Caris-Petra Heidel (Hg.), Medizin und Judentum. Reprint der Tagungsbände von 1994-2000, Heft 4, Frankfurt a.M.: Mabuse-Verlag 1998, S. 6-14, hier S. 12.

3 Vgl. Strenge, Barbara: Juden im preußischen Justizdienst 1812-1918: Der Zugang zu den juristischen Berufen als Indikator der gesellschaftlichen Emanzipation, München u.a.: Saur 1996, S. 185.

meisten jüdischen Ärzte mit der Einführung der Krankenversicherung ab 1883 eine Nische in einer eigenen Praxis und haben sie dort auch gefunden. Diese Entwicklung führte vor allem in einer Stadt wie Berlin dazu, dass der Anteil der jüdischen Kassenärzte an der Gesamt-Kassenärzteschaft bei über 60 Prozent lag. Als die Nationalsozialisten die Macht übernahmen, setzten sie genau dort mit einer aggressiven Propaganda gegen die »Verjudung des Ärztestandes« an.[4]

Auch wenn die nationalsozialistische Politik anfänglich keine eindeutige Definition hatte, wer denn als Jude gelten sollte, war zunächst im »Arierparagraphen« des Gesetzes zur Wiederherstellung des Berufsbeamtentums vom 7. April 1933 zu lesen, dass als »nichtarisch« galt, wer einen jüdischen Eltern- oder Großelternteil hatte, mit Ausnahme von jüdischen Frontkämpfern und ihren Familienangehörigen sowie vor dem 1. August 1914 Verbeamteten. Dieser »Frontkämpferstatus« fiel durch die Nürnberger Gesetze vom September 1935 weg. Seitdem galt als Jude, wer von mindestens drei der Rasse nach volljüdischen Großeltern abstammte. Nun wurden alle Juden gesetzlich zu Bürgern zweiter Klasse degradiert. Da zuverlässige Zahlen bis heute fehlen, geht man in der Forschung davon aus, dass 1933/1934 von etwa 51.000 Ärzten im Deutschen Reich ungefähr 9.000 als Juden galten, unter ihnen so mancher, dem die eigenen jüdischen Wurzeln erst jetzt bewusst wurden.[5]

Unmittelbar nach der Machtübernahme der Nationalsozialisten begannen Repressalien und Terror für all diejenigen, die aus der »arischen« Gesellschaft ausgestoßen werden sollten. Jüdische, aber auch politisch oppositionelle Ärzte traf eine Flut von Maßnahmen, die von Jahr zu Jahr existenzbedrohender wurde: Mit dem erwähnten Berufsbeamtengesetz wurden jüdische sowie politisch oppositionelle Ärzte des öffentlichen Dienstes in den Ruhestand versetzt; jüdische Ärzte durften bald keine Fortbildungen und Bereitschaftsdienste mehr übernehmen; Dienst- und Mietverträge konnten vorzeitig gekündigt werden; »deutschstämmige« Ärzte durften weder Patienten an »fremdrassige« Ärzte überweisen noch sich durch diese vertreten lassen, der Kontakt zwischen »Ariern« und Juden sollte unterbunden werden; den Kassenärzten entzog man nach und nach ihre Zulassung,

---

4 Vgl. z.B. Kann, Edmund van: »Die Zahl der Ärzte 1942 und ein Rückblick bis 1937«, in: Deutsches Ärzteblatt 72 (1942), S. 283.

5 Vgl. Leibfried, Stephan/Tennstedt, Florian: Berufsverbote und Sozialpolitik 1933. Die Auswirkungen der nationalsozialistischen Machtergreifung auf die Krankenkassenverwaltung und die Kassenärzte. Analyse. Materialien zu Angriff und Selbsthilfe. Erinnerungen, Bremen: Forschungsschwerpunkt Reproduktionsrisiken, soziale Bewegungen und Sozialpolitik, Universität Bremen 1981, S. 280.

dadurch konnten die Betroffenen nur noch eine Privatpraxis führen; Boykottmaßnahmen, Verhaftungsaktionen, Misshandlungen waren bald an der Tagesordnung.

Ein drastischer sozialer Abstieg und sehr oft akute Geldnot trafen viele jüdische (Arzt-)Familien. Das Ziel dieser Politik, die Vertreibung aller Juden, wurde jedoch nicht erreicht: Im Jahre 1938 lebten noch 345.000 Juden im Deutschen Reich, immer noch waren 3.670 jüdische Ärzte tätig.[6] Somit erfolgte dann im Sommer 1938 der vermeintlich endgültige Schlag zur Vernichtung der (beruflichen) Existenz der jüdischen Ärzte: Mit der Vierten Verordnung zum Reichsbürgergesetz vom 25. Juli 1938 wurde allen jüdischen Ärzten die Approbation entzogen: »Bestallungen (Approbationen) jüdischer Ärzte erlöschen am 30. September 1938.«[7] Reichsärzteführer Gerhard Wagner (1888-1939) konnte befriedigt feststellen: »Diesen jüdischen Verbrechern ist jetzt das Handwerk gelegt.«[8]

Die Vertreibung der jüdischen Ärzte aus dem Gesundheitsbereich galt nun als vollendet. Aber man hatte verkannt, dass nach wie vor noch Juden im Deutschen Reich lebten. Juden, denen die Flucht nicht gelingen mochte, weil sie kein Geld oder nicht die notwendigen Kontakte hatten, weil sie alt waren oder Familienangehörige nicht hätten mitnehmen können. Diese verbliebenen Juden wurden, solange sie arbeitsfähig waren, zunehmend als Zwangsarbeiter eingesetzt. Für kranke oder verletzte Juden brauchte man jüdische Ärzte, die es aber nicht mehr gab. Deshalb erhielten einige ehemalige jüdische Ärzte eine jederzeit widerrufliche Genehmigung zur medizinischen Versorgung von Juden. Sie wurden »Krankenbehandler« oder auch »Judenbehandler« genannt. So war die Behandlung von erkrankten oder verletzten Juden ab Oktober 1938 sichergestellt. Unter den jüdischen Patienten gab es Wohlfahrtspatienten, Krankenversicherte und Privatzahler, je nachdem, ob sie zur Zwangsarbeit verpflichtet waren, als bedürftig galten oder noch über Erspartes verfügten. Krankenversicherte Juden hatten Anspruch auf Regelleistungen und damit auf eine medizinische Grundversorgung, zu der nicht nur

---

6 Vgl. Grenville, John A.S.: »The Jews and Germans of Hamburg. The Destruction of a Civilization 1790-1945«, London/New York: Routledge 2012, S. 290; E. van Kann: Die Zahl der Ärzte 1942, S. 300.

7 Paragraf 1 der Vierten Verordnung zum Reichsbürgergesetz vom 25.07.1938, in: Reichsgesetzblatt 1938, I, S. 969.

8 Wagner, Gerhard: »Rasse und Volksgesundheit«, in: Der Parteitag Großdeutschland vom 5. bis 12. September 1938. Offizieller Bericht über den Verlauf des Reichsparteitages mit sämtlichen Kongreßreden, München 1938, S. 122-133, hier S. 123.

die Krankenhauspflege gehörte, sondern bei Zwangsarbeitern auch ein unzureichendes Krankengeld.[9]

Im Oktober 1941 begannen die Deportationen aller Juden. Nur wenige überlebten. Die Verfolgungsmaßnahmen nach 1938 und noch einmal verstärkt nach Kriegsbeginn machten den Alltag der jüdischen Bevölkerung im Deutschen Reich zur Hölle. Endlose Anstrengungen, doch noch eine Möglichkeit zur Emigration zu finden, Trennungsschmerz oder Deportationen von Familiengehörigen und Freunden, harte Zwangsarbeit, eine zunehmende Mangelversorgung jeglicher Art waren kaum erträgliche Belastungen.

Dieses Gerüst des NS-Terrors findet sich in den folgenden Schicksalen und Lebenswegen von Ärzten aus Hamburg wieder, die zu unterschiedlichen Zeiten, durch unterschiedlich empfundenen Leidensdruck flüchteten: ins Exil, in den Untergrund und in den Tod.

Flucht ins Exil

Die Vertreibung der Juden aus dem Deutschen Reich war bis in die Kriegsjahre hinein erklärtes Ziel der Nationalsozialisten. Dennoch war ihre Politik äußerst widersprüchlich: Sie forcierten zwar die Auswanderung durch Diskriminierung und Terrorisierung, behinderten aber gleichermaßen die Ausreise durch systematische Ausplünderung in Gestalt von vielfältigen, ruinösen Bestimmungen des Vermögenstransfers.

Die Zahl der jüdischen Emigranten, die vor der nationalsozialistischen Gewalt ins Ausland flohen, wird auf 280.000 bis 330.000 geschätzt, wobei die meisten bis zum Kriegsausbruch am 1. September 1939 emigriert waren.[10] Der Kriegsausbruch bedeutete das Ende der meisten Auswanderungsmöglichkeiten, weil diplomatische Vertretungen geschlossen wurden, Schiffspassagen und andere Reisemöglichkeiten entfielen, viele Länder zunehmend ihre Grenzen schlossen, deren Aufnahmemodi ohnehin kaum nach humanitären Gesichtspunkten angeleitet

---

9 In Hamburg war die medizinische Versorgung durch »Krankenbehandler« anders organisiert als beispielsweise in Berlin (vgl. Schwoch, Rebecca: »The Situation and Ethical Dilemmas of Krankenbehandler (Sick Treaters), 1938-1945: The Example of Hamburg«, in: Korot. The Israel Journal of the History of Medicine and Science 23 (2015-2016), S. 173-194.

10 Vgl. Oltmer, Jochen: »Kleine Globalgeschichte der Flucht im 20. Jahrhundert«, in: Aus Politik und Zeitgeschichte. Beilage zur Wochenzeitung Das Parlament 66. Jg., 26-27/2016, S. 18-25, hier S. 22.

waren. Und dennoch gelang es 1940 etwa 15.000 Juden, das Deutsche Reich zu verlassen; 1941 waren es noch etwa 8.000. Trotz des Auswanderungsverbots im Oktober 1941 gelang es bis Kriegsende weiteren etwa 8.500 Juden, aus Deutschland zu fliehen.[11]

Aufnahme gewährten weltweit mehr als 80 Staaten, »nicht selten widerwillig und zögerlich«.[12] Die Haupteinwanderungsländer der Ärzte-Emigranten waren die USA, Palästina und Großbritannien. 1933 emigrierten fast 60 Prozent aller Emigranten nach Palästina; 1939 waren es nur noch 15 Prozent, was die zunehmend restriktive Einwanderungspolitik (Quotenregelung, Einwanderungszertifikat) der britischen Mandatsregierung reflektiert.[13] Ab 1935 gab es dort bereits eine große Arbeitslosigkeit unter den Ärzten, die viele Ärzte dazu zwang, in ganz anderen Bereichen zu arbeiten, um Geld zu verdienen. Zudem stießen Ärzte-Emigranten fast überall auf eine enorme Abwehr der ansässigen Ärzte-Organisationen. Diese sorgten für Zugangserschwernisse für ausländische Ärzte oder gar für Berufsverbote.

In den USA, für die ein Affidavit – eine beglaubigte Bürgschaftserklärung – notwendig war, herrschte vor allem in den ländlichen Gebieten und in den Südstaaten zunächst ein Ärztemangel. Und dennoch versuchte die American Medical Association als mächtigste Ärzte-Lobby, den Zugang ausländischer Ärzte zur Berufspraxis zu erschweren. Die Zugangsbedingungen waren an der Atlantikküste am liberalsten, weshalb der Anteil ausländischer Ärzte im Staat New York bis 1936 um das Zehnfache anstieg. Hier wurde – wie auch in Großbritannien – die Ablegung des medizinischen Staatsexamens eingeführt, das heißt, ausländische Ärzte mussten erneut studieren und die Prüfungen absolvieren. Das fiel so manchem schwer: aus Altersgründen, aus sprachlichen Gründen oder wegen der psychischen Konstitution.

Die Erfahrungen im Ausland, der neuen Heimat, sind so unterschiedlich wie die Menschen selbst. Einer, dem zwar die Flucht ins Ausland gelungen war, der aber kaum Glück fand, war der Hamburger Allgemeinpraktiker und Geburtshelfer, ab Oktober 1938 noch für kurze Zeit »Krankenbehandler« am Israelitischen Krankenhaus, Dr. Caesar Schönlank (1890-1971). Zusammen mit seiner Frau Helen

11 Vgl. Benz, Wolfgang (Hg.): Flucht aus Deutschland. Zum Exil im 20. Jahrhundert, München: DTV 2001, S. 64f.

12 J. Oltmer: Kleine Globalgeschichte der Flucht, S. 22.

13 Vgl. Kröner, Hans-Peter: »Die Emigration deutschsprachiger Mediziner 1933-1945. Versuch einer Befunderhebung«, in: Exilforschung. Ein internationales Jahrbuch, Bd. 6: 1988 Vertreibung der Wissenschaften und andere Themen, hg. i.A. der Gesellschaft für Exilforschung, München: edition text + kritik 1988, S. 83-97, hier S. 86f.

emigrierte er im April 1939 per Schiff nach El Salvador, dann nach Guatemala und im April 1941 nach New York City. In seinem Entschädigungsantrag gab Dr. Schönlank seiner Bitterkeit Ausdruck:

»Im Juni dieses Jahres erreiche ich mein 64.tes Lebensjahr, unter nicht gerade sehr günstigen Auspizien. Durch das Verschulden Deutschlands – auf dessen Boden meine Vorfahren und ich geboren worden sind – dessen Bürger ich gewesen bin und dem ich mit Leib und Seele in Frieden und Krieg gedient habe, bin ich in meiner Gesundheit für mein ganzes ferneres Leben geschädigt worden. Überdies hat mein ›sogenanntes Vaterland‹ grundlos grausam an mir gehandelt. Es hat mich meiner bürgerlichen Rechte enthoben, mich meines Berufes, meiner Karriere und meines Besitzes beraubt, und hat mir schliesslich nur die beiden einzigen Möglichkeiten offen gelassen: entweder mich in der Heimat ermorden zu lassen oder in die ungewisse Welt zu gehen. Ich habe seinerseits den letzteren Weg gewählt. Es hat mir ausser meinem Leben kaum Glück gebracht. Ich bin heute als 64 jähriger Mann verdammt, in den Sielen zu sterben. Denn es war mir trotz intensiver Arbeit und unsäglichen persönlichen Opfern nach 15 Jahren (angefüllt mit Krankheit, Leid und Entbehrungen) nicht möglich, für meine Frau oder mich eine Sicherheit für das hohe Alter zu schaffen.«[14]

Dr. Schönlank arbeitete in New York zunächst als Gefängnisarzt, absolvierte dann an einem Krankenhaus Sonntagsdienste und konnte offenbar erst 1951 eine allgemeinmedizinische Praxis eröffnen, die wenig lukrativ war.

Unter den vielen unterschiedlichen Schicksalen sei auch das von Dr. Hans Lewin (1889-?) erwähnt: Er hatte in der Hamburger Altstadt ein Röntgeninstitut, war Vertretungsarzt der Röntgenabteilung im Israelitischen Krankenhaus und schließlich »Krankenbehandler« dort, bis er mit seiner Ehefrau Eva und seinen vier Kindern im Juni 1939 nach New York City emigrierte. Immerhin: Dort konnte er wieder als Röntgenarzt arbeiten. Dem Hamburger Wiedergutmachungsamt schrieb Dr. Lewin:

»Unter den bescheidensten Lebensbedingungen fristete ich mit meiner Familie die ersten drei Jahre in U.S.A. Die Lebenskosten fuer mich, meine Frau und die vier unmuendigen Kinder[,] und die Kosten fuer die Vorbereitung zum Examen und das Examen selbst[,] wurden bestritten durch die Taetigkeit meiner Frau als Schneiderin und durch den Verkauf des

14 Vgl. Staatsarchiv der Freien und Hansestadt Hamburg [StAHH] 351-11_12063 (Dr. Cäsar Schönlank), 351-11_18074 (Helen Louise Schönlank und Dr. Caesar Schönlank), 611-11 Nr. 38, Unterakte 5 (Dr. Caesar Schoenlank); Villiez, Anna von: Mit aller Kraft verdrängt. Entrechtung und Verfolgung »nicht arischer« Ärzte in Hamburg 1933 bis 1945, München u.a.: Dölling und Galitz Verlag 2009, S. 395.

groessten Teiles der mitgebrachten Sachen. Spaeterhin konnten auch die drei Toechter nach Annahme von Stellungen etwas zum Haushalt beitragen. [...] Die Praxis beschraenkte sich auf reine Privatpraxis, da es zur Zulassung zu oeffentlichen Instituten (Kassenpraxis etc.) eines Diploms als Facharzt fuer Roentgenologie bedurfte. Die Anmeldung zu dem notwendigen Examen konnte aber erst nach Erlangung der Buergerschaftspapiere erfolgen. So dauerte es bis Juni 1947, bis ich dieses Diplom erhielt.«[15]

Im Jahre 1948 wurde Dr. Lewin als Chefarzt einer Röntgenabteilung eines Krankenhauses in Kansas angestellt. Niemand wäre ins Exil gegangen, hätte eine solche Reise unter erbärmlichen Umständen in eine völlig ungewisse Zukunft angetreten, wenn nicht der NS-Terror dazu gezwungen hätte. Obendrein waren die meisten Emigranten zunächst nur »geduldete Asylanten oder Einwanderer auf den unteren Rängen der sozialen Skala des Gastlandes«.[16] Die wenigsten hatten die Illusion einer späteren Heimkehr, kaum jemand kam aus diesem erzwungenen Exil zurück.

FLUCHT IN DEN UNTERGRUND

Mit dem Emigrationsverbot vom Oktober 1941 und dem Beginn reichsweiter Deportationen wurde Deutschland für alle Juden, die nicht rechtzeitig fliehen konnten, »zur tödlichen Falle«.[17] Schätzungsweise 10.000 bis 12.000 deutsche Juden versuchten, sich dieser Bedrohung durch die extrem gefährliche Flucht in den Untergrund zu entziehen; überlebt haben diese Tortur in Deutschland etwa 5.000 »Untergetauchte«, allein in Berlin etwa 1.700.[18] Verzweiflung und Mut zugleich waren der Antrieb zu dieser »dramatischen und angstbesetzten Entscheidung, da der letzte Rest einer geregelten Existenz, wie armselig und bedrückend sie auch sein mochte, aufgegeben werden mußte«.[19] Außerdem setzte eine solche

15 StAHH 351-11_11911 (Dr. Hans Lewin); A. von Villiez: Mit aller Kraft verdrängt, S. 336.

16 W. Benz: Flucht aus Deutschland, S. 63f.

17 Kosmala, Beate: »Zwischen Ahnen und Wissen. Flucht vor der Deportation (1941-1943)«, in: Birthe Kundrus/Beate Meyer (Hg.), Die Deportation der Juden aus Deutschland. Pläne – Praxis – Reaktionen 1938-1945, Göttingen: Wallstein Verlag 2004, S. 135-159, hier S. 135.

18 Vgl. Gedenkstätte Stille Helden: https://www.gedenkstaette-stille-helden.de vom 01.02.2018.

19 B. Kosmala: Zwischen Ahnen und Wissen, S. 139.

entsagungsreiche Überlebensstrategie einen starken Überlebenswillen genauso voraus wie ein Vertrauen in die »Stillen Helden«, die selbst große Risiken eingingen. Dass es unter den Helfern auch Missbrauchende oder Nutznießende gab, ist eine tragische Tatsache.

In Hamburg wagten nur wenige Juden – möglicherweise nicht mehr als 100 – den Schritt in den Untergrund; Ärzte waren offenbar gar nicht darunter. Über die Gründe nachzudenken, scheint müßig zu sein: War es die hochgradige Assimilierung der Hamburger Juden, die möglicherweise dazu führte, dass die Gerüchte über Deportationen nur als »Greuelpropaganda« interpretiert wurden? Oder wirkte der Verfolgungsprozess von außen eventuell nicht so brutal wie in Berlin, wo die Gestapo und »Abholer«-Kolonnen von Haus zu Haus, von Straße zu Straße zogen, um Juden aufzuspüren und zu deportieren? In Hamburg hingegen wurden die zu Deportierenden angeschrieben. Oder übte Max Plaut mit seiner Kontinuität an der Spitze der jüdischen Organisationen eine beruhigende Wirkung auf die Verfolgten aus, wodurch sie sich in gewisser Sicherheit wiegten?[20]

Wer doch den Weg in den Untergrund wagte, musste alle Spuren hinter sich verwischen; jede Gemeinschaft mit Verwandten und Bekannten musste aufgegeben oder auf ein riskantes Minimum reduziert werden. Dadurch wurden Familien auseinandergerissen. Niemand wusste, wie es den Verwandten oder Freunden erging. In Hamburg tauchte nach bisherigen Kenntnissen keiner der jüdischen Ärzte unter. Lediglich der leitende Chirurg im Israelitischen Krankenhaus und spätere »Krankenbehandler«, Dr. Rudolf Borgzinner (1896-1944), hatte offenbar versucht, in den Hamburger Untergrund zu fliehen; doch war es dafür zu spät: Er wurde deportiert und ermordet. Drei weitere Hamburger Ärzte befanden sich bereits im Ausland, in vermeintlicher Sicherheit: Die praktische Ärztin Dr. Nelly Bessmertny (geb. 1893) überlebte die Flucht in den Untergrund in Frankreich; der praktische Arzt Dr. Gustav Hans Emanuel de Castro (1898-1965) lebte illegal in Italien, wurde jedoch verhaftet, deportiert und überlebte schwerste Steinbrucharbeiten im KZ Buchenwald; der Spezialarzt für Haut- und Geschlechtskrankheiten sowie Ärztliche Leiter am Städtischen Krankenhaus Harburg-Wilhelmsburg, Dr. Günther Brann (1892-1944), wurde nach drei Jahren in verschiedenen Amster-

20 Vgl. Meyer, Beate: »›A conto Zukunft‹ – Hilfe und Rettung für untergetauchte Hamburger Juden«, in: Zeitschrift des Vereins für Hamburgische Geschichte 88 (2002), S. 205-233, hier S. 212f. und S. 229; dies.: »Das unausweichliche Dilemma: Die Reichsvereinigung der Juden in Deutschland, die Deportationen und die untergetauchten Juden«, in: Beate Kosmala/Claudia Schoppmann (Hg.), Überleben im Untergrund. Hilfe für Juden in Deutschland 1941-1945, Berlin: Metropol 2002, S. 273-296, hier S. 288f.

damer Verstecken verraten, deportiert und im Vernichtungslager Auschwitz erschossen.[21]

FLUCHT IN DEN TOD

Viele Juden glaubten, dass sie den Belastungen, den Erniedrigungen nicht gewachsen seien, dass sie der drohenden Verhaftung oder Deportation zuvorkommen müssten. In dieser für sie als ausweglos empfundenen Situation gesellschaftlicher Isolierung und verletzter Selbstachtung entschieden sich manche für die extremste Form der Flucht: den Suizid.[22] Die Suizidkurven korrelieren mit den Deportationswellen, stehen aber auch im Zusammenhang mit Pogromen, Internierungen in Ghettos, Gefängnissen oder Konzentrationslagern. Auch wenn die Betroffenen selbst bestimmten, wie, wo und mit wem sie sterben würden: Suizide werden stets aus »Verzweiflung und Entsetzen« durchgeführt.[23]

In Hamburg haben 319 Juden Suizid begangen, davon 190 in der Zeit der Deportationen, mithin ab Oktober 1941. Damit liegen die Hamburger Zahlen prozentual etwas höher als andernorts. Wenn aber der Suizidversuch nicht sofort gelang, wurden die Überlebenden ins Israelitische Krankenhaus gebracht, wo man sie – offenbar im Gegensatz zu Berlin – sterben ließ. Die Suizide lassen auch die Lesart zu, selbstbestimmt in den Tod gegangen zu sein und nicht die Gestapo über den eigenen Tod entscheiden zu lassen. Die nämlich tolerierte dieses eigenmächtige Handeln nicht – weder in Hamburg noch andernorts. Folgerichtig wurde der Betroffene, sobald er einigermaßen genesen war, mit großer Wahrscheinlichkeit für den nächsten Transport eingeteilt und in den sicheren Tod geschickt.

Von den 432 Hamburger jüdischen Ärzten haben sich nach bisherigen Erkenntnissen 23 das Leben genommen; bei einem von ihnen besteht Unsicherheit bezüglich der Todesursache, einem Arzt gelang der Suizidversuch nicht.[24] Einer, der relativ früh Suizid begangen hatte, war Prof. Ernst Delbanco (Jg. 1869), an

21 Vgl. A. von Villiez: Mit aller Kraft verdrängt, S. 232f. und S. 227; Stolpersteine Hamburg (www.stolpersteine-hamburg.de vom 01.02.2018) über Alfonso de Castro (U. Martiny Schüddekopf) und über Günther Brann (B. Gewehr).

22 Vgl. Kwiet, Konrad/Eschwege, Helmut: Selbstbehauptung und Widerstand. Deutsche Juden im Kampf um Existenz und Menschenwürde 1933-1945, Hamburg: Christians 1986, S. 194.

23 W. Benz: Flucht aus Deutschland, S. 60.

24 Vgl. A. von Villiez: Mit aller Kraft verdrängt.

dessen Flucht in den Tod mittlerweile drei Stolpersteine erinnern.[25] Delbanco, aus einer sefardischen Familie stammend, bildete sich medizinisch in der inneren Medizin, der Tropenmedizin, Pathologie und Dermatologie weiter, bis er sich 1898 als Spezialarzt für Haut- und Sexualkrankheiten in der Hamburger Altstadt, später in der Neustadt von Hamburg niederließ. 1921 wurde er zum Honorar-Professor an der Medizinischen Fakultät Hamburg ernannt, 1929 zum Leitenden Oberarzt der Abteilung für Haut- und Geschlechtskrankheiten im AK Barmbek. Delbanco erlangte für seine Erforschung und Therapie des Hautkrebses internationale Anerkennung. Auch (gesundheits-)politisch war er aktiv. So setzte er sich beispielsweise für das Bordellverbot ein, engagierte sich für mehr Sexualaufklärung in der Bevölkerung oder auch für eine Verbesserung der Wohnungssituation der Arbeiter. Diese erfolgreiche Entwicklung wurde durch die Nationalsozialisten brutal beendet: Entlassung aus dem AK Barmbek, Entzug der Lehrbefugnis, Verdrängung aus Verbänden und Vereinen. Ernst Delbanco vergiftete sich am 31. März 1935 im Alter von 66 Jahren mit Zyankali. Die Umstände seines Todes wurden lange verschwiegen.[26]

Dr. Max Wilhelm Rudolf Fraenkel (Jg. 1882) war der Sohn von Prof. Eugen Fraenkel (1853-1925), der wiederum als einer der vielseitigsten und bedeutendsten Pathologen seiner Zeit gilt und Ordinarius am Eppendorfer Krankenhaus war. Max Fraenkel war seit 1914 in der Hamburger Neustadt als Nervenarzt niedergelassen. In einer Villa in Volksdorf wohnend, lebte die Familie Fraenkel in einer gutbürgerlichen Atmosphäre, die 1933 zerstört wurde. Schon bald wurde ihm die Kassenzulassung entzogen, seine Tätigkeit als Theaterarzt der Staatsoper wurde gekündigt. Es blieb ein wenig Privatpraxis und die Betreuung eines kleinen Privatheimes für Kinder mit Behinderungen, der »Erlenbusch« von Hilde Wulff. Die Aussichtslosigkeit trotz der »privilegierten Mischehe« (wegen der nichtjüdischen Ehefrau sowie christlich erzogenen Kinder) wurde für Max Fraenkel zunehmend unerträglich und endete im Suizid durch Erschießen. Sein Neffe, Paul Kuttner, analysierte den Suizid seines Onkels so: »He finally committed suicide on March 21, 1938 to make the survival of his Aryan wife, Lotte, and their two daughters, my cousins, possible in Nazi Germany.«[27] Damit kann ein Suizid nicht nur eine selbstbestimmte Flucht vor einer drohenden Gefahr bedeuten, sondern auch aus

25 Die Stolpersteine liegen vor dem Hauptgebäude der Universität Hamburg, vor seinem Wohnhaus Alte Rabenstraße 12 sowie vor dem Eingang des neuen Hauptgebäudes des UKE.

26 Vgl. Stolpersteine Hamburg (Henrik Eßler und Björn Eggert).

27 Kuttner, Paul: An Endless Struggle. Reminiscences And Reflections, New York: Vantage Press 2009, S. 76; vgl. auch Stolpersteine Hamburg (U. Pietsch).

Rücksichtnahme auf andere umgesetzt werden: Ein Mensch opfert sein Leben, um das anderer zu retten, traumatisiert aber zugleich die Zurückgebliebenen.

RESÜMEE

Flucht bedeutet ein Fliehen vor den Verfolgern und ist eine Reaktion auf Gefahren und Bedrohungen. Jüdische Ärzte mussten sich – wie alle Juden in der NS-Zeit – irgendwann zwischen Bleiben oder Flucht entscheiden. Für alle Beteiligten – egal, ob sie auf der Verfolger- oder der Verfolgten-Seite standen – war diese Situation präzedenzlos. Niemand konnte wirklich wissen, welche Form die Verfolgung noch annehmen würde, auch wenn die Bedrohung von Seiten des NS-Regimes von Jahr zu Jahr größer wurde. Wer blieb, tat dies aus Hoffnung oder Resignation. Der Alltag zeigte indes eine deutliche Fratze: Jüdisches Leben sollte es in Deutschland nicht mehr geben. Wer nicht bleiben konnte oder wollte, musste sich auf die Flucht begeben.

Die Flucht ins Exil verlangte Geld, Kontakte, Mut. Doch viele bemühten sich vergeblich um die Aufnahme in ein anderes Land. Wer es schaffte, erlebte oftmals erneut Abwehr, da man in fast jedem Land bald der Ansicht war, das Boot sei voll. Beruflich hatten die meisten jüdischen Ärzte große Probleme, vor allem die, die spät flohen. Sozial fügten sich viele in die neuen Gesellschaften zwar ein, lernten die Sprache und passten sich den jeweiligen Gepflogenheiten an. Aber zurück blieb – wohl in den meisten Fällen – ein Leben lang Bitterkeit und Enttäuschung darüber, dass die Vertreter der in vielen Augen angesehenen deutschen Kultur zu derartiger Monstrosität fähig waren.

Die Flucht in den Untergrund war der vielleicht entbehrungsreichste Weg. Er war mit viel Glück verbunden und brachte einen verzweifelten Überlebenswunsch zum Ausdruck, der allzu vielen nicht erfüllt wurde. Wer diese Flucht überlebte, fand sich am Ende des Krieges inmitten einer Gesellschaft wieder, in der Juden schon immer eher nur geduldet waren, als gehörten sie nicht zur deutschen Gesellschaft dazu. Dass Juden in Deutschland vielfach nur geduldet waren, verdeutlicht eine Erinnerung von Prof. Siegfried Ostrowski (1887-1977), einst chirurgischer Chefarzt am Städtischen Hospital in Berlin-Buch. Er schilderte 1963, wie sich seine letzte nicht-jüdische Patientin von ihm verabschiedete: »Ich möchte Ihnen, Herr Doktor, der Sie so hilfreich zu mir waren, noch sagen, daß mein Mann und ich gegen die Judengesetze sind. Mein Mann sagt immer: Hat man sie so lange geduldet, da hätte man sie auch weiter dulden können.«[28] Diese Gesellschaft hatte sich durch das NS-Regime zu Zeugen, Mitwissern und Tätern einer Massenverfolgung und eines Massenmordes machen lassen. Diese Atmosphäre hielten viele Überlebende nicht aus und kehrten Deutschland nach 1945 den Rücken.

Auch die Flucht in den Tod hinterließ Traumatisierte: Ehepartner, Kinder, Eltern. Diese Flucht kann auch als letzte Selbstbestimmung gelesen werden, um sich vor dem Gestapo-Zugriff zu schützen: Der Verfolger konnte dann nicht mehr über das eigene Schicksal bestimmen.

Unabhängig davon, welche Form der Flucht jüdischer Ärzte seit dem Jahr 1933 Gegenstand der historischen Darstellung und Reflexion ist – Flucht in ein fremdes Land, Flucht in den Untergrund oder Flucht in den Tod –, sie alle zeigen eine Gemeinsamkeit: Die Flucht vor einer lebensbedrohlichen Gefahr.

28 Ostrowski, Siegfried: »Vom Schicksal jüdischer Ärzte im Dritten Reich. Ein Augenzeugenbericht aus den Jahren 1933-1939«, in: Bulletin des Leo Baeck Instituts 6 (1963), S. 313-351, hier S. 339.

Das flüchtige Wohnen? (Wohn-)Alltag von Geflüchteten in Hamburg im Spannungsfeld zwischen Regelwerk und Wohnpraktiken

MAJA MOMIĆ

> »Leben in flüchtigen Zeiten bedeutet, mit der Ungewissheit umzugehen – mit der zunehmenden Fluidität der wählbaren Lebensformen und der Dialektik von Angst und Sicherheit, mit dem Wachsen der sozialen Ungleichheit und dem ›Überflüssigwerden‹, mit der Globalisierung und dem Permanenzstatus des ›Flüchtlings‹.«
> ZYGMUNT BAUMAN (2008)

Abstract: Dieser Aufsatz schildert die Lebens- und Wohnsituation von Geflüchteten, die in den Zeiten der Flüchtlingskrise nach Hamburg gekommen sind. Die Annäherung an den Untersuchungsgegenstand erfolgt in drei Akten, deren Aufbau von Baumans Auffassung der flüchtigen Zeiten inspiriert ist. Der erste Akt Flüchtige Zeiten: Von (Im-)Mobilitäten und Integrationsdebatten im städtischen Kontext dient zur Darstellung eines weiteren gesellschaftlichen Kontextes, indem er sich auf unterschiedliche Perspektiven der Mobilität, Migration und des städtischen Zusammenlebens beruft. Im zweiten Akt Flüchtiges Wohnen: Vom urbanen (Nicht-)Wohnen im Wandel wird das Wohnen in der Stadt mit seinen vielen Facetten unter die Lupe genommen: Was bedeutet Wohnen, welche Kräfte verursachen dessen Wandel und was unterscheidet es von der Unterbringung? Der letzte Akt Flüchtiger Wohnalltag: Von subversiven Wohnpraktiken der Geflüchteten in Hamburg basiert auf den ersten Ergebnissen einer noch nicht abgeschlossenen empirischen Untersuchung. Er sucht abzubilden, wie Geflüchtete – bedingt durch das Zusammenspiel einer Vielzahl von Auflagen und Vorschriften und ihrer Mate-

rialisierung an Orten öffentlich-rechtlicher Unterbringung – eigentlich Wohnen praktizieren und somit städtische Raumproduktion beeinflussen. Im weiteren Sinne versteht sich der Beitrag als ein Plädoyer für eine größere Bezugnahme auf Bewohner und Nutzer – kurz Menschen – in Architektur, Stadtplanung, -entwicklung und -verwaltung.

FLÜCHTIGE ZEITEN: VON (IM-)MOBILITÄTEN UND INTEGRATIONSDEBATTEN IM STÄDTISCHEN KONTEXT

Als zentrales Thema in der Forschung sowie in der Politik ist Mobilität zu einer Schlüsselkategorie avanciert, die die Gegenwart als flüchtig und in Bewegung charakterisiert.[1] Mobilität ist zu einem der begehrtesten Werte geworden, da die Bewegungsfreiheit – fortwährend knappe und ungleich verteilte Ware – schnell zum Hauptstratifikationsfaktor unserer postmodernen *flüchtigen Zeiten*[2] aufsteigen konnte. Im globalen Norden wird Mobilität vor allem als materielle und virtuelle Bewegung von Geld, Menschen, Waren, Informationen usw. erforscht. Mobilität im und aus dem globalen Süden wird hingegen vorwiegend mit Migration und Geflüchteten assoziiert. Darüber hinaus werden einzelne Migranten und ihre Körper (unter anderem durch mediale Bilder) als massive *Zuströme*, *Wellen* oder *Überflutungen*, die die Gesellschaft zu überwältigen drohen, charakterisiert und damit mobilisiert.[3] Indem Flucht als Problem des globalen Südens dargestellt wird, werden im Norden Geflüchtete und Fragen rund um die Migration wortwörtlich externalisiert – während diejenigen, denen es gelang, nach Europa zu kommen, von den Städten *ausgesperrt*[4] und üblicherweise in städtischen Randlagen untergebracht werden[5], wird die Zeit des Verharrens vieler anderer an den Außengrenzen der *Festung Europa* durch jedes neue Abkommen der Europäischen

1 Vgl. Sheller, Mimi: »Mobility«, in: Sociopedia. ISA, 2011, S. 1-12.

2 Bauman, Zygmunt: Globalization: The human consequences, Columbia University Press 1998, S. 2.

3 Vgl. Hyndman, Jennifer/Alison Mountz: »Another brick in the wall? Neo-refoulement and the externalization of asylum by Australia and Europe«, in: Government and Opposition 43/2 2008, S. 249-269.

4 Vgl. Agier, Michel: »Corridors of exile: A worldwide web of camps«, in: Metropolitics 25, 25.11.2010, http://www.metropolitiques.eu/Corridors-of-exile-a-worldwide-web.html?lang=fr vom 01.02.2018.

5 Pieper, Tobias: Die Gegenwart der Lager: Zur Mikrophysik der Herrschaft in der deutschen Flüchtlingspolitik, Münster: Westfälisches Dampfboot 2008.

Union (zum Beispiel mit der Türkei, Libyen sowie den Sahelstaaten) immer weiter in die Länge – und Ferne – gezogen.

Gleichzeitig beweisen Studien zum Urbanen Zeitalter (*Urban Age*, London School of Economics)[6] und zur planetarischen Urbanisierung[7], dass Städte selbst *in Bewegung*[8] sind und sich ständig verändern – durch Globalisierung, demografischen Wandel, Diversifizierung von Lebensstilen, Auflösung der Trennung zwischen Wohnen und Arbeiten und nicht zuletzt durch Migration. Viele Geflüchtete und Migranten sind zugleich in die Städte gekommen, um zu bleiben.[9] Diese unterschiedlichen Dynamiken bringen einen relationalen Mobilitätsbegriff ans Licht, der Bewegung und Wandel nur im Verhältnis zu Immobilität und relativer Sesshaftigkeit betrachten kann.[10]

Trotz der langen Geschichte der Einwanderung weigerte sich Deutschland bis zum Anfang des 21. Jahrhunderts, Migration als Tatsache anzuerkennen und sich als eine *Einwanderungsgesellschaft* zu identifizieren. Seitdem ist der öffentliche Diskurs über Migration von einem Vokabular geprägt, das von *Inklusion* über *Multikulturalität* bis zu *Integration* oder gar *Assimilation* reicht. Mit Integration werden durchgehend weder »Strategien der Bewältigung eines von Restriktionen geprägten Alltags, alternative Praktiken der sozialen Selbstinklusion und [...] subversive Praxen der Zugehörigkeitsaneignung von Migrant_innen« noch »Maßnahmen zur rechtlichen Integration von Migrant_innen im Sinne der Ausstattung mit Teilhaberechten oder politische Maßnahmen zur aktiven Bekämpfung von Diskriminierung«[11] erfasst. Vielmehr erscheint Integration als ein an Migranten gerichteter Imperativ, als ein vorgefasstes Leitbild der Gesellschaft, in das sie sich zu integrieren haben, oder – in Mecherils Worten – als eine »einseitige Anpassungsleistung, die als Migranten geltende Personen zu erbringen haben«[12]. Dabei beste-

6 Vgl. Urban Age, https://lsecities.net/ua vom 01.02.2018.

7 Vgl. Brenner, Neil/Schmid, Christian: »Planetary Urbanisation«, in: Matthew Gandy (Hg.), Urban Constellations, Berlin: Jovis 2011, S. 10-13.

8 Z. Bauman: Globalization, S. 77; Sheller, Mimi/Urry, John: »The new mobilities paradigm«, in: Environment and Planning A 38, 2006, S. 207-226; Knowles, Caroline: »Cities on the move: Navigating urban life«, in: City 15/2, 2011, S. 135-153.

9 Auch das Motto der Gruppe »Lampedusa in Hamburg« lautet: »We are here to stay!« (vgl. http://lampedusa-hamburg.info/de vom 01.02.2018).

10 Vgl. Manderscheid, Katharina: »Mobilität«, in: Frank Eckardt (Hg.), Handbuch Stadtsoziologie, Wiesbaden: Springer-Verlag 2012, S. 551-570.

11 Mecheril, Paul: »Was ist das X im Postmigrantischen?«, in: Sub\Urban Zeitschrift für kritische Stadtforschung 2/3, 2014, S. 107-112, hier S. 108

12 Ebd.

hen fragwürdige Vorstellungen von der *Mehrheitsgesellschaft* und *den Anderen*, die außer Acht lassen, wie Gesellschaft gerade ist und welche Potenziale sie in sich bereits birgt. Die konservative Illusion eines *homogenen Volkes* scheitert wohl an der Realität.[13] Dennoch führt sie zu Exklusion und verstärkt Fremdheits- und Defizitzuschreibungen. Dementsprechend ist der Integrationsbegriff im öffentlichen Diskurs häufig negativ aufgeladen, oft ist von *verweigerter*, *misslungener* oder *gescheiterter* Integration die Rede.

Abgesehen von diesem symbolischen Abstempeln werden Migranten bei nicht erbrachter Integration auch mit ökonomischen und aufenthaltsrechtlichen Strafen bedroht.[14] Im Gegensatz zu den normativen Vorstellungen von Integration weist Terkessidis auf Untersuchungen der Gesellschaft mit all ihren strukturellen Ungleichheiten hin, um zu neuen Handlungsoptionen zu gelangen. So fragt er: »Wie funktioniert Einwanderungsgesellschaft und was trägt sie an positiven Kräften in sich, die weiterentwickelt werden können?«[15] Unter dem Begriff *Interkultur* plädiert er für ein (politisches) Programm, das die Gesellschaft der *Vielheit* – einschließlich neuer Formen der Mobilität – fördert, in deren Institutionen »Freiheit und Eigenverantwortung gelebt werden können – und das bedeutet die Herstellung von Barrierefreiheit.«[16]

Obwohl Migration und damit verbundene Prozesse und Phänomene über verschiedene Maßstäbe (global, transnational, regional, national usw.) auftreten, bleibt die Stadt aufgrund von Lokalisierungs- und Skalierungsprozessen das Epizentrum und die wichtigste Arena, in der sich die Implikationen dieser Prozesse materialisieren und weiterentwickeln.[17] Darüber hinaus haben sich Migration und Stadt historisch gegenseitig beeinflusst: Wachstum und Entwicklung von Städten produzieren und steuern Migrationsströme, während Migration und Migranten selbst die Stadt und das städtische Leben (um-)gestalten und zu umfassenderen Prozessen urbanen Wandels beitragen.[18] In der Stadt entstehen neue Formen des

13 Vgl. Kreck, Lena/Schindler, Jörg: »Wer hat Angst vor einem linken Einwanderungsgesetz«, in: Luxemburg – Gesellschaftsanalyse und linke Praxis 1, 2017, S. 94-101.

14 Vgl. P. Mecheril: Was ist das X im Postmigrantischen?, S. 109.

15 Terkessidis, Mark: Interkultur, Berlin: Suhrkamp 2010, S. 9.

16 Ebd., S. 142.

17 Vgl. Hatziprokopiou, Panos/Frangopoulos,Yannis/Montagna, Nicola: »Migration and the City: Diversity, Migrant Economies and Urban Space«, in: City 20/1, 2016, S. 52-60, hier S. 53.

18 Portes, Alejandro: »Immigration and the Metropolis: Reflections on Urban History«, in: Journal of International Migration and Integration 1/2, 2000, S. 153-175; P. Hatziprokopiou et al.: Migration an the City.

Zusammenlebens, Zusammenwohnens und Zusammenarbeitens und bestehende Formen differenzieren sich aus. Hierzu merkt Terkessidis an: »Vielfalt braucht unbedingt Gestaltung. Die Frage ist, wo die Gestaltung ansetzen muss.«[19] Der Ausgangspunkt muss also eine Bestandsaufnahme der empirischen Wirklichkeit der Stadt sein, inklusive der alltäglichen gelebten und physischen Existenz der Migranten in der Stadt – in ihrer Multidimensionalität oder *Interkulturalität*. Insofern beinhaltet die Aufgabe nicht nur eine bloße Eingliederung von Vielfalt, sondern auch die Schaffung von rechtlichen Voraussetzungen für den Zugang zu den Ressourcen der Stadt und die Teilhabe an der städtischen Gesellschaft. Arendt entwirft das Konzept des *Rechtes auf Rechte* und versucht darin, Menschenrechte neu zu formulieren. Sie schreibt, dass wir uns der Existenz des Rechtes auf Rechte und auf Zugehörigkeit zu Gesellschaft erst dann bewusst würden, wenn Millionen von Menschen aufgrund einer neuen globalen politischen Situation diese Rechte verlören und sie nicht mehr wiedererlangen könnten.[20] Da die (Bürger-)Rechte sehr eng mit (National-)Staatsangehörigkeit zusammenhängen, stellt sich die Frage nach den Rechten aller Menschen, die die Stadt bewohnen, abgesehen von ihrem (Im-)Mobilitätsstatus. Lefebvre bringt hier das *Recht auf Stadt* ins Spiel, mit dem er die Rechte der Stadtbürger befragt: Haben die Stadtbewohner genauso wie die Stadtbürger das Recht auf Stadt?[21]

Ausgehend von den oben erläuterten Kräften und Dynamiken der gegenwärtigen Stadt befasst sich dieser Beitrag zunächst mit Facetten des städtischen Wohnens, um schließlich Wohnpraktiken von Geflüchteten in Hamburg anhand empirischer Beispiele zu beleuchten.

FLÜCHTIGES WOHNEN: VOM URBANEN (NICHT-)WOHNEN IM WANDEL

Heidegger definiert das Wohnen als ein Grundbedürfnis des Menschen und begreift es als »Weise, wie die Sterblichen auf der Erde sind«[22]. Insofern ist das

19 M. Terkessidis: Interkultur, S. 15.

20 Arendt, Hannah: Imperialism: Part Two of the Origins of Totalitarianism, San Diego/New York/London: Houghton Mifflin Harcourt 1968, S. 177.

21 Vgl. Lefebvre, Henri: Das Recht auf Stadt (orig. Le droit à le ville, Paris: Èditions Anthropos 1968), Hamburg: Nautilus Flugschrift 2016.

22 Heidegger, Martin: »Bauen Wohnen Denken«, in: Otto Bartning (Hg.), Darmstädter Gespräch. Mensch und Raum, Darmstadt: Neue Darmstädter Verlagsanstalt 1952, S. 72-84, hier S. 73.

Wohnen auf das gesamte Leben des Menschen bezogen und kann sich nicht in einem Wohnort erschöpfen. Anknüpfend an Heideggers Arbeit setzt sich auch Hasse mit dem Nachdenken über das Wohnen als einem »existenziellen Daseins- und Ausdrucksbereich menschlichen Lebens«[23] auseinander. In seinem Buch *Unbedachtes Wohnen: Lebensformen an verdeckten Rändern der Gesellschaft* untersucht er Wohnsituationen derjenigen, die abseits bürgerlicher *Normalität* leben und damit dem typischen kulturellen Wohnverständnis nicht unbedingt entsprechen, etwa Obdachlose, Menschen im Gefängnis, Seemannsheime, Klöster, Wagenburgen. Mit der folgenden provokativen Aussage regt uns Hasse zur Reflexion des eigenen Wohnens an: »Solange die tagtäglich wiederkehrenden *Angelegenheiten* des Wohnens bewältigt werden können, scheint das Wohnen *selbst* nicht bedacht werden zu müssen.«[24] Während Arendt die Abwesenheit von Rechten zum Ausgangspunkt für das Nachdenken über Rechte erklärt, regen Hasse ungewöhnliche Wohnsituationen zum Nachdenken über das Wohnen an. Einer ähnlichen Logik folgend untersucht dieser Beitrag Wohnsituationen von Geflüchteten, die in öffentlich-rechtlichen Unterkünften Hamburgs untergebracht sind. Dabei wird besonders auf Lefebvres Verständnis von *Wohnen als Praxis* Bezug genommen. In Anlehnung an Heidegger stellt Lefebvre fest, dass die Krise des Wohnens daran liegt, dass »qualifizierter Raum durch quantifizierten Raum ersetzt wird«[25], indem das Wohnen (*habiter*) nur noch auf den Begriff der Wohnstätte (*habitat*) beschränkt wird. Während *habitat* bloß einen Container, eine Funktion, eine brutale materielle Realität darstellt, bringt *habiter* eine Tätigkeit, Situation, Praxis zum Ausdruck, die mit städtischem und sozialem Raum verbunden ist.[26]

Gleichzeitig ist das Wohnen allgemein einem stetigen Wandel ausgesetzt und von Prozessen der Ausdifferenzierung charakterisiert, denn es spiegelt gesellschaftliche Veränderungen wider. So manifestieren sich am Wohnen sozialer Status, kulturelle Ausprägung oder gesellschaftliche Stellung der Bewohner.[27]

---

23 Hasse, Jürgen: Unbedachtes Wohnen: Lebensformen an verdeckten Rändern der Gesellschaft, Bielefeld: transcript 2009, S. 11.

24 Ebd., S. 14.

25 Elden, Stuart: Understanding Henri Lefebvre, London: A&C Black 2004, S. 190.

26 Vgl. Lefebvre, Henri: Métaphilosophie: prolégomènes, Paris: Éditions de Minuit 1965; S. Elden: Understanding Henri Lefebvre; Kniess, Bernd et al.: »University of the neighborhoods – Hotel as a method? Co-designing the urban in an evolving, performative, enabling architecture«, in: Katharina Moebus et al. (Hg.), Agents of Alternatives – Redesigning our realities, Berlin: AoA 2015, S. 408-430.

27 Vgl. Hannemann, Christine: »Zum Wandel des Wohnens«, in: APuZ – Aus Politik und Zeitgeschichte 20-21, 2014, S. 36-43.

Dennoch referieren heutige Wohnvorstellungen noch immer auf den *Idealtypus des modernen Wohnens* dem Häußermann und Siebel vier Merkmalen zuschreiben: Zweigenerationsfamilie als soziale Einheit, Trennung von Wohnen und beruflicher Arbeit, Polarisierung zwischen Privatem und Öffentlichem sowie individuelle Aneignung durch Kauf oder Miete.[28] Dieser Idealtypus ist nicht nur in DIN-Normen und Typologien von Wohnungsgrundrissen verankert, sondern auch in Gesetzen, Förderrichtlinien und Finanzierungsregelungen, die bis heute bestehen, institutionalisiert.[29]

Die Gesellschaft hat sich allerdings mittlerweile weiter verändert – durch demografischen Wandel, ökonomische Entwicklungen, eine Veränderung der Arbeitswelt sowie der Lebensweise (von der Auflösung der Kleinfamilie bis zur veränderten Rolle der Frau).[30] Durch den Trend der Reurbanisierung (Rückkehr in die Stadt) und die aktuellen Entwicklungen des Wohnungsmarktes, auf dem das Wohnen zur *Ware*[31] wird, geraten Städte in Bezug auf die Wohnraumversorgung immer mehr unter Druck.[32] Der Mangel an bezahlbarem Wohnraum in den Städten führt dazu, dass die Wohnungsfrage von vielen Seiten immer wieder neu gestellt wird.[33] Häufig wird die Migration für die Wohnungsknappheit verantwortlich gemacht: Wenn man die Wohnungsfrage »aus der Perspektive einer angeblichen Knappheit der gegebenen Ressourcen [betrachtet], ohne zu fragen, wie es dazu kam, wer davon profitiert und wer dem entgegenwirkt, so ist Konkurrenz leicht ins Spiel zu bringen«[34]. Mit dem Ankommen vieler Geflüchteter in den Städten wird dieses Empfinden noch akuter. Wechseln wir allerdings unseren Blickwinkel, könnten wir argumentieren, dass die *Flüchtlingskrise* nicht nur für viele Probleme in Deutschland und Europa, sondern auch für die bereits existierende Wohnungskrise in den Städten vorsätzlich zum Sündenbock gemacht wird.

---

28 Vgl. Häußermann, Hartmut/Siebel, Walter: Soziologie des Wohnens. Eine Einführung in Wandel und Ausdifferenzierung des Wohnens, München: Juventa 1996, S. 15.

29 Ebd., S. 17.

30 Vgl. Siebel, Walter: »Zukunft des Wohnens«, in: Arch+ Zeitschrift für Architektur und Städtebau 176-177, 2006, S. 44-47.

31 Vgl. Dell, Christopher: Ware: Wohnen, Berlin: Jovis 2013.

32 Vgl. Holm, Andrej et al.: »Städte unter Druck. Die Rückkehr der Wohnungsfrage«, in: Blätter für deutsche und internationale Politik 6, 2015, S. 69-79.

33 Vgl. ebd.; Schönig, Barbara: »Die neue Wohnungsfrage«, in: Blätter für deutsche und internationale Politik 2, 2013, S. 17-20.

34 Hamann, Ulrike: »Kira çok yüksek – Die Wohnungsfrage aus der Perspektive der Migration«, in: Luxemburg Online 2017, http://www.zeitschrift-luxemburg.de/kira-ok-yueksek vom 01.02.2018.

Ein weiterer Trend verdeutlicht die Folgen postmoderner Transformation der Lebensverhältnisse für das Wohnen in der Stadt: Es ist die Multilokalität des Wohnens, die für immer mehr Menschen zur sozialen Praxis wird.[35] So stellen aktuelle Studien[36] eine steigende Tendenz fest: Wohnpraktiken weiten sich zunehmend über die Stadt und zwischen den Städten aus, nicht länger beschränkt auf die eigene Wohnung oder das Haus. Und doch, während solche fragmentierten Lebensstile wie die Lebenswirklichkeit von Pendlern, urbanen Nomaden und Touristen durchaus gut dokumentiert sind[37], bleibt der Wohnalltag von Geflüchteten weiterhin unbeleuchtet und zu wenig erforscht.

Wenn der Begriff des Wohnens per Urteil des Bundesverwaltungsgerichtes als eine Form der »auf Dauer angelegten Häuslichkeit, Eigengestaltung der Haushaltsführung und des häuslichen Wirkungskreises sowie Freiwilligkeit des Aufenthalts«[38] definiert wird, dann widerspricht die (Flüchtlings-)Unterbringung dieser grundlegenden Idee des Wohnens. Weder ist das Wohnen dort vorgesehen oder dauerhaft angelegt, noch bezieht es individuelle Entscheidungsgewalt über eine Haushaltsführung ein. Zudem basiert es auch nicht auf der selbstbestimmten Wahl des Wohnortes, da Verteilungsmechanismen wie die Dublinverordnung auf der EU-Ebene oder der Königsteiner Schlüssel auf der Bundesebene (verstärkt durch die Residenzpflicht) einen klaren Vorrang vor einer Selbstbestimmung der Geflüchteten haben. Da Flüchtlingsunterbringungen in der Baunutzungsverordnung den Unterkünften/Hotels als gewerbliche Betriebe und nicht dem Wohnen zugeordnet sind, gehören sie in der Regel nicht in ein Wohngebiet. Darüber hinaus sind sie von einem pragmatischen Zweckrationalismus – als Ausdruck eines »Vertrauens in Ordnung und Hygiene«[39] und einer »Kultur der Überwachung und Kontrolle«[40] – geprägt. Zusammengefasst erfüllen Flüchtlingsunterkünfte ihren

35 Vgl. C. Hannemann: Zum Wandel des Wohnens.

36 Vgl. Kuhnert, Nikolaus/Ngo, Anh-Linh: »Tokio. Die Stadt bewohnen«, in: Arch+ Zeitschrift für Architektur und Städtebau 208, 2012, S. 20-25; Dell, Christopher: Das Urbane: Wohnen. Leben. Produzieren, Berlin: Jovis 2014.

37 Vgl. Urry, John: The Tourist Gaze, London: Sage 1990; ders.: Mobilities, Cambridge: Polity 2007; N. Kuhnert/ A. Ngo: Tokio.

38 Bundesverwaltungsgericht: Wohnnutzung; Begriff des Wohnens; Wohngruppe eines Kinderheims; Reines Wohngebiet (BVerwG Beschl. v. 25.03.1996, Az.: 4 B 302/95).

39 Herz, Manuel: »Refugee Camps or Ideal Cities in Dust and Dirt«, in: Ilka Ruby/Andreas Ruby (Hg.), Urban Transformation, Berlin: Ruby Press 2008, S. 276-289.

40 Betts, Alexander (Hg.): Global Migration Governance, Oxford: Oxford University Press 2010.

Zweck, Obdachlosigkeit zu vermeiden und »Not zu verwalten«[41], indem sie Menschen unterbringen oder gar *lagern.*

Wenn wir uns einen solchen Alltag vorstellen – beschränkt auf passives Ausharren und den organisatorischen Abläufen des Lagers sowie des Behördenapparats ohne jeglicher Selbstbestimmung unterworfen – und ihm die obengenannte gesetzliche Definition von Wohnen gegenüberstellen, wagen wir nicht zu viel, wenn wir behaupten, dass Geflüchtete nicht wohnen dürfen? Dennoch, wenn wir als *Sterbliche auf der Erde* nicht *nicht wohnen* können[42], was sagt uns das über das Wohnen überhaupt? Um diese Fragen zu beantworten, müssen wir bei der empirischen Bestandsaufnahme der (Wohn-)Alltagspraktiken von Geflüchteten selbst ansetzen.

FLÜCHTIGER WOHNALLTAG: VOM REGELWERK UND VON DEN WOHNPRAKTIKEN

Flüchtlingsunterkünfte sind in Hamburg über das gesamte Stadtgebiet verteilt: Sie befinden sich auf unterschiedlichen Grundstücken und variieren sehr in Bezug auf ihre Wohnformen sowie Bautypologien. Rechtlich werden sie jedoch zwischen Erst- und Folgeunterkünften unterschieden. Aktuell sind in Hamburg 4.278 Menschen in Erstaufnahmeeinrichtungen und circa 31.100 in Folgeunterkünften untergebracht.[43]

Das Regelwerk

Erstaufnahmeeinrichtungen[44] sind in der Regel Gemeinschaftsunterkünfte. Das bedeutet, dass sich mehrere Menschen ein Zimmer oder eine Schlafhalle teilen.

---

41 Seifert, Jörg: »Die Not verwalten? Asylbewerber-Unterkünfte in Hamburg«, in: Hamburgische Architektenkammer (Hg.), Architektur in Hamburg Jahrbuch 2014, Hamburg: Junius 2014, S. 134-145.

42 Vgl. M. Heidegger: Bauen Wohnen Denken; Bührig, Sebastian/Kniess, Bernd: »Wohnen ist Tat–Sache«, in: Wohnbund e.V./HafenCity Universität Hamburg (Hg.), Wohnen ist Tat–Sache. Annäherungen an eine urbane Praxis, Berlin: Jovis 2016, S. 12-16.

43 Vgl. Freie und Hansestadt Hamburg (FHH): »November: 500 Plätze in Wandsbek eröffnet und letzte ›prekäre Unterkunft‹ geschlossen«, 06.12.2017, http://www.hamburg.de/zkf-pressemeldungen/10028058/2017-11-06-zkf-bilanz-november vom 01.02.2018.

44 Erwähnungswert ist hier der Unterschied zwischen der zentralen Erstaufnahme, die 2016 von Harburg nach Rahlstedt verlegt wurde und als zentrale Anlaufstelle für alle

Gemeinschaftliche Sanitäranlagen liegen manchmal innerhalb des Gebäudes, in anderen Fällen befinden sie sich in gesonderten Containern außerhalb der Schlafräume. Da das Kochen in eigener Regie nicht erlaubt ist, gibt es keine Küchen für die Bewohner. Stattdessen wird das Essen von privaten Catering-Firmen geliefert und in einer Kantine ausgegeben. Der Waschraum ist den Bewohnern nur zu festgelegten Uhrzeiten zugänglich. Um ihn benutzen zu können, werden Waschmünzen benötigt, die wiederum nur zu bestimmten Uhrzeiten erworben werden können – dazu ist es meist erforderlich, passend zu bezahlen.

Das von einem Zaun umgebene Gelände ist in der Regel durch einen Haupteingang betretbar, der von Sicherheitsbeamten kontrolliert wird. Darüber hinaus verfügen einige Erstaufnahmeeinrichtungen über sogenannte Gemeinschaftsräume, die Geflüchtete allerdings nicht unbedingt zu jeder Zeit nutzen dürfen – teilweise dürfen sie sich dort nur unter Aufsicht der Mitarbeiter aufhalten. Die Bautypologien der Hamburger Erstaufnahmeeinrichtungen sind sehr unterschiedlich: von Container Modulen und Pavillonbauten, über Hausboote, bis zu umgewandelten Büro- und Schulgebäuden oder Gewerbehallen. Im Spätsommer 2015, als manchmal bis zu 600 Menschen mit Unterbringungsbedarf pro Tag nach Hamburg kamen[45] und kaum Spielraum für Planung vorhanden war, wurden sogar Zelte – und später auch modulare Holzhütten – zur Unterbringung aufgestellt. Allerdings versichert der Zentrale Koordinierungsstab Flüchtlinge, dass Ende 2017 auch die letzte »prekäre Unterkunft«, die provisorisch in einem ehemaligen Baumarkt eingerichtet wurde, geschlossen werden soll.[46]

Laut ursprünglicher Amtsvorgabe sind Menschen verpflichtet, in einer Erstaufnahme zu bleiben, bis sie einen Asylantrag gestellt haben oder maximal bis zu drei Monaten.[47] Nach der Antragstellung wird ihnen laut AsylVfG § 53 eine Folgeunterkunft zugewiesen, wenn dort Plätze zur Verfügung stehen. Allerdings verlängerte sich bereits ab Oktober 2015 mit dem *Asylpaket I* die Residenzpflicht

---

Geflüchteten zuständig ist, die neu in Hamburg eintreffen. Dort werden unter anderem die Registrierung und die medizinische Erstuntersuchung vorgenommen. In diesem Beitrag wird jedoch nicht weiter auf sie eingegangen, sondern die restlichen Erstaufnahmeeinrichtungen untersucht.

45 Vgl. Freie und Hansestadt Hamburg (FHH), Pressemeldungen, http://www.hamburg.de/zkf-pressemeldungen vom 01.02.2018

46 Vgl. FHH: 500 Plätze in Wandsbek.

47 Vgl. Bundesminister der Justiz und für Verbraucherschutz: Asylverfahrensgesetz (AsylVfG) von 1992, § 47.

auf bis zu sechs Monate.[48] De facto jedoch bleiben manche Menschen bis zu zwei Jahre in einer Erstaufnahmeeinrichtung. So entsteht im öffentlichen Diskurs in Hamburg die Figur des *Überresidenten*: Das sind Menschen, die einen Anspruch auf einen Platz in einer Folgeeinrichtung haben, aber aufgrund von fehlenden Plätzen immer noch in einer Erstaufnahmeeinrichtung untergebracht sind.[49] Laut des Zentralen Koordinierungsstabs Flüchtlinge lag die Zahl der Überresidenten im November 2017 bei 2.559.[50] Im Vergleich waren es im Juni 2016 noch circa 10.000 Menschen.

Folgeunterkünfte

Der Mangel an Plätzen in den Folgeunterkünften liegt einerseits daran, dass Planung und Bau dieser Art der Unterkünfte aufwendiger ist als die von Erstaufnahmen, obwohl auch sie meistens temporär angelegt sind (in vielen Fällen auf drei bis fünf Jahre). Dabei stellt sich die Herausforderung, genügend geeignete Standorte in Hamburg zu finden, die von der Baugenehmigung über die Erschließung bis zum Brandschutz und den Fluchtwegen den Anforderungen genügen. Zudem kommt es oft zu Konflikten zwischen der Flächennutzung nach Baunutzungsverordnung und/oder mit den Anwohnern. Andererseits werden in den Folgeunterkünften nicht genügend Plätze frei: Bewohner können erst dann ausziehen, wenn ihnen als asylberechtigt Anerkannten erlaubt wird, einen privaten Wohnraum auf dem freien Wohnungsmarkt anzumieten, dies aber aufgrund der Differenz von Angebot (vor allem im Spektrum des bezahlbaren Wohnraums) und Zuwendungen nicht können. Dies erhält den Umstand der Unterbringung insgesamt auf einen langen Zeitraum hin aufrecht.

Die Wohnformen der Folgeunterkünfte variieren zwischen Gemeinschaftsunterkünften, also Mehrbettzimmern mit gemeinsam genutzten Küchen und Sanitäranlagen, und abgeschlossenen Wohnungen. Die individuelle Situation der Geflüchteten wird bei der Belegung immerhin berücksichtigt, obwohl es sich in den meisten Fällen um Gemeinschaftsunterkünfte handelt. So werden beispielsweise Familien und Alleinstehende meistens auf getrennten Etagen oder in unterschiedlichen Gebäudeabschnitten untergebracht. Familien bekommen ein oder zwei

---

48 Vgl. Pro Asyl: »Asylpaket I in Kraft: Überblick über die ab heute geltenden asylrechtlichen Änderungen«, 23.10.2015, https://www.proasyl.de/hintergrund/asylpaket-i-in-kraft-ueberblick-ueber-die-ab-heute-geltenden-asylrechtlichen-aenderungen vom 01.02.2018.

49 Vgl. FHH: 500 Plätze in Wandsbek.

50 Vgl. ebd.

Zimmer für sich (je nach Haushaltsgröße), während sich Alleinstehende weiterhin Zimmer teilen. Darüber hinaus wird versucht – wenn die Kapazitäten es erlauben –, schwer kranken Menschen Einzelzimmer zur Verfügung zu stellen.

Bautypologien der Folgeunterkünfte sind ebenfalls vielfältig: konvertierte Büro- und Militärgebäude, Pavillons, Container- und Modulbauten, angemietete Wohn- und Bürogebäude sowie seit Kurzem auch Neubau von Wohnhäusern.

Ein Exkurs: Das Programm »Unterkünfte mit der Perspektive Wohnen«

Ab Oktober 2015 versucht die Stadt, eine neue Typologie durchzusetzen: Neubau von festen mehrgeschossigen Häusern im Standard des sozialen Wohnungsbaus – die sogenannte »Unterkünfte mit der Perspektive Wohnen« oder kurz UPW.[51] Das Ziel dieses Programms ist es, andere Folgeunterkünfte zu entlasten sowie der Wohnungsknappheit in der Stadt entgegenzuwirken, indem Häuser entstehen, die »später dauerhaft dem Wohnungsmarkt und damit der Bevölkerung zur Verfügung stehen«[52] werden. Dieses Modell wurde überhaupt erst durch die Aussetzung bestimmter Regularien ermöglicht: Paragraf 246 des Baugesetzbuches (BauGB) »Sonderregelungen für einzelne Länder; Sonderregelungen für Flüchtlingsunterkünfte« gewährt den Ländern Berlin, Bremen und Hamburg planungsrechtliche Erleichterungen für die Errichtung der Flüchtlingsunterkünfte. Das heißt: Der Bebauungsplan, der bestimmt, dass die Fläche zum Wohnen genutzt werden darf und in der Regel vor dem Baubeginn erforderlich ist, wird erst im Nachhinein erteilt, was normalerweise zwei bis drei Jahre dauert. Dies bedeutet, dass die Häuser gebaut und belegt werden, noch bevor das Wohnen im planungsrechtlichen Sinne überhaupt erlaubt ist, denn – wie bereits erläutert – Geflüchtete *wohnen nicht*.

Das Modell sieht zwei Nutzungsphasen vor: Wohnungen, deren Größe und Ausstattung durch die Standards des öffentlich geförderten Wohnungsbaus nach dem ersten Förderweg bestimmt sind, werden in den ersten 15 Jahren als Flüchtlingsunterkünfte genutzt und doppelt belegt. In den darauffolgenden 15 Jahren werden sie dann als soziale Wohnungen standardmäßig genutzt.[53] Nach Ablauf der Mietpreisbindung werden sie vermutlich dem freien Wohnungsmarkt zur

51 Vgl. Freie und Hansestadt Hamburg (FHH): »Flüchtlingsunterkünfte mit der Perspektive Wohnen«, 06.10.2015, http://www.hamburg.de/pressearchiv-fhh/4612224/2015-10-06-bsw-fluechtlingsunterkuenfte-perspektive-wohnen vom 01.02.2018.

52 FHH: 500 Plätze in Wandsbek.

53 Vgl. FHH: Flüchtlingsunterkünfte.

Verfügung stehen. Das heißt, es ist noch nicht abzusehen, ob die Geflüchteten[54], die in der ersten Phase einziehen, eine (gute) Perspektive haben, dort auch dauerhaft wohnen zu bleiben. Andererseits haben diese Häuser, die mit den in Hamburg so begehrten Backsteinfassaden verkleidet sind, eindeutig eine gute und sichere Perspektive, Wohnungen zu werden.

Trotzdem bleibt das Thema ambivalent: Das Bestreben des Senats, mehr Wohnraum in der Stadt zu schaffen, sollte anerkannt werden, selbst wenn die Frage »Für wen?« fortbesteht. Zudem wird das Thema noch komplexer, wenn das Wirken bestimmter Bürgerinitiativen[55] ins Gefüge einbezogen wird: So hat sich als Reaktion auf die Planung von UPW und aus Angst vor Ghettoisierung die Volksinitiative *Hamburg für gute Integration* gegründet. Mit der Drohung, einen Volksentscheid aufzurufen, gelang es ihr im Juli 2016, einen umfassenden *Bürgervertrag*[56] mit der regierenden Koalition abzuschließen, in dem unter anderem festgelegt wird, wie groß und in welchem Abstand[57] Flüchtlingsunterkünfte gebaut werden sollen. Abgesehen von den hervortretenden Fragen, wer mit *(Stadt-) Bürgern* gemeint ist und wer sich als Experte *für gute Integration* ausweisen kann, hat dies zu einer großen Umstellung und Verzögerung der Planung und des Baus von UPW geführt, was zur Verlängerung des Aufenthalts in den Folgeunterkünften und demzufolge auch in Erstaufnahmen beigetragen hat.

Die Wohnpraktiken, oder: Der Umgang mit dem Regelwerk

Zusammengefasst lässt sich feststellen, dass die Architektur der Erst- und Folgeunterkünfte die jeweiligen Richtlinien und Vorschriften, die die Möglich-

54 Nur Geflüchtete mit einer »guten Bleibeperspektive«, ausgenommen wenige »Härtefälle«, können hier einziehen. Das bedeutet, der Zugang zu sozialen Rechten (»Integrationsmaßnahmen« wie Deutsch- und Integrationskurse sowie später Beschäftigungserlaubnis), aber auch zum Recht auf Wohnen wird nach nationaler Zugehörigkeit organisiert.

55 Unbestreitbar gibt es auch viele andere Bürgerinitiativen und Projekte, die sich für und mit Geflüchteten engagieren und damit unter anderem der Stadt viel Arbeit abnehmen. Jedoch soll an dieser Stelle diese bestimmte Gruppe betrachtet werden, weil es ihr gelang, sich in die städtischen Belange einzumischen.

56 Vgl. dazu https://www.gute-integration.de/ vom 01.02.2018.

57 Obwohl Forderungen gegen räumliche Ballung im Prinzip nachvollziehbar sind, handelt es sich hier um beliebige und nicht wissenschaftlich belegbare Zahlen – maximal 300 Menschen pro Unterkunft im Abstand von minimal 1km (vgl. ebd.) –, die in Hamburg schwer umsetzbar sind.

keiten und Einschränkungen des Aufenthalts der Geflüchteten bestimmen, verkörpert. So gelten Brandschutz und Fluchtwege als häufigste Argumente gegen Raumaneignung: In Zimmern sollten keine Teppiche oder Vorhänge und meistens auch keine Möbel, außer den von der Unterkunft zur Verfügung gestellten, angebracht werden, auf Fluren und Gängen dürfen keine Möbel, Schuhe oder Kinderwagen stehen. Allerdings wird manchmal in besonders provisorischen Erstaufnahmen, etwa in Hallen, in denen Hunderte Menschen untergebracht sind, eine Raumtrennung durch Laken und dadurch eine minimale Schaffung von Privatsphäre gestattet. Gleichzeitig wird dort eine Brandwache eingesetzt, die die Menschen von einem erhöhten Beobachtungspunkt Tag und Nacht überwacht, was der Privatsphäre wiederum widerspricht. Die mangelnden Standards an minimalem Rückzugsraum werden verstärkt durch die Not, Menschen schnell unterbringen zu müssen. Sie führen dazu, dass sich der individuelle Rückzugsbereich in manchen Fällen, zum Beispiel in einem von 16 Personen geteilten Zelt, auf die Etage eines doppelten Feldbettes beschränkt: Dort wird geschlafen, gelesen, Tee getrunken und dort werden auch die persönlichen Gegenstände verstaut. Es gibt zudem kaum Raum für Ruhe, Lernen, Beten oder Trauern. So beschweren sich beispielsweise diejenigen, die einen Deutschkurs besuchen, dass sie auf dem Bett lernen müssen und zwar in den Zimmern, wo unter Umständen andere Menschen nebenan schlafen.

In den Folgeunterkünften hingegen tauchen oft Konflikte im Gebrauch von geteilten Küchen und Sanitäranlagen auf. Manche sind kulturell bedingt, zum Beispiel gibt es Streit darüber, ob in dem gemeinschaftlich genutzten Ofen Schweinefleisch gebraten werden darf. Andere Konfliktpunkte wie die nicht funktionierenden Putzpläne kennt man aus jeder Wohngemeinschaft. Manche Konflikte gehen bloß aus dem Umstand hervor, dass viele Menschen auf engem Raum zusammenleben. Auch in einem größeren Maßstab wie Nachbarschaft oder Stadt »bedeutet Vielfalt eben nur manchmal Idylle, oft genug aber auch Konflikt«[58]. Warum sollte es in der Unterkunft anders sein? Darüber hinaus bezeichnet Lebuhn den Begriff der Gemeinschaftsunterkunft als »einen Euphemismus sondergleichen«[59]. Da weder die Zimmerbelegung noch die Nutzung gemeinsamer Räumen auf dem Prinzip der Freiwilligkeit basiere, argumentiert er, handele es sich bestenfalls um eine *Zwangsgemeinschaft*.[60]

58 M. Terkessidis: Interkultur, S. 14.

59 Lebuhn, Henrik: »Gemeinschaftsunterbringung Geflüchteter? Eine falsch gestellte Frage«, in: Luxemburg Online vom April 2016, http://www.zeitschrift-luxemburg.de/gemeinschaftsunterbringung-gefluechteter-eine-falsch-gestellte-frage vom 01.02.2018.

60 Vgl. ebd.

Des Weiteren wird der Alltag durch die wiederkehrenden Abläufe des Camps strukturiert: gemeinsame Ruhe-, Essens-, Waschzeiten usw. Dazwischen gibt es viel Zeit zum Schlafen und Nachdenken, viel Ungewissheit und viel Warten – auf den Asylbescheid, auf den Transfer in eine (bessere) Unterkunft, auf den Deutschkurs, auf den Termin beim Jobcenter, auf einen Praktikums-, Ausbildungs- oder Arbeitsplatz, auf eine Wohnung, auf Familiennachzug usw. Das unabsehbar lange Warten führt oft zu Unmut oder Desillusionierung und dadurch zu einem Zustand fortwährender physischer und sozialer Immobilität: ein Ausnahmezustand in Permanenz.[61]

Da Geflüchtete zunächst vielmehr eine Abwesenheit (am Ort der Herkunft) als eine neue Anwesenheit (am Ort ihrer Ankunft) erzeugen, stellt sich die Frage, wie lange das Ankommen eigentlich dauert und ob man überhaupt irgendwann angekommen ist? Die Abwesenheit bezieht sich hier auch auf sinnstiftende Tätigkeiten des Menschen: Die meisten Geflüchteten beschweren sich genau darüber, dass sie nämlich zum Nichtstun verdammt sind. Hannah Arendt beschreibt und analysiert die *conditio humana* anhand von drei menschlichen Grundtätigkeiten: Arbeiten, Herstellen und Handeln.[62] Dementsprechend würden Geflüchtete zu Menschen ohne Praxis – bedingt durch Asyl- und Arbeitsgesetzgebungen, kontrolliert durch Sicherheitsmaßnahmen, eingeschränkt auf eine institutionalisierte Langeweile, mit zugewiesener Unterkunft und ohne jegliche Gestaltungsmöglichkeiten.

Subversive Wohnpraktiken

Beim genaueren Betrachten des Alltags von Geflüchteten tauchen dennoch vielfältige subversive Wohnpraktiken auf. Manchmal reicht es, trotz der Regeln einen Teppich auszurollen, um tagsüber eine Wohnzimmeratmosphäre im Schlafzimmer anzudeuten. Manchmal ist die Wiederaufnahme der üblichen täglichen Routinen und Rituale, zum Beispiel das gemeinsame Teetrinken oder Shisharauchen, ein Zeichnen der partiellen Rekonstitution des Alltags. Anderen Angelegenheiten des Wohnens, zum Beispiel das Kochen, Empfangen von Gästen, Lernen oder Beten, können Geflüchtete jedoch nicht immer in der Unterkunft nachgehen. Deshalb fallen einige dieser Wohnpraktiken aus, während andere in den Stadtraum ausgelagert werden. So übernehmen manchmal Orte wie Hauptbahnhof, Kirche,

61 Vgl. Agamben, Giorgio: Ausnahmezustand (orig. Stato di eccezione, Torino: Bollati Boringhieri 2003), Frankfurt a.M.: Suhrkamp 2004.

62 Vgl. Arendt, Hannah: The Human Condition, Chicago: University of Chicago Press 1958.

Moschee, Infozentrum, Begegnungscafé, Räumlichkeiten von NGOs usw. die Funktion des Wohnzimmers, der Küche oder des Esszimmers.

An diesen Bezugsorten entstehen Treffpunkte zum gemeinsam Lernen und weiteren Aktivitäten. Manchmal reicht schon wenig Infrastruktur wie ein Internetzugang und Sitzgelegenheiten, um einen Ort als Wohnraum im weiteren Sinne zu qualifizieren. Manche Orte bieten einen mehr oder weniger gelungenen Ersatz und erfüllen die vertrauten Funktionen des Wohnens, andere Orte werden hingegen aus den Begegnungen in und Interaktionen mit der Stadt neu entwickelt. Durch ihre alltäglichen Wohnpraktiken tragen Geflüchtete zur städtischen Raumproduktion bei und zeichnen dabei die soziale Stadtkarte neu auf[63]. Dadurch werden etablierte Normen, Strukturen und Zusammenhänge des urbanen Lebens zumindest zeitweise aus dem Gleichgewicht gebracht[64] und infrage gestellt.

Dieser Aufsatz möchte dazu anzuregen, Flüchtlingsunterbringung nicht als ein isoliertes *Problem*, das schnell zu bewältigen ist, zu betrachten, sondern sie im Zusammenhang mit Dynamiken der Stadt und des Wohnens, die selbst in fortwährender Bewegung sind, zu bedenken und dadurch auch Fehlstellen in Stadt- und Wohnpolitiken, etwa die Frage des Zugangs zum Wohnen und zur Teilhabe an der Stadt, sichtbar zu machen. Darüber hinaus war es ein Anliegen, die Perspektive der Geflüchteten selbst in ihrem Wohnalltag zu beleuchten: Sie sind nicht nur von dem Regelwerk betroffen, sondern finden auch Wege, damit umzugehen und ihre Rolle (und ihr Potenzial) in der Stadtraumproduktion aufzudecken.

63 Vgl. Lentin, Ronit: »At the Heart of the Hibernian Post-Metropolis: Spatial Narratives of Ethnic Minorities and Diasporic Communities in a Changing City«, in: City 6/2 2002, S. 229-249.

64 Original: »unsettling« (P. Hatziprokopiou et al.: Migration an the City, S. 53).

Defying Banned Memory

Flight and Migration in the Shadow of National Socialism

JULIE LINDAHL

The following essay was written shortly after Julie Lindahl's presentation on November 21st 2016 as a part of Hamburg University's series on Migration in Hamburg: Flight and Exile from the Early Modern Period to the Present. The original title of her talk in German was »Reflektionen über den Nachhall der Kriegs und Nachkriegsmigration Polen-Deutschland-Brasilien in der eigenen Familie« (Reflections on the Legacy of War-time and Post-war Migration Poland-Germany-Brazil in a Family).

Abstract: In a six-year journey that took her from her home in Scandinavia to northern Germany, west central Poland and eventually Latin America, author and educator Julie Lindahl traced the footsteps of her grandparents who were SS in occupied Poland throughout World War II. Born in Brazil in 1967, Lindahl struggled with the effort to blot history from the memory of her family, and eventually decided to embark on a journey to uncover the truth that took her on a path of discovery that traces her family's migration from Hamburg. Her essay explores the tortuous and necessary process of resisting the damnation of memory, an ancient practice known under the Romans as the damnatio memoriae. The Romans and countless totalitarian regimes used the practice of washing people from their records as a means of disgracing certain persons. In Lindahl's experience the practice, repeated constantly by humans throughout history, intended not only to serve this purpose but, sometimes more importantly, to avoid facing raw feelings of guilt and shame. Ultimately, she argues, the idea of a »Post-Truth Era« is flawed and the arc of history always bends toward truth.

As a young woman, I often visited Oma's apartment in southern Germany in a dignified old building, with fortress-like walls impenetrable to noise. Over a cup of East Fresian tea served in delicate porcelain cups and saucers, with heavy silver mixing spoons that bore the grandiose insignia of a property the family had once owned, our conversation wandered into the past. She told me of her early childhood during World War I with her family devoted to the Kaiser, her infatuation with the American »bob« hairstyle, Tolstoy's »War and Peace,« and above all, her life with an ambitious and abusive husband, my Opa, whose sole driving force was hunger for land. In age, she seemed to live in the echo chamber of one great regret which was »all that was lost.« All alone now, the sorrow of her words deteriorated into bitterness, and I dared not ask her what she meant by them. At first I guessed this was a reference to material things that had been lost in the war, and the moves between continents thereafter. But I sensed that it was more than this, something intangible that had left a gaping hole in her heart.

As though to mirror her inner life, there were large, empty spaces in Oma's photo albums that seemed to mourn the loss of their former occupants. Perhaps I was reading things into them. Was it really so strange that a few pictures had come loose? Her photo collections had traversed countries and continents, miraculously survived the termites, and avoided the stains left by the red alluvial soil that stuck to every surface in the interior of Brazil. Yet the fact remained that whenever I took them out of their resting place in a locked cupboard in her apartment, my usually confident grandmother wavered, unnerved by the pile of bound leather folders.

»My daughters have poked around in those«, she said, turning her gaze away from the album in my lap, as though the vacant spaces on thick black paper with spots of dried glue might blind her if she looked at them. I beckoned Oma to tell the story of our family, particularly of the occupation of Poland, through the pictures. Soon her eyelids began nervously to blink and then eventually shut until all she could say was: »My daughters want to burn them when I die.« I didn't ask her why she said it because I didn't want to know, but this seemed to me as brutal as cutting off a limb. One day when she was over one hundred years old, she suggested that I take the albums with me to spare them from the fire. I accepted.

In as much as Oma didn't like to look at the past, she scattered shards of it around in our conversation. In those awkward moments when my otherwise affectionate and well-read grandmother insisted that the weak should be put out of their misery, people from the East were dirty and disorganized, and the Holocaust was a conspiracy by the international media to keep Germany down, I retreated into silence behind the redness of my face.

Remaining present and asking Oma the right questions would have been the right course of action, but instead, I erased myself. The blankness of shame screamed for attention like the glue-stained spaces in Oma's albums. At the age of twenty-two I asked Father, a polite American who strangely managed to combine watching war movies glorifying American heroism with being married to a German woman who was disturbed by her family's past, what my Opa had done during the war. During my studies of twentieth century German-Polish relations, I'd begun to wonder what his role had been, why Mother had been born in occupied Poland in 1941, and what brought her to Brazil where I was born twenty-six years later. With shaking hands, father forbad me ever to ask those question again. I obeyed, gave up my Ph.D. and let the blank space that was Opa remain.

Perhaps in the minds of my elders this effort to banish Opa's personality from our memory was a means of punishing him and protecting us. Yet the consequences were penalization of everyone but the intended object, who, in their perspective, mercifully had died far away from us in the Brazilian interior back in the mid-seventies.

Mother wrestled daily with a past she could not discuss openly. She scrubbed and cleaned militantly, and, as we moved from one place to the next in what felt like a fleeing from the past, one of the few constants was the desperate cleaning. Despite this, the proverbial red dust of the Brazilian interior remained in the fabric of our family, an intolerable situation which Mother dealt with by casting her frustration on us, her children.

BERLIN

We were all victims of an old secret, but the damnation of memory can only be upheld by consent. Even without digital footprints, it is impossible to sustain decades or even centuries after it has been imposed if people do not agree to uphold it. At the same time, self-censure in families and communities is an unusually resilient phenomenon, and the attendant taboos extraordinarily difficult to break. I learned why this was so when, in desperation at the asphyxiated state of my original family, I visited the German Federal Archives in Berlin. It was more than twenty years after Father had established the ban, and since then had died an unhappy man. In my own mind, I saw him swallowed by the empty spaces.

Suddenly in my hands were one hundred of the strangest pages I have ever seen: Opa's and Oma's application documents to prove their racial purity as a married couple in the SS; Opa's Party Card showing all of the places he and the family had occupied in Poland during the war; and a letter faithfully signed off by my grandfather with the then customary greeting: »Heil Hitler!« Opa looked steely in the headshots, his face illuminated by the sheen of his insignia with the runic bolts of the SS, and Oma smiled gleefully next to the official stamp of the Third Reich with the eagle atop the swastika. How I wished to delete those photographs so that I could deny that these documents were my grandparents, even if I recognized Oma's signature from all of the many birthday cards I had received from her over the years.

As I sat in the cloak room of the archives, sipping from a plastic cup of coffee that burned my fingers, I felt trapped. I had defied the forgetting, but where did it leave me? If you decide to remember when remembering is forbidden, then you are a traitor. If you do this within your community or family, you have dirtied the nest. The consequence of breaking the rule is that you no longer belong in the structures that produced it and from which most likely you came. The most frightening thing of all is the prospect of living outside of those structures. It feels like a desert where you might never find another watering hole.

While defying a ban on memory inevitably brings about an existential dilemma, if you can survive the drought it can open up new vistas and offer new belongings. In the locker room, a stranger sat across from me with her own plastic cup of hot coffee from the machine. We'd met on the street by coincidence before entering the archive. I learned that she was engaged with the conduct of interviews with some of the last war criminals in Latin America, but knew nothing else about her. In the archive, we were sisters. »You know that you must pursue this story as far and as best you can«, she said through her dark-rimmed spectacles. Years later, I learned that she was journalist and heroine Gaby Weber who had fought tirelessly to avoid the German Intelligence Agency (BND) files on Adolf Eichmann from being kept from the public any longer.

POLAND

When I submitted my application for documents about Opa held in the Polish National Archives, the official behind the glass window at the Polish Embassy in Stockholm declared that I would be treated as a Polish citizen in order to expedite the paperwork. My eyes teared constantly, as though decades of blindness were being wiped away by kindness. People I had never met, thousands of miles away from me in Brazil, had located my grandfather's death certificate, required by the Polish authorities for releasing sensitive documents, which had been yellowing over the years in a local archive far beyond the wide Parana River. Two Polish sisters I met through Stockholm University made a swift entry into my life, held my hand, and translated my application papers for retrieving the documents held about Opa in the Polish National Archives. When I brought the eyewitness accounts of my grandfather's crimes against their countrymen that I had received in Poland back to Stockholm, they translated all of them.

During my several journeys through the Polish countryside, I learned about the necessity of bringing all of our might to restoring history as accurately as possible, not only on paper but in person. »This is the real history!«, exclaimed Robert, the young archivist who had been charged with handing over the documents at the Institute of National Remembrance in Poznan to me. It was his response to my question of why he chose to accompany me without pay on every trip that I made to Poland during my six-year odyssey. With its ruined brick barns and deserted farmsteads, the landscape attested to the impossibility of shirking truth, despite the best efforts of successive totalitarian regimes. As I looked around me, I wondered how homo sapiens, the so-called ›wise man‹, could have become such an expert at walking around with his eyes shut.

The meetings with eyewitnesses and survivors, for whom history had always remained alive, provided one immediate answer: it was foremost a strategy for avoiding the pain of guilt. It stung to see the fear in the eyes of those who thought I had come to reclaim the estates my grandfather had once stolen. They were still frightened of the terrifying memories of whippings and executions of loved ones at the trenches, evoked by the sudden appearance of »the executioner of the people's« granddaughter. To receive the fury from the angry eyes of a dying man whose family were once beaten and murdered by your own flesh and blood, for no other reason than that they wished to stay in their homes, is an excruciating honour.

At the same time, I learned that if you can endure and persist in reaching out across the gulf of blotted memory, you can feel peace. As I stood in the cherry orchard of a beautiful garden that belonged to a man who had once been a young laborer on one of Opa's Polish estates, I sensed the grace that can come when all sides agree mutually to try to behold the truth. Out of it a new truth emerges, which is that we did the most important thing we could together: to accept what was and not to close our eyes. The old man tried to absolve me of my inherited guilt: »It wasn't your fault. You didn't do anything«, he said, with the scar over his eye from a wound where Opa had beaten him at the age of ten, when he had forgotten to doff his cap. I appreciated this, but it was when he and his wife stood quietly beside me in their magical garden after our long conversation, so close that our hands touched, that I felt the shift happening. Beauty forced out ugliness when we were prepared to see.

SCHLESWIG-HOLSTEIN

During subsequent travels in rural areas west of Hamburg, in the small villages where Oma and Opa had lived with their children before and after the war, I encountered once ›brown‹ communities that preferred to live with 1933-45 cut out of their historical accounts. Despite the many decades that had passed and all of the official remembrance ceremonies, at the local level, the annals of that time had been damned out of memory to avoid the resentment of unacknowledged suffering among the defeated, but also guilt by association.

They had tried to cut out Opa too, but hadn't quite finished the job. The presence of a former SS man overtly damaged by the atrocities he had committed during the war, was deemed by the community to be unsightly. Unlike so many of the other war-damaged citizens that had at least superficially blended back into society, Opa carried around his revolver, didn't shrink from pointing it at people he disliked, and behaved like the small dictator he had once been on his estates in the East. In the records of the region he returned to, they called him a »refugee,« despite the fact that he was one of the few who had returned to the place of his origin and put his faith in it by setting up a luxury hotel at a time when few dared. It must have felt like an insult. The label of »refugee« has always borne with it a dual sense of pity and uncertainty, because it denotes one whom it is easier to cut out of the picture if needs be.

Opa, with his continued overtly fascist behaviour, had become the mirror of what these communities had once been and what they could no longer be if they were to survive in the new post-war world, so they turned him into someone who didn't belong. When a community cuts someone out, this also forces adjustments to the stories of other lives that necessitates living with the discomfort of a lie.

The man who publicly outed Opa during the late 1950s and who likely became the catalyst for our family's exile to Latin America, declared that he would never stand under the same roof as my grandfather because of the acts of treachery Opa had committed during the war. Baum, as he was called, had only been able to do so because they had served together in the East. The citizens of the town had held Baum in high esteem for creating a successful business that had offered many of them employment in the hard post-war years, and insisted that their hero was *Wehrmacht*, meaning he had served in the regular military and was not one of those SS criminals. Yet, on my desk were the records of this man who had been decorated by Adolf Hitler himself for his glorious victories in battle as a high-ranking officer of the SS. In a museum dedicated to the textile business Baum had managed, I shared my findings with the citizens, his former employees. Despite the evidence of the historical record, they mildly protested that I was mistaken, and should instead focus on how lucky I was to have been born in sunny Brazil. The unease of living in a narrative known to be untrue was in every face, and the situation illustrated clearly to me how willing we are to be untrue to ourselves in exchange for belonging.

PARAGUAY

Living in the ›alternative‹ truth necessitated by the damning of memory can often be a tragic experience. Sometimes when I entered my German grandmother's apartment, I found her sitting at her dining table holding a pendulum over a black-and-white photograph of her oldest child, a son whom she had been made to assume was dead. He had vanished in the Brazilian interior, and the stories muttered during family gatherings of how his body had probably been devoured by the wild dogs in a ditch after he was murdered somewhere in the Brazilian-Paraguayan borderlands where the drug trade governed were peculiarly disdainful. These stories had become her quasi-reality. Yet, a mother can never entirely give up on her child and therefore, despite the removal of her son from the family picture, she continued to seek another answer from her pendulum. »It always swings to the left, so it must be true: he is dead«, she said to me, and all I wished I could do was to put that wicked instrument away. It imprisoned her in a self-perpetuating myth, and closed off all questions that should have been raised by the lack of evidence for the grotesque stories of her son's unsubstantiated end.

Watching Oma with her pendulum increased my determination not to let another photograph fade. Six months after she died, with assistance from one of my digitally gifted friends, I located my uncle who was living in Asunción with his Paraguayan wife and two grown children.

Resurrecting my uncle also meant resurrecting Opa. As a young man, Uncle Harty had spent fifteen years in the Brazilian wilderness managing his father's land, and was deeply affected by the experience of being around him. As we sat on the terrace of his ranch-style home and sipped Paraguayan *maté*, ordinary tea with incommensurate powers, he showed me pictures of his most prized farm machines and spoke incessantly of the land. He shared a book with me, the only thing his father had left him, that both of them had read repeatedly, marking the most illuminating passages with a red pencil. It was entitled »Operation Barbarossa«, an analysis of the strategic and tactical reasons that Germany had lost the war and therefore access to the most prized of all lands in the Ukraine. Its author, Paul Carell, was a well-known revisionist who had served as a Lieutenant Colonel in the General SS.

Despite the impossibility of not cringing at his historical blind spots, I appreciated Uncle Harty's openness. It seemed bizarre to him that others in his family would attempt to delete his father's engagement in the SS. This cover-up had been a central determining factor in their lives. Once when I asked Oma whether her husband had been in the SS, she retorted: »Where did you get such an outlandish idea?« In some ways it was easier for Harty to be open about this than for the others in the family. He had lived in an environment far away from the gas chambers that had become monuments, and in countries, still inclined to military rule and dictatorship, that sympathized with fascists. One could say »Heil Hitler!« and people would merely nod.

Left in the dark by both Uncle Harty and the others who upheld the myth of his non-existence were my Paraguayan cousins, his children. They were intelligent people in their thirties, thwarted from knowing who their father's extended family was by barriers of language – they were Spanish-speaking – and their father's resistance. Several times they had tried to pursue their own investigations which had only led to dead ends. They knew nothing of me, Oma, Opa or the SS.

Our conversations revealed that we had been living in parallel universes. I was like Alice who had walked through the Looking Glass to find that, like me and my sister, our cousins had lived with the scars of physical, mental and emotional punishments that we had inflicted upon ourselves in the belief that we the children were responsible for the traumas of our parents. The sadness and confusion of living in the dark spaces had formed our lives. As adults we had resigned ourselves to accepting that living in the dim light of our confines was the best we could achieve. As we sat together, I explained the history I knew, and revealed their father's heritage. Their eyes widened as they learned of Uncle Harty's four siblings and their children far away in other countries and continents, and of Oma's passing at the age of one hundred and two in her apartment in southern Germany.

BRAZIL

It was fortunate that after this breath-taking meeting, I hit the road in Brazil with a cheerful genealogist whose faith in the necessity of his profession helped me to handle the extended family's shocked response to the discovery of Uncle Harty and his family. Not all of the responses were positive, but fortunately, not all in the family felt the same. Some expressed relief; others saw a chance to heal old misunderstandings resulting from the inability to speak.

Emerson's apparent calm masked the apprehension we both felt about the challenges that lay before us. The academic community we had consulted in advance of our journey to learn about my grandparents' lives in the interior warned us not to mention the Nazis in our investigations. They had themselves received threats from the descendants of perpetrators whose blood-stained hands had successfully blended into the landscape, and critical documents had vanished from archives when they turned up to do their research. In a nation crippled by a corruption crisis, the quiet welcoming of Europe's fascists, even if it took place decades ago, was another layer of corruption that could not be tolerated.

We found grandfather's grave in a private burial ground on Filinto Müller Avenue in Campo Grande, a pleasure dome for the land and drug overlords that contrasted starkly with the shanty towns built up in the ditches along the wide roads leading to and from this city in the middle of nowhere. Like the other gravestones, it was a flat plaque hidden in an overgrown lawn. Only those who knew that this was a resting place for the dead would find them. Otherwise, it seemed like any other garden in these parts, with wide palms caressed by the voluptuous red bougainvillea.

As we drove away, down Filinto Müller Avenue, it struck me that my grandfather had found a comfortable final resting place. Filinto Müller, the once governor of the Brazilian state of the Mato Grosso, who had once visited the Reich on the invitation of Heinrich Himmler during the late 1930s and regarded the SS as a model for his police force, had been his friend. Müller, after whom a street had been named in many Brazilian cities and towns, had once declared Opa to be a model *fazendero*, the type of farmer he wanted to see more of.

Neither Emerson nor I knew a soul in Maracaju, my grandparents' Brazilian haven, that today was a hub of a few hundred fearsome ranchers who often dealt with outsiders from behind a shotgun. In a move of pure genius, Emerson suggested that we attend the Sunday morning church service, which he thought could be an ideal place to find people with white hair who might remember Opa. As the devoted congregation sang its praises, I sat quietly in a back pew feeling the awkwardness of the non-believer, while Emerson scoured the last row for old men, and within the blinking of an eye found someone who remembered and could guide us.

During the days that followed we unlocked the story of the grave by visiting the hidden ranch where my family had lived and other homesteads where we listened to memories. Just as in the small villages in Poland and in Germany, Opa and his family were vividly remembered, illustrating that people and events can never be damned; the memory of them runs through the cracks until eventually it becomes a river once again.

Opa's past in Europe was no mystery to those we met. In the local *churrascaria,* a rancher's lunchtime cafeteria where waiters and waitresses moved between tables offering lashings of roasted meat on long skewers, an elderly man who knew my grandfather stopped at our table. »A pity Hitler didn't win the war. Things would have been much better«, he said, referring to the lack of order that he believed the pestilence of democracy had brought.

As a sign of their awareness of my grandfather's past, the farmers suggested a meeting with another Nazi who had fled Europe, still living in their town. The ninety-seven-year-old woman and her husband had been Belgian Blackshirts, Hitler's henchmen and women beyond the Reich's western borders. They had escaped to Paraguay after the war, and following her husband's death she sought greater security from the Nazi hunters in this borderland, so far away that people shook their heads at the thought of going there. No one was interested in this woman's story, and she had no family or friends, aside from her housekeeper, Rosa.

After we had spoken for some time, I sensed the former Blackshirt beckoning me to ask her one particular question. Her life would soon be over. »Why did you do it?«, I asked. Like Oma, she reminded me of the Red Terror, the threat posed by communism, that no one today seemed to remember. Something had to be done, she said. »But what of the Holocaust?«, I countered. It was a question that had fallen to me to ask repeatedly in my family. As though to save me from my ignorance, she explained carefully that Jews were just a part of the larger problem: Germany deserved to made great again and some sacrifices had to be made for the cause. I didn't long for remorse as I had with Oma, but I hoped for a small sign of regret. Just as with Oma's remorse, it remained as absent.

THE »POST-TRUTH ERA«

At the end of this journey into the past, I re-entered a world where the erasure of memory in order to punish had accelerated once again. It was being called the Post-Truth era, apparently a new time when people chose to live in alternative realities in order to punish the so-called establishment for all manner of things they didn't like. The demagogues could say red on one day and blue on the other, and their supporters claimed they had only really ever said blue. It seemed like a collective agreement to mental blackout.

Amid the incredulousness about how this could happen despite our iron-clad modernity, I saw the dark spaces with the dried glue on the page that deliberately had been made incomplete. Much like Fukuyama's »end of history,« post-truth seemed to me to be untruth. I'd heard it all before in the voices of the well-educated Blackshirt, who contorted history to suit her narrative, and my well-read grandmother who insisted that the Holocaust had never happened despite undeniable evidence. The failure to root out an entire people had left them spending the rest of their lives shamelessly attempting to doctor that fact.

Just as the past can inform the present, like a sharp camera lens, the present can also bring focus to the past. As I exited the six-year tunnel of finding out the truth about my family, I saw a trampling over of the meticulous build-up of a post-war historical record of progress, albeit flawed but overall characterized by science and reasoning. Each pronouncement by the leaders of the world's latest so-called anti-establishment revolution in Europe, the United States and elsewhere was a naked effort to wipe that record out in order to remove old reference points, create disorientation and leave people grasping in the dark for false new securities. In the phony history of these new leaders there can be no question marks, only people and events that will with all certainty be erased.

My heart burned as the spotlight of the present shed its fiery light on what had happened to me, to my grandparents and humanity in their time. I could try to come up with all sorts of excuses and forgiveness, but ultimately it was impossible not to see that at the core of all obstruction of the truth was the rot of corruption. There is no greater power than control of the historical record. Wielded in any other way than with the greatest humility and attention to detail that forces constant adjustment and correction so that the truth may ever more closely be approximated, it is unjust. The violence that I sensed in my family without ever seeing a physical blow being dealt to anyone was precisely this injustice, which radiated through the generations like a Chernobyl.

My discoveries about Opa reinforced my conviction that we were seeing a replay of a pattern of behaviour that could be more or less intensive in different periods, although in its latest manifestation speed heightened the intensity. I imagined the story I had been told as a youngster, replayed millions of times in one day: He was a hard-working farmer who only wanted the best, and who vastly improved the lives of lazy people living in Poland. Later in life, he decided to pursue his love of the land in Brazil. This had nothing to do with the events of the war. We should let him rest in peace.

The story in all of its apparent benignity seeps into even the most resilient consciousness, and for a time saturates perception. Yet, there is a glimmer of hope offered by the speed and reach that technology offers us. Lies and misinformation will always eventually fail the litmus test. Someone or something will discover them when history screams red. The easy accessibility of information makes that process much quicker. What I could have discovered had I defied Father's ban a quarter of a century ago would only have been a shadow of what I was able to discover in more recent years.

The shoes I wore in the Brazilian interior are in my closet. The red dust is still on the soles, and I cherish it partly because it is the soil of the land of my birth, but also because it is a reminder of the violent act being committed when persons and events are deleted from history, and because eventually truth refuses to be damned.

Autorinnen und Autoren

Fahnenbruck, Nele Maya, Dr. phil., ist Historikerin und Projektbeauftragte beim Volksbund Hamburg. Sie arbeitet zu erinnerungskulturellen sowie sport- und kulturhistorischen Fragestellungen.

Henning-Mohr, Astrid, Dr. phil., arbeitet als Lehrbeauftragte an der Evangelischen Hochschule für Soziale Arbeit und Diakonie Hamburg und am Germanistischen Institut der Carl von Ossietzky Universität Oldenburg. Ihre Forschungsinteressen liegen im Bereich der Identitätskonstruktion durch Film und Literatur, interkultureller Gegenwartsliteratur und der kulturwissenschaftlichen Verortung der Gegenwartsliteratur.

Laser, Björn, Dr. phil., war fünf Jahre als DAAD-Lektor in Thailand tätig und ist heute Akademischer Oberrat an der Pädagogischen Hochschule Schwäbisch Gmünd. Seine Schwerpunkte in Lehre und Forschung sind unter anderem sprachwissenschaftliche Grundlagen, Mehrsprachigkeit und Interkulturalität, Reflexion über Sprache, Sprachbewusstheit und politische Kommunikation.

Lindahl, Julie ist Autorin und Kolumnistin, die sich mit dem Thema »Holocaust in der Familie« auseinandergesetzt hat. Die Literaturwissenschaftlerin aus Schweden arbeitete unter anderem als Unternehmensberaterin in Entwicklungsländern und ist die Begründerin von »Stories for Society«, einer gemeinnützigen Organisation, die sich für das Geschichtenerzählen zur sozialen Transformation einsetzt.

Meyer-Lenz, Johanna, Dr. phil., ist Historikerin und Koordinatorin des Forschungsverbunds zur Kulturgeschichte Hamburg (FKGHH) und forscht zur Geschichte des 19. und 20. Jahrhunderts mit den Schwerpunkten politische Geschichte, Gendergeschichte und Medizingeschichte.

Momić, Maja ist Architektin und Doktorandin im Fachbereich Urban Design an der HafenCity Universität Hamburg. Ihre Arbeitsschwerpunkte liegen im Bereich Wohnen und Migration im urbanen Kontext.

Pestel, Friedemann, Dr. phil., ist wissenschaftlicher Assistent für vergleichende europäische Geschichte an der Albert-Ludwigs-Universität Freiburg. Seine Forschungsinteressen umfassen die Französische und Haitianische Revolution, politische Migration und Revolutionsgegnerschaft, Memory Studies sowie die Geschichte des internationalen Musiklebens.

Poettering, Jorun, Dr. phil., arbeitet als wissenschaftliche Mitarbeiterin am Historischen Seminar der LMU München. Zu ihren Forschungsschwerpunkten zählen die Atlantische Geschichte, die Migrationsgeschichte und die Geschichte der Sklaverei. Zurzeit schreibt sie eine Sozialgeschichte der Wasserversorgung von Rio de Janeiro.

Rüthers, Monica ist Professorin für Geschichte Osteuropas an der Universität Hamburg. In ihrer Forschung beschäftigt sie sich unter anderem mit der visuellen Geschichte der Sowjetunion und des postsowjetischen Russland, mit Kindheit im Spätsozialismus, Geschichte der Sinne und Inszenierungen von Juden und »Zigeunern« in europäischen urbanen Räumen.

Schirg, Oliver arbeitet beim Verband norddeutscher Wohnungsunternehmen (VNW) und verantwortet dort das Referat Kommunikation. Zuvor war er Leitender Redakteur der Lokalredaktion des Hamburger Abendblatt und damit zuständig für die Berichterstattung zu Flüchtlingsthemen, Stadtentwicklung und Verkehr.

Schnurmann, Claudia ist Professorin für nordamerikanische, karibische und atlantische Geschichte der Neuzeit an der Universität Hamburg. Sie untersucht atlantische Netzwerke, speziell Formen hamburgisch-amerikanischer Beziehungen seit dem 18. Jahrhundert, ist Mitherausgeberin des Jahrbuchs für Europäische Überseegeschichte und ediert die Reihe Atlantic Cultural Studies.

Schopka-Brasch, Lilja ist Historikerin und arbeitet zurzeit über Promovendinnen der Universität Hamburg. Ihre Forschungsschwerpunkte sind Frauen- und Geschlechtergeschichte, Biografien sowie Universitätsgeschichte.

Schwoch, Rebecca, PD Dr. phil., ist wissenschaftliche Mitarbeiterin am Institut für Geschichte und Ethik der Medizin am Universitätsklinikum Hamburg-Eppendorf. Ihre Forschungsschwerpunkte sind Medizin im Nationalsozialismus, Psychiatriegeschichte und Ärztliche Standespolitik im 19. und 20. Jahrhundert.

Siegel, Björn, Dr. phil., arbeitet als wissenschaftlicher Mitarbeiter am Institut für die Geschichte der deutschen Juden (Hamburg). Seine Forschungsinteressen sind die deutsch-jüdische beziehungsweise österreichisch-jüdische Geschichte, Philanthropie-, Migrations- und Wirtschaftsgeschichte.

Templin, David, Dr. phil., ist Postdoc-Stipendiat am Institut für Migrationsforschung und Interkulturelle Studien (IMIS) der Universität Osnabrück. Seine Forschungsschwerpunkte sind Stadt- und Migrationsgeschichte, Jugendkulturen und soziale Bewegungen.

Tiews, Alina Laura, Dr. phil., ist wissenschaftliche Mitarbeiterin im Bereich Mediengeschichte des Hans-Bredow-Instituts für Medienforschung. Zu ihren Forschungsinteressen gehören die Migrations- und Mediengeschichte sowie das Feld der Erinnerungskultur und Public History.

Geschichtswissenschaft

Torben Fischer, Matthias N. Lorenz (Hg.)
Lexikon der »Vergangenheitsbewältigung« in Deutschland
Debatten- und Diskursgeschichte des Nationalsozialismus nach 1945

2015, 494 S., kart.
34,99 € (DE), 978-3-8376-2366-6
E-Book
PDF: 34,99 € (DE), ISBN 978-3-8394-2366-0

Debora Gerstenberger, Joël Glasman (Hg.)
Techniken der Globalisierung
Globalgeschichte meets Akteur-Netzwerk-Theorie

2016, 296 S., kart.
29,99 € (DE), 978-3-8376-3021-3
E-Book
PDF: 26,99 € (DE), ISBN 978-3-8394-3021-7

Alban Frei, Hannes Mangold (Hg.)
Das Personal der Postmoderne
Inventur einer Epoche

2015, 272 S., kart.
19,99 € (DE), 978-3-8376-3303-0
E-Book
PDF: 17,99 € (DE), ISBN 978-3-8394-3303-4

Leseproben, weitere Informationen und Bestellmöglichkeiten finden Sie unter www.transcript-verlag.de